精神分析にとって女とは何か

西 見奈子＝編著
北村婦美、鈴木菜実子、松本卓也

福村出版

まえがき

この多様な時代、女性という枠組みで区切ること自体への批判もあるかもしれない。女性の中にはさまざまな差異があり、同質なものとして語ることはできない。対男性として問題を考えるところには限界がある。しかし、それでも今回、「女性」という境界線を引き、この本をまとめたのは、そうした問題を含めて、精神分析における女性の問題を考えたいと思ったからである。精神分析における女性観、特に日本のそれにおいては未だに古く慣習的なものが蔓延《はびこ》っている。学会やセミナー、ケース・カンファレンス、講義といった、精神分析が語られ、教えられるところには、タイム・スリップしたかのような女性についての多くの言説を耳にすることとなる。おそらく多くの臨床家、特に女性の臨床家は現代にそぐわないと感じているにもかかわらず、それらは受け継がれ、信奉されてきた。ここであえて信奉という言葉を用いたのは、そこに精神分析でいうところの、スプリット（分裂）があると感じるからである。精神分析の理論を前に、現代社会を生きている女性たちがそうした日常における個人としての感覚や考えをどこか遠くに投げやって、盲目的にそれらを信じようとしているようにみえることがある。そのため、この本に書いてあることは、精神分析臨床に携わっている以外の人からすると、時代遅れだと感じることだろう。現代のフェミニズムは、第四波（北村 2020）だと言う。２０１０年前後に始まった第四波は、インターセクショナリティ（交差性 intersectionality）、セレブリティによるフェミニズム活動の活発化、さらにＳＮＳなどのウェブの活用を特徴とし、フェミニズムをおしゃれなアイコンとして用いるファッショナブル・フェミニズムなる言葉まで生まれている。現代の女性はそうした時代を生きている。臨床の中で私たちが会っているのは、彼女たちに他ならない。

日本において精神分析における女性問題を扱う動きは、これが初めてのことではない。詳しくは第三章で述べるが、こうした動きは過去にも何度かあった。残念ながら、それらが成功したとは言い難い状況にあるのはご覧の通りである。しかしながら、そうした積み重ねのうえに、今回の企画があることも強調しておきたい。史料を辿る中で、先の時代におけるさまざまな女性臨床家たちの苦労、怒り、傷つきに触れた。そこで残された言葉に鼓舞され、この本は出来上がった。心からの敬意を表したい。

さて、今回の企画は、２０１９年に開催された日本精神分析学会第65回大会における教育研修セミナーを経て一部、修正、加筆されたものである。そのセミナーの目的は次のようなものであった。以下に紹介したい。

精神分析の成立に女性患者たちが重要な役割を果たしたことはよく知られている。たとえば、ブロイアーの患者であったアンナ・Oは、話すことで症状が解消されることを「talking cure」と名付け、精神分析の発見に導くこととなった。その後もフロイトは、女性たちとの精神分析を通してさまざまな理論を打ち立てていく。けれどもその中の、たとえばペニス羨望といった男性主義的な女性論には周囲からも批判が向けられた。精神分析が絶対的に正しいものではなく、限界を有するものであることは、精神分析を学び、実践している人ほど自覚的である。なかでも女性に関する理論は、フロイトが女性を「暗黒大陸」に例えたように、当初から限界を含んだものであった。フェミニズムからの厳しい批判も受け、以降の精神分析においてはさらに新たな女性論が展開していくこととなった。海外のこうした動きは現在も続いており、国際精神分析協会の中には、ＣＯＷＡＰ（Committee on Women and Psychoanalysis）という女性と精神分析の問題を考えるための委員会が設置され、継続的な議論と出版が重ねられている。

女性たちはなぜ声を上げるのだろうか。おそらく多くの女性たちが勇気を振り絞って、その不快さや傷つきについて声を上げるのは、体験した苦痛を二度と味わうことなく、男性とともにその時間や空間を過ごしたいと感じているからであろう。精神分析に対して声を上げてきた女性たちも同じ想いだったに違いない。それはごく当たり前の、私たちの日常を守るための行為である。今回のセミナーもまたそうした目的のためにつくられたものである。より詳しく述べるなら、日本の精神分析で女性の問題を考えるための土壌づくりのためのものである。精神分析と女性を巡る問題は山積している。現代の女性の生き方や性を取り巻く価値観の変化に、日本で行われている精神分析臨床が追いついているとは思えない。今、私たちが女性であることや女性患者に対して抱える課題は、世界に蓄積されてきた知見を学び、自分たちが立っている位置を知ることによって初めて解決されうるものである。

本書もこの目的を踏襲するものである。具体的には、第一章でフロイトの精神分析に対する批判的言説についての歴史を紹介する。さらに第二章では、臨床における女性性の問題の変遷について取り扱う。最後の第三章においては、日本の精神分析において女性がどのように扱われてきたかを論じることとする。この企画は、北村婦美と鈴木菜実子という両氏の協力がなければ成り立たないものであった。臨床家としても研究者としても優れた能力を有する二人の女性の協力によってこの本は出来上がったものである。さらに補章として、松本卓也によるラカン派の立場からの論考を掲載させていただいた。松本氏には、先に紹介した教育研修セミナーにおいて、討論者として参加してもらったが、彼の発表が大変好評であったため、ぜひ本書の企画にも参加していただけるようお願いして、ご快諾いただいたものである。松本氏の論考が加わったことで、精神分析における女性の問題を考えるための土壌はより豊かなものになったと感じている。ご協力いただいた3名の著者に感謝したい。

また、教育研修セミナーに参加してくださった方々、意見や感想を寄せてくださった方々にも心からの御礼をお伝えしたい。そこでのイントロダクションで述べた通り、この本を通して、何かを知ること、思い出すこと、感じること、さらにはそれについて誰かと話すこと、そうしたことが女性の問題の解決に繋がっていくと期待するものである。この本を出発点として女性について考えを巡らせてもらえれば何より嬉しく思う。どんな人であっても女性と関わらない人生は存在しないのだから。

西　見奈子

◉もくじ

第一章
精神分析とフェミニズム――その対立と融合の歴史

北村婦美

「ペニス羨望」という言葉を聞かれたことがあるだろうか。精神分析学の創始者ジグムント・フロイトの言葉である。ペニスを持たない女性は男性に対して羨望を抱き、そこから女性特有の心理が発展してくるというフロイトの女性発達論を代表する言葉だ。フロイトはこの概念以外にも、受動性やマゾヒズムなどを女性特有の心理的特徴として挙げ、女性の心の発達を説明した。

フロイトの生きていた当時から、このフロイト女性論は論争を呼んだ。女性の精神分析家たちの中にも、フロイトの路線を引き継いで女性の心理を論じる者もいれば、フロイト説にまっこうから反対する者もいたし、また正面から反対はしないが本質的にフロイト説とは異なる発達の道筋を描き出した者もいた。けれどもその論争は、どのように決着したのだろうか。現在精神分析家たちの中では、フロイトの女性論はどう総括され、今ではそれに代わるどのような女性の発達論に（もしあるとすればだが）落ち着いたのだろうか。

精神分析についてある程度の知識を持っていても、精神分析における女性の描かれ方については、フロイトのあの「ペニス羨望」以外、耳にしたことがないという人がほとんどではないだろうか。精神分析を重要な基礎学問の一つとしている臨床心理学や精神医学の専門家でも、今は時代遅れな感が否めないこのフロイト女性論についてはあえて触れずに、精神分析学の中で実際の臨床に生かせそうな部分だけを活用して治療に当たっているというのが実情かもしれない。筆者は精神科医であるが、周囲の心理士や精神科医を見ていると、たとえ精神分析について基本的に肯定的な立場の人でも、フロイト精神分析のこの部分だけは初めから問題にしない態度を取っているらしいというのが正直な印象である。つまり系統講義などでどうしても触れざるを得ない時だけやや失笑気味に言及するだけで、論文や治療経過報告を書く時の説明概念にはまず使わない、というのがたいていの通り相場である。

けれども昨今、女性を取り巻く状況はますます変化しつつある。女性の社会活躍が叫ばれ、「男は仕事、女は家庭」という価値観はたとえ内心抱かれていても公的な場で主張したり、他人に向かって押しつけたりすればまず非常識とされる時代になった。「男は男らしく、女は女らしく」という性役割の押しつけについても同様である。またセクシュアル・ハラスメントを意味する「セクハラ」という言葉はもとより「マタハラ」（マタニティ・ハラスメント）といった言葉もほぼ日常語化し、各職場でも（実際どこまで取り組めているかは別として）こうしたハラスメント対策は避けて通れないこととして認識されるようになってきた。

こうした現代においても、悩みを抱える人が継続的に心理の専門家と会い、言葉で語ることを積み重ねてゆくという形の心理療法的援助はやはり存在している。そして、今もその知的基盤としてもっとも大きな影響を与え続けているものの一つが、精神分析理論であることは間違いない。では、もしその精神分析理論において、人口の約半分を占める女性の発達に関する記述が更新されないままでいたとしたらどうだろうか。それでも心理療法が問題なく機能するとしたら、ずいぶん奇妙なことではないだろうか。

前述したような、女性を取り巻く昨今の社会的変化には、フェミニズム運動が大きく関わっている。つまり、フェミニストたちが続けてきたねばり強い発信によって、社会はゆっくりとだが確実に変わってきた。では、これまでフェミニストたちは、フロイトの女性論をはじめとする精神分析の女性論に、どう向き合ってきたのだろうか。またそれに対して精神分析は、どのような応答をしてきたのだろうか。

精神分析が現代にも通用する知的体系だとするなら、それは女性や女性性を今、どのように位置づけているのだろうか。フロイトの女性論のその後や、精神分析とフェミニズムの関係の歴史は、日本では精神分析を治療に取り入れている臨床家たちの間でも存外よく知られていない。この第一章では精神分析と女性、そして女性性について考える手始めとして、フロイト女性論の実際の中身とそれに対する周囲からの反応、および第二波フェミニズムから精神分析への批判や、その後の精神分析的ジェンダー論のゆくえについて、その大まかな流れを見てゆきたい[1]。

第1節　フロイトの女性論——持たないことが女性を決める？

1895年ジグムント・フロイトは、同僚医師のヨーゼフ・ブロイアーと、共著『ヒステリー研究』(Breuer & Freud 1895) を出版した。精神分析の出発点と言われる著作である。フロイトたちの生きた19世紀末、ヒステリーは非常によく見られた疾患であったが、その原因については知られていなかった。しばしば非常に派手な身体症状や精神症状を呈するものの、患者の身体を調べても目立った病因は見つからず、しかも症状は突然出現したり消えたりした。『ヒステリー研究』はフロイトとブロイアーが治療に当たった主に5人の女性ヒステリー患者たちについての記録と、二人の著者たちそれぞれの理論的解説部分からなっている。フロイトとブロイ

1　なおこの章には、筆者のこれまでの翻訳書（Benjamin 1998）や論文（北村 2016）の一部を加筆修正して用いている箇所が含まれている。あらかじめお断りしておくとともに、より詳しい内容に触れたいとお考えの方は、そちらも参照していただければ幸いである。

アーの報告によると、彼らがヒステリー患者たち（その多くが女性であり、特に『ヒステリー研究』に取り上げられている患者はすべて女性である）の話に耳を傾け、患者が誘因となる出来事を思い出し当時の感情を伴って詳細に語ると、個々のヒステリー症状は消えたという。これが有名な「カタルシス法」である。[2]

ヒステリーという疾患は、時代が下るにつれて少なくなったと言われている。その理由としては、ヒステリーという診断名で呼ばれていた多くの病的状態が別の疾患カテゴリーに入れられるようになったため、もともとヒステリーというカテゴリーの中に入れられていた患者が目減りしたに過ぎないとの考え方もあるが、それだけではなく、当時から現代にかけて女性の社会的地位が向上し自由が広がったことも関係していると言われている（Trillat 1986）。

『ヒステリー研究』からも読み取れるが、当時の女性たちは、社会的な活躍の場が現在よりも相当に制限されていた。娘時代に学ばせてもらえることといえば、就労に直接結びつかないいわゆる「お稽古《けいこ》事」が中心である。自由に職を選んで自活することも許されず、たとえ自活できるにせよ、女性に許されるのは家庭教師など限られた職だけであったりした。現在と当時との数値的な比較は難しいものの、身近な男性たちからの性暴力被害を経験することも珍しくなかった。また、女性たちはみずから性的な欲望を抱く主体としてもしばしば扱われておらず、ましてや現代に比べて、それをみずから表現することも抑制されていた。要するに、女性がみずから「〜したい」と思い、みずからその思いを口にし、みずからその通り行動することが社会的に許容されなかったのである。

『ヒステリー研究』を発表した後、ブロイアーは「カタルシス法」からは遠ざかってゆき、精神分析運動の担い手とはならなかった。しかしフロイトは、その後も精力的に精神分析理論を構築していく。その主軸となるのが、有名な「エディプス・コンプレックス」理論である。

エディプス・コンプレックスは、フロイトがギリシャ神話のエディプス王の物語に基づいて名付けた概念である。それは精神分析のその後の発展の中で、フロイト自身のそれとは少しずつ異なるさまざまな解釈を生み、その意味合いを変化させながらも、今なお重要な概念であり続けている。しかし、フロイトが当時発達論として提示したエディプス・コンプレックス理論は、次のようなものであった。なお、以下は『精神分析事典』（小此木 2002）からの引用である。[3]

…3歳になるころから子どもは快感の源として性器に注意を向け、この興味に伴って、異性の親を特別な愛情対象とするようになる。男児の場合、最初の愛情対象は母親であるが、この母親への愛着を妨げるライバルの父親を殺害したいという願望を発展させる。これらの願望は、父親からの復讐ひいては処罰、つまり去勢（ペニスを切り落とされること）の恐怖と不安などの結果を招く。やがて、この罰を避けるために、男児は母親への性愛的な執着を断念して、攻撃者への同一化（自分を攻撃してくる相手の属性を取り入れいわば真似ることによって、不安を乗り越えようとすること）によって父親に同一化、父親のようになろうとすると共に、母親のような女性を外に求めるようになる。このエディプス・コンプレックスの解消の結果として、5歳か6歳の終わりごろには、処罰する父親は内在化され、超自我を形成する［（　）内引用者（『精神分析事典』「エディプス・コンプレックス」より）］。

専門家向けの事典からの引用であるため、ところどころ専門用語混じりで分かりにくく感じられるかもしれないが、ここでは要するに次のようなことが説明されている。男の子は父親に取って代わり母親と結ばれたいという願望を抱き、そのため父親から罰せられて去勢されてしまうのではないかという不安や罪悪感を抱く。そして、

2　精神分析療法や精神分析的精神療法の治療機序としては、その後の精神分析研究の中で、カタルシス以外にいくつかのものが挙げられるようになっている。

3　女の子の場合については後述するため、ここでは男の子の場合を説明している。

そこから父親のような男性になり女性のパートナーを求める心性が生まれる。また母親と結ばれたいという近親姦願望を禁止する父親のはたらきを心に取り入れることによって、子どものこころの中には、許されないことをみずから禁じる心のはたらき（超自我）が形成されていくという。[4]

さてこのエディプス・コンプレックスは、フロイトが自分自身の心を自己分析する過程で見出した、母親に対する愛と父親に対する嫉妬の感情をもとに構想されたものであり、実際命名の元になった神話のエディプス王が男性であることにも示されているように、もともと男の子の発達についての理論であった。しかしその後フロイトは周囲の勧めもあり、エディプス・コンプレックスの女性版についても書くことになった。女性についてのフロイトの記述は複数の論文内に散らばっているが、それらは「エディプス・コンプレックスの没落」（1924a）、「マゾヒズムの経済論的問題」（1924b）、「解剖学的な性差の若干の心的帰結」（1925）、「女性の性について」（1931）、そして『続・精神分析入門講義』第33講「女性性」（1933）などの諸論文である。なかでも最後の「女性性」は、このテーマについてフロイトが論じた最後のものであり、フロイト女性論の最終結論とされている。その女性論の中身を、できるだけ分かりやすく説明してみよう。

フロイトはまず、自分には女性性の問題を論じる資格はあまりないという控えめな態度を示しつつも、解剖学的つまり科学的にみて、男女にはそれぞれ男性性も女性性も備わっているらしいと語り起こす（両性性）。そして、男女差はどうやら能動性、受動性と分かちがたく結び付いているようだという（受動性）。女性にはマゾヒズムがつきものだと言い、それを「真に女性的」なものとも表現する（マゾヒズム）。女の子は最初、男の子と同様に母親を愛しているが、自分にペニスがないのを知って去勢された存在であるという衝撃を受け、ペニスのある男の子を妬《ねた》む（ペニス羨望）。そしてペニスを有し、自分に赤ちゃんを与えてくれる力のある父親を愛するようになり、性的快感の源はクリトリスから膣へと移行するという。

初めて聞くとこの説明が何を意味しているのか、ピンと来にくいかもしれない。フロイトは人間の発達を説明するにあたって、「リビドー」つまり性的なエネルギーを中心に据えた体系をつくろうとしていたため（これを「精神性的発達」という）、ペニス、クリトリス、膣といった性にまつわる具体的な身体的器官を使った説明の仕方になっている。けれどもその具体性の背後で語られているのは、次のようなストーリーである。

〈女の子はもともと、自分を男の子と同じように一人前になりうる存在だと信じ込んでいるが、一人前の人間として非常に重要な唯一のしるしであるペニスを持たない自分にはその可能性はないことを知って絶望し、それを持つ者を妬《ねた》む。しかし最終的には、そうしたペニスを持つ一人前の能動的存在である男性から、赤ちゃんを授けてもらったり、性的満足を与えてもらったりする受動的な存在であることを受け入れるようになる。それが、女の子が普通に大人になるということだ〉と。

女性読者の中には、ここまで読み進めてきて、すでに不快感を覚えた方もおられるかもしれない。けれども日本の心理臨床の現場では、これまでフロイトの女性論がきっちり総括されるというよりも事実上等閑視されたまま、母性中心の理論（対象関係論など）がなんとなく受け入れられているという空気があったように思う。ここでその不快さのあまり検証の試みを放棄してしまうと、これまでの等閑視がこのまま続いてゆくことになりかねない。

幸いその検証の試みは、すでに海外を中心に、多くの論客たちによってなされてきた歴史がある。また、それは決して単なるフロイト個人への誹謗中傷でなく、フロイト女性論のもっていた諸要素を客観的に吟味し検討するものになっている。そればかりか、その結果そこには、男性性、女性性、ジェンダーについての人間の認識それ自身の性質を探索していくための、新しいとば口が開かれたのである。ここからは、その検証の歴史を振り

4　ここでは細部には立ち入らないが、これとは逆の「同性の親に愛情を向け、異性の親に憎しみを向ける」心性も同時に存在するとされており、そちらは（右記が「陽性エディプス・コンプレックス」と呼ばれるのに対して）「陰性エディプス・コンプレックス」と呼ばれている。

返ってゆこう。

第2節　フロイト女性論を巡る論争

1　フロイト存命中（1920～1930年代前半まで）

このフロイトの女性論に対しては、発表直後から賛否両論の議論が湧き起こった。

基本的にフロイトの説に従ったのは、J・ランプル＝デ・フロート、マリー・ボナパルト、ヘレーネ・ドイッチェといった女性たちである。たとえばランプル＝デ・フロート（Lampl-De Groot 1933）は、ペニス羨望、女性性＝受動性という同等視、両性性といったフロイトの説をほぼそのまま受け入れ、女性には「緩和的に形成された」（Freud 1925）超自我しか発達しないと言ったフロイトに賛同して、「女性はそうした超自我のせいで、男性より重要性の低い社会的・文化的貢献しかできないのも当然である」[5]とまで書いた。

またボナパルト（Bonaparte 1935）は、まず月経や出産にまつわる痛みの要素と、男性と同じような性的快感の要素という二要素を挙げ、男性が後者だけを持つのに対して、女性はその両方をもち、より両性性が強いと言い、それはクリトリスと膣というように性感帯が二重にあるためだと述べた。そして、なぜこうした二重性が引き起こされるかという説明に、女性は「母性の器官による阻害的影響によって、子どもから成人（男性）の発達の中途で発達が阻害されている」とする説を「偉大な生物学者」の説として肯定的に引用している。いわば「子宮はお荷物」というわけで、ランプル＝デ・フロートと同様に、女性をいわば〈不完全な男性〉とするフロイトの考え方をやはりそのまま引き継いでいる。

同じように基本線ではフロイト説を引き継いでいても、母性の要素を含んだ独自の説を展開した、ドイッチェ（Deutsch 1925）のような人もいた。女の子が幼い頃母親の乳首から乳を吸った活動が、大人の女性になって膣（＝口）にペニス（＝乳首）をふくむ活動に再現され、妊娠や出産を経てこんどは母親の立場で赤ちゃんに乳首を吸わせる活動に還る…というように、彼女は性の営みを、マザリングを中心とした円環構造として描いている。しかし、女性は「クリトリスに付随する男性性を諦め」「男根期から膣期に移行する」二つの課題を負うとし、「ペニスを表わすクリトリスの要請を断念し、こうした膣の母性的機能を首尾良く確立する女性は、女性としての発達のゴールに達したのであり、女になったのである［強調原著者］」「人間の両性性は女性にとってあまりにも逆境であるが、こうした両性性がなかったら、男性的な渇望を負ったクリトリスがなかったら、女性はどんなにか容易に自分の存在を確立することができるだろうに！」と述べるなど、彼女も大筋としてはフロイトの論を引き継いでいた。

それに対して、フロイトに反対の立場を取ったのが、カレン・ホーナイやアーネスト・ジョーンズである。ジョーンズは、他の分野では基本的にフロイトに忠実な人であった。けれども女性性の問題についてはフロイトに異議を唱え、女性は「自分の本性とは異質の副次的な代理物で必死に自分を慰めようとしている、永久に絶望し続ける生き物」ではないと反論した（Jones 1935）。

もっとも正面からストレートに反対をぶつけたのがホーナイである（Horney 1926）。彼女は、フロイトのペニス羨望論は男性の目から見た「男性心理学」であり、フロイトの描く女の子の発達過程は、5歳程度の男の子の空想をなぞってつくられているに過ぎないと批判した。[6] **表1-1**のようにである。

つまりフロイトの女性論は、暗に男性をいわば「人間の標準仕様モデル」とする前提から出発して、その観点

5 「」内引用者訳。以下、参考文献に邦訳書が併記されていないものはすべて引用者訳である。

表 1-1　男の子の空想と、「ペニス羨望」による女性の発達仮説の対応関係

男の子の空想	「ペニス羨望」による女性の発達仮説
「女の子も当然僕と同じペニスを持っているはず」	「男女ともに、役割を演ずるのは男性性器だけのはず」
「ない！」	「女児は男児のペニスを発見して悲しむ」
「きっと罰せられて、切り取られてしまったのだろう」	「女児は自分のペニスが処罰され去勢されたと思う」
「女の子は劣った存在なんだ」	「女児は自分を劣った存在と思う（＝ペニス羨望）」
「どうやったってその欠乏や妬《ねた》みを乗り越えられやしない」	「女性はその劣等感をいつまでもぬぐえず、男性になりたい願望を都度乗り越えなければならない」
「女の子の妬《ねた》みがこわい」	「女性は生涯、自分にないものを持つ男性に復讐してやろうと思っている」

〔Horney 1926 より筆者作成〕

から見た女性を、つまり標準から外れたものとしての（そして、それしか出発点となる一義的特徴がないものとしての）女性を描いていると批判されたのである。言い換えれば、男性を観察者や評価者、つまり主体の立ち位置において、客体化された対象である女性を語っているのがフロイトの女性論であるということになる。これを図式的に示すと、次のようになる。

主体（能動的）→客体（受動的）

（「→」は、「〜に働きかける」「〜を観察する」、「〜について語る」といった意味）

こうした説明の枠組みは一般に「一者心理学的」と評されるものである。たとえば、白人から見た東洋人描写のステレオタイプ性がオリエンタリズムとして批判される場合には、「西洋→東洋」という図式が批判されているわけである。フロイトの女性論では、この図式の「主体」側を印づけるのがペニスとされた。そのためフロイトの女性論は、後述するように「男根一元論」であるとしばしば表現され、批判されたのであった。

2 フロイト後（1930年代後半以降）——アメリカ

みずからの女性論について十分な自信が持てないまま、それでも1933年の『続・精神分析入門講義』第33講「女性性」を最後にこの件については沈黙したフロイトであったが、彼は最終的には第二次世界大戦の終結を待たずして、亡命先のイギリスで亡くなってしまう。またこの時代、多くの分析家がナチスの迫害を恐れてヨーロッパからアメリカに渡ったため、アメリカは精神分析の新しい拠点となっていった。アメリカでは精神分析が精神医学の中核的理論として取り入れられたが、生きた創始者の手を離れた精神分析理論は良くも悪くも権威化されて、大きな影響力をふるうようになった。フロイト女性論もその基本理論の一部として受容され、ふたたび批判の声が高まる1960年代まで、論争は一時下火となった。

こうして権威化した精神分析の女性論は、しばしば政治的目的で利用された。たとえば大恐慌で職を失った男性たちが巷《ちまた》に溢れた時代には、女性の就職を制限するために利用されたし、また第二次大戦後には、戦時中男性に代わる労働力として駆り出されていた女性たちを家庭に呼び戻すために利用されたのである（有賀 1988）。さらにまた（「オーガズム論争」について取り上げる際に後述するが）、フロイト精神分析の女性論は臨床家がセラピーを行うための基礎理論としてだけでなく、一般人に対して成熟した女性像の規範を示すものとして機能した面があった。

6（↗9頁） ホーナイはこのほかに、女性のおかれている社会的、経済的状況が女性性を形づくる面もあると指摘した。つまり、みずから自活できず経済的に男性に頼らねばならない状況があると、その条件によって女性性が規定される面もあるということである。対人関係学派のクララ・トンプソンも同様に、社会的影響を重視する立場から、フロイトの女性論に反対している。

１９６０～70年代になると、既存の権威に挑戦する時代的空気の中で、精神分析にも批判の声が向けられるようになる。フロイト女性論もまた、その主な批判の対象となった。第二波フェミニズム運動の火付け役とされるベティ・フリーダンは、１９６３年の著書『新しい女性の創造』（Friedan 1963）の中で、フロイトの精神分析が文化的にも実践的にもすばらしい貢献をなしたことを認めつつも、「しかし…私はフロイトの女性論を今日の女性にあてはめることを疑うのである」と書き、フロイトの女性論を現代のアメリカ人女性に当てはめることは間違いだと主張した。ケイト・ミレットも『性の政治学』（Millett 1970）の中で、フロイト精神分析、特に「俗流フロイト主義」が、１９３０年代から60年代にかけての女性の地位低下にもっとも不幸な影響を及ぼしたと批判し、こうしたフロイト主義が男女の性役割の固定をイデオロギー的に支えたと指摘している。

よく読むといずれも、フロイト自身や精神分析家たちへの批判というより、むしろそれを政治的に利用した人々に対する批判ではあった。しかし、こうしたフェミニストらの批判を受けて精神分析の内部でも、フロイト女性論に対する見直しの流れが起こる。

ただし見直しはまず、医学的、生物学的な傾向を持つアメリカ精神分析界の特徴からか、「オーガズム論争」という独特の形で盛り上がった。今から振り返ると珍妙にも思えるが、当時は「女性の性感帯はクリトリスから膣へと移行する」というフロイトの学説が、「クリトリスでなく膣によってオーガズムを得ること（膣オーガズム）こそ、成熟した女性のしるし」という強い規範として人々を縛っていたのである（これは実際にもともとフロイトの説が、男性のペニスによって満足させられる受動性の獲得こそ、女性の達成すべきゴールであるという含みをもっていたためであろう）。それに対してマスターズとジョンソンは１９６６年、多くの男女の自慰行為やカップルの性交を（もちろん同意の下でであるが）実験室で直接観察することによってこの社会通念を実験的に検証し、「女性のオーガズムにはクリトリスの興奮と膣の興奮どちらもが含まれていて、分けることはできない」という結論を導き出した（「マスターズ・ジョンソン報告」）。つまり多くの女性たちが縛られていた成熟のしるしとしての「膣オーガズム」は、いわば実体のないカラ概念だったのである（Gillespie 1969）。しかし、しばらくするとこうした生物学的水準での論議は、心理的、意味的側面を欠いたものとして批判され、消えていった。

このように、第二波フェミニズム運動の初期には、精神分析とフェミニズムは一般に相容れないものとしてとらえられていた。しかし、ただ運動の声を上げるだけでなくバックボーンとなるより精緻なジェンダー論が求められる段階になって、フェミニストたちはやはり精神分析理論を必要とし始めた。実際、当時フロイト精神分析を批判していたフェミニストたちの中には、フロイトの男根一元論が生まれた背景に、フロイト自身の支配的な母親の影響があったと論じる者まであった（Buhle 1998）。つまり精神分析的な説明スタイルは、精神分析を批判するフェミニストたち自身の心性にもすでに染みつき、引き剥がせないものとなっていたのである。

a　フェミニストが精神分析を取り入れ始める――精神分析的フェミニズムの登場

フェミニストの中で最初に分析理論の有用性を説いたのが、イギリス出身の運動家ジュリエット・ミッチェルであった。彼女は１９６６年、26歳で『ニューレフト・レビュー』(*New Left Review*) 誌に論文 'Women, the longest revolution'（直訳すると「女性、もっとも長い革命」）を発表して論壇に登場した活動家であったが（平川 2002）、精神分析理論はフェミニズムの敵ではなく、家父長制を読み解く上で有用な道具となると主張して『精神分析と女の解放』（Mitchell 1974）を出版した。

また、ジュリエット・ミッチェルが精神分析とフェミニズムの融合へと一歩を踏み出した先駆者であるとすれば、その融合を本格的な仕事で体現して見せ、世界に絶大な影響を与えたフェミニズム理論家がナンシー・チョドロウであったと言えるだろう。その仕事というのが、『母親業の再生産』（Chodorow 1978）であった。父権的なフロイト精神分析を引き合いに出すジュリエット・ミッチェルとは異なり、チョドロウは母性を中心に据えたイギリス対象関係論を下敷きにしている。メラニー・クラインらによって始まったイギリス対象関係論は、当時のアメリカではまださほど知られていなかった。チョドロウはまず、男性と女性のうち、ほとんどの文化で女性が子育てを担っていることに着目した。そして子育てが女性に担わされているというだけでなく、母親である女性自身が関係性を重視し、自発的に子育てを担おうとするようになるのはなぜかを問うたのである。チョドロウによるとこれは、女性である母親が同性である娘を自分と同一的な存在として育て、逆に異性である息子を、自分とは本来的に異質な存在として育てるからであるという。つまり、自律性より関係性を重視するといういわゆる「女らしさ」や母性の特質は、母親自身の子育てによって「再生産」されていく面があるというのだ（これが『母親業の再生産』というタイトルの由来である）。多くの核家族ではいわゆる職住分離によって、父親は日常生活の場である家庭から離れた場で働いており、男の子はおとなの男性としての父親を、身近なモデルとして感じにくくなっている。そのため男の子の方も、母親との同一化的な関係の中で成長していく女の子とは反対に、母親とは違う存在として、母親との同一化を否定することによって男性性を確立していかねばならない状況に置かれているとチョドロウは言う。本書は、『コンテンポラリー・ソシオロジー』誌で同分野において過去の四半世紀にもっとも影響力のあった10冊のうちに数えられるなど（Laslet 1996）、長期にわたり広い分野に大きな影響を与え、アメリカに対象関係論が広まるきっかけになったとも言われている[78]。

これら１９７０年代の論者が、精神分析とフェミニズムを初めて融合させ精神分析的フェミニズムを生み出した世代とすれば、１９８０年代以降に活躍したジェシカ・ベンジャミンは、精神分析的フェミニズムをさらに精緻な精神分析的ジェンダー論に昇華させた存在と言えよう。ではそのベンジャミンとは、どんな人物なのだろうか。

b　ジェシカ・ベンジャミン——精神分析的フェミニズムの精緻化

ジェシカ・ベンジャミン（Benjamin 1998）は、アメリカ、ニューヨーク在住の精神分析家である。哲学、心理学を学んで修士号を取得したほか、社会学では博士号を取得。みずから精神分析を受けて精神分析家となり、ベアトリス・ビービーらとともに乳幼児研究にも携わっていた。ニューヨーク大学で長らく教鞭を執り、同地で精神分析家として開業してきた。

彼女は精神分析コミュニティ内において、関係精神分析という新しい潮流を代表する一人として知られており、また精神分析的ジェンダー論の論客でもある。また精神分析コミュニティの外部、つまりこれまで社会学系の論者を中心に展開されてきたジェンダー論の領域においても、精神分析家ならではの貢献をなした人でもある。そのためここでは少し詳しく、彼女の業績を紹介してゆきたい。

前述したように、本書執筆中の２０１９年現在、日本ではベンジャミンは、まだ専門家の間でも広くその名を知られているとは言えない。しかし知られているとすれば、主として関係精神分析の論客の一人として認識されているであろう。けれどもそうした関係精神分析的、二者心理学的な彼女のまなざしは、従来の精神分析理論が「男性にとって見られる、語られる側である受動的なものとしての女性」すなわち「対象化された女性」や、「（発達論において）子どもの背景、環境として言及されるだけの母親」「その人自身の欲望を持つことを想定されていない母親」について描いてきた部分を、多分に残してはいないかという問題意識から出発したのである。

7 興味深いことに、ジュリエット・ミッチェルもチョドロウも、まずフェミニストという立場で精神分析を理論として活用し発言していた時代を経て、実地に訓練を受け精神分析家となっている。

8 ニューヨーク出身の心理学者ドロシー・ディナースタインによる『性幻想と不安』(Dinnerstein 1976) は、もっぱら母親である女性に育児が任されていることが男性性、女性性を決定づけていると考える点でチョドロウの説と共通しており、チョドロウの代表作である『母親業の再生産』(1978) と同様、１９７０年代に広く読まれた。ただしディナースタインは、臨床実践の知というより、理論としての精神分析に依拠して同書をまとめている印象であるためか、フェミニストや分析家からの評価は比較的辛口なようだ (Buhle 1998)。

たとえばマーガレット・マーラーの「分離－個体化」理論は、心理臨床の専門家などにはよく知られているように、生後すぐの赤ん坊が自閉期、共生期、分化期、練習期、再接近期などを経て、3歳くらいまでにどのように「個体化」してゆくかを説いた理論である。これは1960年代から70年代にかけて、ライフサイクル論や境界性パーソナリティ障害の病因論および治療論の理論的基盤を提供するなど、一世を風靡した重要な理論であった。その貢献はすばらしいものであり、現在でもこの理論が有用と思われる臨床的局面は確かに多い。

しかし、この理論では母親は、基本的に幼児によってその「不在に耐え」られる存在であったり「内在化」される存在といった、受動的な役回りしか与えられていなかった。いわば分離し個体化していく子どもに、上手に「置いてゆかれる」ことが、母親の役割だったのである。そこでは関係性の成熟に焦点が当てられるというよりも、むしろ子どもが自律的個人として、つまり「一者」として、分離し個体化していくことに焦点を当てる描写がなされていた。

またフロイトの女性論が、男性の側から女性を見た視点から描かれていると批判されてきたことは前述の通りである。それと同様にこれまでの精神分析の治療論では、治療者を観察者かつ「知る者」という主体の立場に置き、患者を被観察者かつ「知られる者」という客体の立場に置きがちな面があった。たとえば精神分析の治療者にとってあるべき態度を表わすものとして、治療者は患者の転移を映し出す真っ白なスクリーンでなければならないと説く「ブランク・スクリーン」概念がある。治療者は個人的属性を患者の前では敢えて示さず匿名性の背後にいて、患者からの転移をいわば一方的に観察するのである（現在では、これを日常臨床で字義通りに実践しているという臨床家は、かつてほど多くないかもしれないが）。

このように、〈子－母〉〈男性－女性〉〈治療者－患者〉という対《つい》関係を、「主体《サブジェクト》と客体《オブジェクト》（あるいは対象《オブジェクト》）」という図式で描いてゆくのが、一者心理学的なスタンスである。ある時期アメリカで隆盛を誇った自我心理学の「自我」という名称にも表われているように、これは究極的には「一人の人間がどのように環境や周囲の人間を利用し、うまく折り合いをつけながら最終的に自分の欲望を満たすか」という問いの立て方から出発した説明の体系であった。

けれども実際には、人間にとって「自分とは違う意思や感じ方を持った、自分と同等の権利を持つはずの、主体としての他者」をそれとして認めて尊重できることも、発達のうえで非常に重要な課題であるはずだった（このような意味でお互いを主体として認識し合うことを、ベンジャミンは「相互承認（mutual recognition）」と呼んでいる）。「自律性」と同じくらい大切な、「関係性」の発達課題といってもよいかもしれない。こうした認識はおそらく、今日的な課題として注目されるようになった、自己愛パーソナリティについての問題意識とも無縁ではないだろう。自己愛的な病理を持つ人は、相手を自分の道具のようにしかとらえられず、その人自身の意思や感情を持った存在として感じにくいからである。

ベンジャミンがスティーヴン・ミッチェルやルイス・アーロンらとともに関係精神分析の論客として数えられているのは、こうした出自からである。これは女性や母親が置かれてきた位置づけや、ひいては男女という対《つい》関係のあり方を精緻に観察する中から出てきた思索が、精神分析全体を再考し読み直そうとする流れに、その中核において関わり始めたことを意味している。精神分析理論全体にとって、今まで付け足し的な位置を占めるに過ぎなかった女性の発達論は、いまや枝葉ではなく、その幹をなすものに加わりつつあるのである。

c　ベンジャミンの独自性――〈男性 - 女性〉の対関係を見つめて

また、フェミニズムの女権拡張的な運動と、それへの反発であるいわゆる「バックラッシュ」との間では、これまで押したり反対に押し返されたりといったバトルが繰り広げられてきた。このバトルについてベンジャミンは、もしそれが男性か女性のどちらが優位に立つかという戦いに終始するなら、お互いの関係性に根本的変化は生じえないとはっきり主張している。

彼女はすでに最初の代表作『愛の拘束』(Benjamin 1988)の冒頭で、次のように述べている。

従来の精神分析学の思想に挑戦するというのは、フェミニストたちの一部が信じているように、フロイト派の性的ステレオタイプや「偏向」は、社会的に構築されたものだと主張すれば済むということではない。同時に、男と違って女は「穏やかな生きものだ」と主張することで、フロイトの人間本性観に反論すれば良いという問題でもない。私は、ジェンダー対立というフェミニズム批評のやり方を採用しつつも、フェミニズムが批判している二元論を、時としてフェミニズム批評自身が強化することにもなっていると、はっきり認識している。

男性性を貶《おとし》め女性性や母性を持ち上げるような主張(男性と違い、女性は本質的に「自然」「平和」な生き物だといった主張)をしたり、男性中心主義を打破するために女権拡張を訴えても、それがこれまでの上下関係を転覆し逆転しようとする働きかけに過ぎないなら、どちらが上になるかが変わるだけで、上下関係という構造そのものは変わらない。それはまたバックラッシュを呼び込み、そのバックラッシュに対する新たな戦いを呼び込んでしまう。つまり「どちらが上に立つか」という戦いを続けている限り、ある時は味方が、ある時は敵側が上に立つというシーソー・ゲームは、永久に続いてゆくと言うのである。

私たちがなさねばならないのは、どちらかの味方をすることではなく、二元的構造自体にずっと焦点を当て続けることである。(前掲書)

精神分析的治療には、転移－逆転移関係を理解することが欠かせない。つまり、面接を重ねる中で患者は治療者に対して、その人らしいやり方でさまざまなイメージを投影し、関係性を紡ぎ出していく。それに対して治療者の方も、患者であるその人との、ある種の情緒的関わり合いの中に巻き込まれていく。分析的治療者はこのように患者との情緒の波に巻き込まれた時、患者と自分とのそれぞれに仮に同一化しつつ、その患者との間で生じる独特の転移－逆転移関係のありようを読み取り、二人を巻き込んでいる波の正体を見極めようとする。分析家ベンジャミンはいわばそれを、〈男性－女性〉という二者の対関係においても行っているのである。

初期の精神分析的フェミニズムの論客たち（ジュリエット・ミッチェルやナンシー・チョドロウ）は、パイオニアであったがゆえに、少なくともそのキャリア初期には、いわば「頭で」理解した精神分析を、フェミニズム運動を理論武装するための武器として使っていたところがある（もちろん臨床精神分析家として活躍するうちに、その初期の主張は、治療者としての臨床体験を取り入れたものに変化していったのであるが）。しかしジェシカ・ベンジャミンの世代になると、精神分析に基づいた治療を行っている者なら誰もが経験しているであろう転移－逆転移関係の主客逆転とでも言うべき現象[9]など、精神分析の「体験的」水準の知が、〈男性－女性〉というジェンダーの二元的構造そのものの理解に生かされるようになってくる。筆者はベンジャミンがジェンダー論に「精神分析家ならではの貢献」をしたと前述したが、それはこうした点を指してのことである。

なお、治療場面における〈主体－客体〉〈能動－受動〉のシーソー関係を描写し、そこから脱して新しい次元

9 たとえば、どんな関係においてもなぜか被虐的な立場に置かれてしまうと訴える人の精神分析的治療においては、しばしば〈虐げる－虐げられる〉という関係性が、患者の生活場面だけでなく面接室内の治療において、〈虐げる治療者－虐げられる患者〉という形で展開する局面を迎える。しかしその関係性は多くの場合、やがて主客が逆転して〈虐げられる治療者－虐げる患者〉という形に転じることが知られている（そしてそれは、またさらなる主客逆転を繰り返す）。つまり、虐げていた側が虐げられる側に転じ、虐げられていた側が虐げる側に転じるといった役割の交換が起こるのである。

の関係性を生じさせるために必要な治療者の態度について伝えようとしたベンジャミンの代表的論文が、「〈する－される〉関係を越えて――間主観的観点からみたサードネス」（'Beyond Doer and Done to: An Intersubjective View of Thirdness'）である（Benjamin 2004）[10]。この論文は精神分析専門誌のインターネット上アーカイブＰＥＰ（Psychoanalytic Electronic Publishing）の検索頻度ランキングにおいても上位を占めており、精神分析の専門家たちの間でも、学派を問わず広く注目されていることが読み取れる。本書を執筆中の２０１９年4月現在まだ邦訳は存在していないが、唯一の主体として振る舞う行為者を「する」側（doer）、みずから語る言葉をもたず客体とされてしまう者を「される」側（done to）と簡潔に表現したこの論文には、ベンジャミンの主張が凝縮されている。

d　差異か平等か？

フェミニズム運動は最初、選挙権や賃労働や就学機会といった、男性のみに与えられている権利を女性にも与えよという主張から始まった。たとえば当時は「研究などの知的活動をすると女性の健康に悪い」からといった理由で、女性には大学への進学も認められていなかった（Buhle 1998 : Shapiro 2002）。いわば男女の間に質的な差異が想定され、それを理由に女性は公的領域から閉め出されていたのである。そのためフェミニストたちは、「基本的には男性も女性も同じ人間である」と、主として「平等」を押し出す主張を掲げて運動していった。

しかし、家庭での家事、子どもたちの世話といった、これまで女性に任されてきた営みは何だったのだろうか。それは賃金がもらえる賃労働ではないけれども、人間のために欠かすことのできない重要な営みである。従来的な男性の仕事とは違っているが、それはそれとして独自の価値を持っているはずだ――こうした考え方から、これまで女性に任されてきた人と人との関係性の領域、ケアの領域といったものを、従来的な男性的領域とは違う独自の価値を持つものとしてとらえ、男女の差異に積極的な意味を見出そうとする立場が生まれてきた。

精神分析や臨床心理学の分野で語られてきた女性性について振り返る時、この「差異派」の流れも無視することができない。[11] こうした差異派の論客として特に有名なのが、精神分析家で精神科医のジーン・ベーカー・ミラーや、心理学者であり倫理学者のキャロル・ギリガンである（いずれもアメリカ）。

ジーン・ベーカー・ミラーは幼少期ポリオを患い、看護師から世話《ケア》された経験から医学を志したと言われ、一貫して人間にとっての関係性の重要さを強調した。従来的なフロイト精神分析の女性論を批判的に検討するカレン・ホーナイ、クララ・トンプソン、フリーダ・フロム‐ライヒマン、ロバート・ストラーらによる諸論文を集めた『精神分析と女性』(Miller 1973) を編集し、続いてみずから著した『イエス バット Yes, But――フェミニズム心理学をめざして』(1976) を出版。これまでの発達論が望ましいゴールとして謳ってきた、分離をまっとうした自律的な自己といったものは実際は非現実的で、人間はみな支えられ世話《ケア》される関係性の中に生きていると主張して、「関係内自己 (self-in-relation)」という概念を提示した。そして、〈女性も男性のようになることが一人前の人間になることだ〉という（いわゆる「男並み平等」の）目標設定自体が間違っており、むしろそういうケアや関係性の必要を排除した人間像そのものを疑わなければならないと論じた。本書はアメリカで長く読まれ続け、「女性的価値を擁護しながら男性社会に進出しようとする人々」のバイブル的存在となったと言われている (Buhle 1998)。ミラーはこの関係性重視の方向を研究や教育にも広げ、ストーン・センターを設立、その初代所長を務めた。

そして、ミラーの著書以上に広く知られた世界的大ベストセラーとなったのが、キャロル・ギリガンの『もうひとつの声』(Gilligan 1982) である。ギリガンは、ハーバード大学の大学院生であった頃、自分のメンターであった心理学者ローレンス・コールバーグらによる道徳性発達理論を検証した。コールバーグは被験者に道徳的

---

10 この論文は２００４年が初出であるが、２０１８年に発行された論文集 "Beyond Doer and Done to" (Benjamin 2018) にも、ベンジャミン自身によってより分かりやすく手直しされた改訂版が収載されている。

11 初期のカレン・ホーナイが行っていた、母性の価値を押し出す主張も、この「差異派」にあたるだろう。

ジレンマが含まれたエピソードを提示し、そのジレンマに対する判断を求め、それによって被験者が道徳性においてどの発達段階に属しているかを評価していた（浜田 1998）。コールバーグの唱える道徳の6段階からなる発達説では、法や正義に照らし、普遍的な倫理的原理に基づいた判断ができることが、高い倫理的発達水準であるとされていた。しかしギリガンは、コールバーグがみずからの発達理論を人間一般の道徳性についてのものだと主張しているにもかかわらず、当初男の子ばかりの集団を調査対象としていたことに疑問を持った。

そうした尺度で測られた女の子たちの発達段階は、男の子と比較して低く見積もられていたのである。なぜなら女の子たちは男の子よりも、その状況の中にいる個々の人たちの感情やその状況のもつ個別の事情などに注目して、その間のバランスを取りながら判断しようとする傾向があったため、答え方が歯切れの悪いものになり迷いやすかったり、時には黙りこんでしまったりという反応を示したからだ。そうするとその子たちは、普遍的な倫理的原理に照らして判断したのではなく、「他人に同調し喜ばせようとする」判断をしたと見なされ、6段階中3段階目という低い評価を与えられてしまうことになる。ギリガンはこの点に疑問を抱き、道徳の諸問題を巡る語りの声には、二つの種類があることに思い至る。コールバーグのような従来的な心理学では、その一方だけを唯一の物差しとしてしまい、他方を聞き逃し、しかも低く見積もっていたのではないか。

その二つの声とは、「正義の倫理（ethics of justice）」と「ケアの倫理（ethics of care）」である。正義の倫理においては、〈それぞれ他人からは切り離された自律的な個人どうしが競合し合う世界で、お互いの権利の優先順位が、抽象的原理によって定められる〉というモデルが想定されている。しかしケアの倫理は、〈お互いがお互いに対して応答し合う責任をもち、誰も取り残されたり傷つけられてはならない〉といった考え方に基づく倫理原則である。したがってケアの倫理では、複数の人たちへの責任がぶつかり合う状況でジレンマが生じるわけだが、そこで取るべき行動が判断される際には、「正義の倫理」の場合のように普遍的抽象的な原理による裁断というよりも、その都度の文脈や状況に即した、総合的な判断が目指されることになる。このように、自己を他者から切り離された存在というより、むしろ他者とのつながりの中に生きる存在としてとらえるのが、ケアの倫理の背後にある人間観、世界観なのである。

ここで誤解してはならないのは、ギリガンが決してこれら二つの倫理原則を「男性」「女性」というジェンダーの違いに由来するものだとは言っていないことである。確かにギリガンは、インタビューの結果得られた女性と男性の回答傾向の違いを手掛かりに、質的に異なる二つの倫理観が存在することを突き止めた。けれども男性なら「正義の倫理」で動くべきだとか、実際動いている（あるいは女性なら「ケアの倫理」で動くべきだとか、実際動いている）などと、それらの倫理原則と性別とを、単純に結びつけることはしていない。むしろ男性であれ女性であれ、二つの倫理の統合にこそ、人間の成熟はあると結論づけているのである。

振り返ってみると、われわれの生活のさまざまな局面に、この二つの倫理原則は顔を出している。大変個人的な体験から例を引いて恐縮であるが、たとえば筆者はふだん精神科外来で診療をしている際に、いつもこの「二つの倫理」の存在を感じさせられる。つまり、病状が重かろうが軽かろうが、あらかじめ約束した時間どおりに来た人を優先するのか、重篤で長時間待てそうにない人を優先するのかというジレンマが常にあるのだ。この場合、「自律的な個人が、契約に基づいてあらかじめ確保した順番を守る」のが正義や自律性の倫理であり、契約云々よりも「重篤でニーズの高い方を優先して手当てする」のがケアの倫理にあたるわけである。

また、幼い子どもを抱えて働く親たちも日々、この二つの倫理原則の狭間に立たされているといえるだろう。公的な立場での人との約束ごとと、子どもたちのケアのニーズとの間の葛藤である。これらの倫理原則はいずれもどちらか一方へと還元してしまえず、どちらがより重要ともいえない。その間で各自が、どういうバランスで、どういう選択をするのかが日々問われるのだ。

普遍的正解のない問いであり葛藤であるが、それならそんな悩みはない方がよいかというと、そうでもない。こうした葛藤の狭間に身を置き悩むことによって、人は鍛えられる。そしてその悩みは無駄ではないと、ギリガンは言っているのである。

e　平等派 対 差異派――フェミニスト ケイト・ミレットと、精神分析家エリク・H・エリクソンの論争

さてここまでジーン・ベーカー・ミラーやキャロル・ギリガンなど、いわゆるフェミニズムの「差異派」とされる考え方について見てきた。その論客には心理学者ギリガンのように、必ずしも精神分析家でない人物も含まれていたが、もちろん精神分析もいわゆる差異派的立場と無縁ではない。むしろはっきりと差異派的な主張を唱え、平等派フェミニストとの間で論争を闘わせた精神分析家がいる。アイデンティティ論や心理社会的発達理論で有名な、エリク・H・エリクソンである。

エリクソン（Erikson 1950）は、子どもの遊びの研究などから、男女には身体的性差とリンクした心性の違いがあると論じた。エリクソンらはカリフォルニア大学での発達研究において、男女おのおの約１５０名の10～12歳児が人形や積み木で自由に制作した作品を調査した。するとその結果、空間の利用の仕方に有意な差が見られ、男の子が構造物・建物・塔・街路などをつくる傾向にあったのに対して、女の子は開放的で単純な囲いで囲まれた静的な（またある時は侵入を受けもする）室内空間を表現する傾向があったという。エリクソンはこの結果が「性器様式」の男女差に近似していることに注意を促し、「私の臨床判断では…性器様式が空間構成の様態を支配する様相は、男女には空間の観念に深い相違があることを反映するものと考えたい」（Erikson 1950）と述べている。女の子に見られたこの傾向をエリクソンは「内部空間」（子宮や膣といった女性生殖器を暗示している）と関連づけて論じ、「生産的な内的・肉体的空間の存在は、永遠に喪われたあの器官（＝ペニス）よりももっと大きな実在感をおびている［（　）内引用者］」（Erikson 1968）と書いた。

これは初期のカレン・ホーナイと似た考え方である。つまり、女性をペニスの「ない」存在としてとらえるフロイトの女性論に反対し、男性にはペニスがあるが、女性にはまた別の、膣や子宮という内部空間が「ある」と

するとらえ方だ。前者のとらえ方による女性性を、一般に「ネガティブなものとしての女性性（negative femininity）」、後者によるものを「ポジティブなものとしての女性性（positive femininity）」という。これは「ない」ことから女性性を規定するか、「ある」ことから規定するかの違いであるが、エリクソンもまたフロイトの男根一元論を否定して、女性には女性特有の内部空間という身体的特徴があり、それにリンクした独特の心性がある、と主張したのである。

現代では、身体的・解剖学的特徴とリンクした心性がそのまま発現するといった考え方には、疑問が呈されている。十代に至るまでの成長過程で被験者の子どもたちが周囲から受けた「男の子らしさ」「女の子らしさ」という価値観からの影響も、当然無視できないはずだからだ。現にエリクソンのほぼ一世代後の精神分析家であるロバート・ストラー（Stoller 1976）は、出生後に周囲のおとなが子どもに特定の性別を割り振り、その規範に則《のっと》った子育てを行うことが、子どもの性同一性の重要な決定要因となることを報告している（この点については第二章第4節2においても詳しく論じられている）。

このエリクソンの主張を「騎士道精神」と皮肉って批判したのが、前述した『性の政治学』の著者でありフェミニストのケイト・ミレットであった。「騎士道精神」という言葉でミレットは、男性の強さや優位を前提として、女性ならではの特質を保護しようとする態度のことをさしている。それは穏やかな物腰であり、あからさまな男尊女卑ではないが、やはり女性の活動しうる範囲をこれまでどおり家庭内に限定づけようとする態度に他ならないのではないか、と彼女は批判したのだ。エリクソンの複数の著作を引用しつつミレットは、最終的に彼の主張を次のように読み取っている。「…〈女性は決して女性以外のものにはなれない〉のだから…現実の不平等の修正を要求せずとも、両性の潜在的対等性は証明されたことになる、とエリクソンは満足げに想定する。彼がいうのは、女は、母となることを通じて〈独自に創造的たりうる権利〉に依拠し、それ以上のことはあまり考えなくてもよいのではないか、という意味である」（Millett 1970）。つまりいわゆる平等派のミレットは、「差異を尊重し、女性の持つ大切なものを保護する」という名目で、またもや女性が私的領域に囲い込まれ、公的領域から排除されることを警戒したのである。

このように、差異派は「女性は欠けているのではなく、別のよいものを持っているのだ」「その特性を大事にしよう」と訴えることによって、女性にとってのポジティブな可能性を開こうとする。それは、これまで気づかれていなかった女性性や母性のもつ価値に、女性自身を含めた人々の目を向けさせる意義を持っていた。しかしその価値があまりにも強調されすぎると、それがまた逆に女性自身のありようを狭め、そのようではないあり方を否定し、女性に許容される生き方を限定してしまう危険を持っていたのである。つまり男性にはない母性というよいものを押し出す主張は、「それではその母性を生かすために出産と育児に専念し、他のことにかまけない良妻賢母的な生き方をするべきである」と、女性である個人の可能性を外から縛ろうとする動きを煽《あお》ることになりかねない。また母親になる以外の生き方をしている女性の存在を、社会において希薄化し、見えにくくしてしまうことにも繋がりかねないのである。

f　エリクソン、ギリガン、ベンジャミン――押しつけられるケアと、みずから選び取るケア

ただしエリクソンは、「ではわたしは（フロイトのように）〈解剖学的組織は運命である〉と主張しているのであろうか［（　）内引用者］」と反語的に自問し、自分は解剖学的、身体的な性差がそのまま男性や女性の運命を決定づけると言っているわけではない、と釈明している。確かに彼のアイデンティティ論が示すように、エリクソンは人間に与えられた条件を、その人がどう生かし、どう選び直すかという積極的関与の重要さを説いた人であった。ジェンダーを巡るエリクソンの主張やその立証方法に時代的限界があったことは否定できないが、本人の意思によって簡単に変えてしまえない「性別」といった属性を、本人がどう生きるかという視点の重要さは、現代の臨床においても無視できないものに思われる。

この点は、ギリガンがケアの倫理もそれとして発達し成熟の道をたどる、と結論づけたことにも重なる。つまり、周囲の人たちの個々のニーズに合わせ、応じることを強いられている段階では、ケアの提供者は受動的な「させられ感」に襲われるかもしれない。しかし、もしその人が、そのケアをみずからの責任として引き受ける決意をし、そして自分自身のこともまた他者と同じ権利を持つ人間として自己尊重したうえで、目の前のケアを「させられる」のでなく「する」ケアとしてとらえなおす段階を迎えたとしたら、それはその人に新しい尊厳と成熟をもたらすことも、また臨床的事実である。

筆者の働く臨床現場でも、もともと専業主婦であったが、ヘルパー業や介護職等を通じて公的な場で家事労働やケアワークを行うことになった人たちの話を聞くことがある。仕事の負荷にもよるが、そうした人たちの多くは「家で家事をするのは苦痛だったが、賃金をもらって外で同じ作業をするのはとても楽しいし、やりがいを感じる」と語る。こうした声を「お金をもらわないとできないなんて…」と、否定的に評価するむきもあるだろう。しかし、この場合は公的な場に出ることをきっかけとして「させられる」受動性であったものが「する」能動性に変化し、その人がそれまで家庭内では感じることができなかった尊厳を取り戻したとはいえないだろうか。

筆者は賃金を介する仕事しか、こうした契機にならないと考えているのではない。また、有償の仕事であっても依然ケアワークが女性に偏っており、それは結局、女性が「させられ」ているケアワークではないのか、という指摘があることも知っている。社会全体としてのケアワーク分担のあり方が検討され続けていくことはそれとして当然必要であるが、臨床現場で個々の患者さんに接していると、一人の人間としていきいきと生きてゆくためには、その人がどんな場で生きているにせよ、自分が何かに能動的に関わっていると思えることがどうしても必要なことだと日々痛感する。前述したように、ジェンダー別に割り振られた性役割についての問題には、もちろん社会全体としての客観的な考察が必要だが、いまその渦中に生きている人がどう生きるかという心理臨床の水準では、「与えられたこの現状の中で、自分は何を、どう選び取ってゆくのか」という主観にかかわる問題が、どうしても出て来ざるを得ないのである。

エリクソン、ギリガンの時代からさらに下って、「能動的に選び取られるケアワーク」のテーマは、ジェシカ・ベンジャミンの「能動的なものとして母性《マザーフッド》をとらえ直す」テーマに繋がり、展開しつつある。それは、背景や環境として見られていた受動的な母親像から、ケアワークを「する」存在としての能動的な母親像へのとらえ直しである。

実はケアワークの経験には、「する」か「させられる」かの大きな違いがある。同じことがらでも、受動的にさせられる「搾取」か、能動的にする「贈り物」かで、その人にとってのその経験の質は、正反対といってよいほど異なってくるのだ。それは本人の尊厳を奪うものにも、また逆に与えるものにもなりうる。つまりケアワークということがら自体に、良さや悪さが本来的に内在しているのではない。それが行われる人間同士の関係の質によって、その経験の意味はまったく変わってくるのである。

受動的に「させられる」ケアワークを注意深く拒むのが、ケイト・ミレットである。一方で、能動的に「する」ケアワーク、能動的に選び取る役割（たとえそれがケア・テイカーとしての役割であるとしても）が当人にもたらす尊厳や、その積極的な意義を重視するのがエリクソンである。

そう考えると、ケイト・ミレットの批判を当然の理があるものと認めつつも、エリクソンが伝えようとしていた個人にとっての能動的選択の意義ということもまた、捨て去ってしまえない大切な要素を含んでいるのではないかと感じさせられる。

3　フロイト後――イギリス

フェミニズム運動と精神分析の関係を、イギリスでの動きに着目して語る際に欠かせないのは、メラニー・クラインの登場とその後の対象関係論の発展である。専門家の間ではよく知られているように、クラインはフロイトの男根一元論的な女性論を（ホーナイがしたように）正面から批判することはなかったが、子どもたちへのプレイ・セラピーを中心とする精神分析治療に取り組む中で、その内実としては母性中心といえるような精神分析理論を徐々につくり上げていった。

クラインが女性性について直接言及した最後の論文とされる（Spillius et al. 2011）「早期不安に照らしてみたエディプス・コンプレックス」で、クラインは女の子のエディプス発達についてフロイトの女性論を要約し紹介した後、自分の考えとして「幸福と良い贈り物の源泉としてのペニスに対する関係は、よい乳房との感謝を伴った関係によって始まったものなのである」「母親の乳房との関係が父親のペニスとの関係を先行しそれに多大な影響を与えるように……」と述べるなど、フロイトがペニス羨望から始まるとする女性性の発達を、まず母親との関係から始まるものとしてとらえ直す考えを示した。それ以降もクラインは、女性性の発達についてと直接銘打ってはいなくても、乳児が母親との関係で繰り広げる無意識的空想を中心に論を展開していった。これは、いわばフロイトのエディプス・コンプレックスの図式が〈ペニスを持つ父親と、その父親に所有されている母親〉、およびその関係性を前にした幼児、という対《たい》父親の図式であったものを、〈父親のペニスというよいものをその内部に蔵している母親〉に対する幼児、という対《たい》母親の図式に置き換えたものとも見ることができる。

それ以降クラインが女性性の問題を直接取り上げて論じたことはなく、このテーマをイギリスで直接論じているのは主にクライン派以外の論者であり、その主張もさまざまである（Gillespie 1969: Balint 1973: Burgner & Edgcumbe 1975: Laufer 1986）。しかし、後述するようにウィニコットが女性的要素（female element）と男性的要素（male element）という概念を提唱して、それぞれを「いること（being）」と「すること（doing）」として論じたり（Winnicott 1971）、ビオンが♀／♂という記号を用いて「コンテイナー／コンテインド」という概念を表現したりなど（Bion 1959）、より抽象的、内的な水準で男性性、女性性は引き続き考察され、論じられていた。これはアメリカでの議論が男性性、女性性というよりも、具体的で生物学的な男性、女性といった、外的な事象に焦点を当てたものだったのとは対照的である。

4　フロイト後——フランス

こうした英米の流れとは異なる態度を保ち、英語圏の女性論にも新鮮な刺激を与えたのが、フランスの女性論であった。そこには独自の豊かな歴史があるが、精神分析の臨床的な側面に関わるものというより、むしろ理論的性格をもつものと言われている。また紙幅と筆者の力量の関係からも、ここで十分な紹介を行うことは難しく、その大まかな流れ（Buhle 1998: Breen 1993）を紹介するにとどめたい。

まず、フランスで精神分析界や思想界に絶大な影響を与えたジャック・ラカンの理論は、ジェンダー論に関しては、いわゆる男根一元論的な構成を取っていた。あとでも説明するが、精神分析的ジェンダー論には一般に、男根一元論的な説明と、両性性に依拠した説明の仕方とがある（これはもともとフロイトの女性論に、男根一元論的な要素［ペニス羨望、受動性、女性的マゾヒズム］と両性性的要素が混在していたことに端を発しているのだが）。ラカンは男根一元論の代表的論客であったが、その一方、基本的に両性性に依拠した見解を取り、ラカンと論争的立場にいたのがシャスゲ－スミルゲルであった（１９６０年代）。ラカンの説については、日本語でも専門の研究者らによる優れた解説書が豊富に出版されているためそちらを参照していただくことにして（補章「ラカン派における女性論」も参照されたい）、本章では男根一元論的認識と両性性的認識の関係について独自の興味深い見方を提示しているシャスゲ－スミルゲルの説を、後ほど紹介してゆきたい。

１９７０年代になると、ラカンの男根一元論的な主張に対して、リュス・イリガライ、ジュリア・クリステヴァ、エレーヌ・シクスーらが、男性とは異なる女性独自の特性を打ち出した、いわゆる差異派的立場から発言した。

現在でもフランス精神分析は、英米圏の精神分析とは異なる独自の立場からの発言によって、全体としての精神分析理論の多様性やバランスの維持に貢献しているように見える。それは端的にいうと、〈母‐子〉関係のみでなく〈男‐女〉関係の視点を、また母性のみでなくセクシャリティの視点を忘れないようにという警告である。たとえば「百年を経たヒステリー」[12]というテーマで実施された1995年の国際精神分析学会パネルディスカッション（Tous 1996）では、ヒステリーの病理のとらえ方を巡って、性愛以前の破局的不安を重視するイギリスの代表（エリック・ブレンマン）に対して、性愛の次元を重視するフランスの代表（シャスゲ‐スミルゲル）が、原始的で前性器期的《プレジェニタル》な病理のみに着目せず、ヒステリーの性的次元を見失うべきではないという主張を行っている。そのうえで彼女はより広範な問題として、精神分析全体の「脱性愛化」への危惧についても言及した。これは同じフランスのアンドレ・グリーンらによっても表明されている危惧である。[13]

12 ヒステリーについては、母娘関係と父娘関係の間で、本質的にそのどちらにつくこともできない娘の病いとしてとらえる立場があり（Kohon 1986）、その意味でヒステリーは、母子関係とセクシャリティの両方が関わった病いといえる。そのためヒステリーをとらえる際には、母子関係を中心にとらえるか、男女のセクシャリティを中心にとらえるかという立場の違いが浮き彫りになりやすい。そう考えると〈母‐子〉〈男‐女〉という精神分析の軸をなすこの二つの観点を巡る議論が、ほかでもないヒステリーという題材を巡って展開したことは当然と思われる。

13 この章ではフェミニズム運動（特に第二波）の主な拠点であったアメリカと、フランス、および母性重視の傾向をもつ対象関係論の発祥の地であるイギリスでの動きを主に取り上げた。しかしそれ以外にも、母性や女性性についての精神分析的研究は他のヨーロッパ諸国や南米、オーストラリアなどを初めとして広く行われており、論文や書籍として発表されている。

第3節　男根一元論と両性性

一　男根一元論

さてここまでは、精神分析における女性の発達論の出発点となったフロイトの女性論をめぐって交わされてきた議論を、地域別に、また時系列に沿って見てきた。ここからはフロイトの女性論について、その内容をもう一度フロイト自身の表現にも立ち戻りつつ確認し、その根本にある発想は何なのかを考えてみたい。

先にも述べたように、フロイトは複数の論文で女性の発達や女性性について触れてきたが、最終結論と言われているのが『続・精神分析入門講義』第33講「女性性」(Freud 1933)である。この論文でフロイトは、先にも少し触れたように、主として四つの柱を説明に用いており、それが「ペニス羨望」「受動性」「女性的マゾヒズム」そして「両性性」であった。

ペニス羨望については、すでにホーナイによるフロイト批判のところで触れておいたが、もう一度確認しておこう。フロイトの説明はこうである。女の子はもともと自身を「小さな男の子」(Freud 1933)であるかのように認識しており、男性のペニスに相当するクリトリスへの刺激による自慰を行い、同性である母親を愛の対象とする。しかし、男性の性器と自分のそれとの解剖学的差違に気づき、自分はすでに去勢されてしまっておりペニスを欠いていると認識する結果、ペニス羨望を抱く。その結果、女の子は次のいずれかの反応パターンを示す。①性差から目を背ける。②女性性を受け入れず、男性的に振る舞おうとする。③受動的・女性的になり、ペニスの代替物として赤ん坊を得たいと望み、男性である父親を対象に選び、性感帯をクリトリスから膣に移行させる。そうしてかつては愛していた母親を、父親の愛を争うライバルとして、また自分にペニスを欠く不完全な身体を与えた張本人として憎むようになる。こうして女性は「父親を対象として選び、……エディプス・コンプレックスの女性的な形式ともいえる、正常な女らしい最終的形態に辿り着く」（Freud 1931）のだとフロイトは言い、③を唯一ノーマルな発達としたのである。

またフロイトは、「男の子のエディプス・コンプレックスは去勢コンプレックスにおいて消滅するのに対して、女の子のエディプス・コンプレックスは去勢コンプレックスによって可能ならしめられ、導入されるのである」（Freud 1925）という有名な言葉を残している。つまり、去勢コンプレックスでエディプス・コンプレックスを完全に卒業し、成熟した超自我を手に入れる男性に対して、女性は去勢すなわち劣等性の自覚や断念をきっかけに特有の精神発達をたどり、ペニス羨望からエディプス状況にむしろ入り込み、その断念を迫られる経験を経ぬままその中に留まり続けるという。フロイトは、こうして女性の「超自我の形成は損なわれざるをえず、……ふさわしい強さと独立性に達することができな」（Freud 1933）いがゆえに、最終的に男性に比して「緩和的に形成され」（Freud 1925）た超自我しかもてないと結論づけた。

またフロイトは迷いを抱えつつも、大筋として「男性性＝能動性」「女性性＝受動性」とする発想で理論を構成していた。たとえば『続・精神分析入門講義』第33講「女性性」では、「……推察されますのは、皆さんが〈能動性〉イコール〈男性的〉、〈受動性〉イコール〈女性的〉と決めてかかっておられるという事実です。ですが、そういう見方はしないほうがいいと思います。そうしたところで、役に立つとは思えませんし、新しい認識が得られる見込みもないからです」と述べつつも、同じ講義の中で「ふつうなら男の子に特徴的な、より度合いの強い能動性というもの」「女性性への向き変わりを開始させる受動性への一歩」と述べるなど、男性性を能動性と、女性性を受動性と無条件に結びつけている。また「文化の中の居心地悪さ」（Freud 1930）[14]や「性理論のた

14　Ⅳ節末尾の原注16。

めの三篇」(Freud 1905)[15]では、解剖学的ではなく心理学的な意味での「男性的」「女性的」という用語の意味するところを明確に定義づける難しさに繰り返し言及し、それが「結局、能動と受動の対立に落ち着」(Freud 1930)いてしまうとも述べている。このようにフロイトは、能動性を男性、受動性を女性と同等視することを避けようとしながらも、実質上そうした同等視を避けきれないまま考察を進めていたのである。

さらにフロイトは1905年「性理論のための三篇」で、マゾヒズムを「性対象の側から加えられる肉体的苦しみや心の苦しみに満足が結びついたもの」と定義づけ、1924年「マゾヒズムの経済論的問題」でこれを「苦痛快(pleasure in pain)」(Freud 1924b)と表現した。さらにフロイトは、後者の中でこれを、①性感的(一次的)マゾヒズム、②女性的マゾヒズム、③道徳的マゾヒズムの三つに分類し、加えてその後、女性は体質的に攻撃性を抑圧しやすいため、強いマゾヒズム衝動を生じると述べた。すなわちフロイトによると、「マゾヒズムは、よく言われるように、真に女性的」であり、男性に見られる場合、その男性は「非常にはっきりと女性的特徴を示している」のだという(Freud 1933)。

しかし現在では、それぞれについて次のような批判がなされている。

まずペニス羨望については、確かに重要なものではあるが、それを女性性発達の主な動因と見なすことはできないという見解が主流となっている。たとえば1976年の『アメリカ精神分析学会』誌(*Journal of the American Psychoanalytic Association*)の「女性性」特集は、女性を巡る既成の精神分析理論を多方面から再検討するものであったが、そこで提示された編者ハロルド・P・ブルームによる結論も、まさにそうしたものであった。またトーマス・H・オグデン(Ogden 1987)も自らの治療経験を引用しつつ、ペニスを持たないことを恥じて父親に向かい、みずからの自己愛の傷を埋めるために子どもを求めるのは、(フロイトの示唆するように)女性のノーマルな発達というより、むしろ自己愛的で病的な発達であろうと結論づけている。ロナルド・ブリトン(Britton 2003)も、フロイトはペニス羨望を「神経症的な問題として描写することで満足せず、それが一般的な、発達的な現象、すなわち女性に特徴的な状態である」と断言し過大評価したと述べている。つまり、病的な発達過程を、女性一般の通常の発達過程であると断じた点が間違いであったという指摘だ。なお、ブリトンがどんな論拠からこうした結論に至ったかは第二章第3節2「父親の娘コンプレックス」で詳しく論じているので、ご参照いただきたい。

次に「受動性」であるが、フロイトが〈女性性〉という用語をほぼそのまま〈受動性〉と重なる意味合いで用いていることが、たびたび指摘されてきた。たとえばロイ・シェーファー（Schafer 1974）は、「フロイトは洗練された論理を有していたが、それでも女性が実際どうであり、どうあるべきか（たとえば夫の権威に従順であるべし等）についてさまざまな因習的・家父長主義的発言をした……フロイトにおいては、女性的であるということは受動的で、従順で、マゾヒスティックであることだった［（　）内原著者］」と述べている。つまり良くも悪くもフロイトは女性の「ノーマルな」発達というものを、当時の因習的な家父長主義的価値観のもとでの女性像から、そのまま敷衍して描いていたという指摘である。

「女性的マゾヒズム」については、フロイトは前述のようにこれを、能動的に攻撃性を外へ向かって発揮できず抑圧した結果としている。そのため「女性的マゾヒズム」に対する批判も、「受動性」批判と重なる点が多い。加えてフロイトが神経症の症例から得た知見を女性一般にも当てはめてしまったこと、社会的文化的影響を考慮に入れず「体質的」と決めつけてしまった点への批判もある（Horney 1935）。またフロイトの「女性的マゾヒズム」とそれを引き継いだドイッチェに対して、女性が苦痛そのものから快感を得ているという証拠はなく、そのように苦痛自体を目的とする態度と、何か別の目的のために苦痛に耐える態度の違いを明確に区別しなければならないという批判もなされている（Blum 1976）。これは特に女性に対する治療態度に直接関わってくる問題であり、治療者が留意しておくべき批判であろう。

15　第二篇の原注8。

ここまで、「ペニス羨望」「受動性」「女性的マゾヒズム」とこれらへの批判を見てきた。これらの3概念に共通しているのは、「ペニスを持つ能動的行為者である男性に対して、女性は持たない存在であり、受動的存在である」という発想である。これは、前述したようにペニスという唯一のものに対して、それを「持つ」存在と「持たない」存在を規定するという形を取った理論であるため、「男根一元論」と呼ばれている（シャスゲー＝スミルゲルによる命名〈Chasseguet-Smirgel 1976〉）。

フロイトがこうした男根一元論的な理論構成を取った背景には、いくつかの要因が指摘されている。

まず、フロイト自身の生育史が与えた影響である。ある論者は次のような生育史の影響から、フロイトが十分な性同一性の確立を果たせず、結果として過度に男性性を強調したり、母性の影響を無視したりする理論構成に傾いたのではないかと指摘している（Slipp 1993）。すなわちフロイトは幼少期、支配的で息子を自己の延長として扱いがちな母親アマリアから十分に分離を確立できず、そうした母親に敵意を抱きつつも同時に理想化していた。しかし彼が2歳にさしかかろうとする時期、ライバル視しその死を願いすらしていた弟が実際に死んでしまったり、母親代わりだった乳母が突然姿を消したりした出来事をきっかけに、自分が母親に向ける敵意のせいで実際に母親を喪失するのではという不安が高まり、母親への理想化がより強まることになった。こうした無意識的葛藤によってフロイトは、「息子に対する関係のみが、母親に無際限の満足をもたらす……これこそが、あらゆる人間関係のうちでもっとも完全にして、もっとも両価性《アンビヴァレンツ》をもたない関係」（Freud 1933）であると書くなど母親－息子関係を極度に理想化しながらも、一方で母親の葬儀には出席しようとしなかったり「女性に関する問題は、私にはよく分からない」（Freud 1924c）と述べたりと、女性性や母性についての考察が難しくなったのではないかという。

次に、当時のユダヤ人アイデンティティからくる影響である。ギルマンの研究によると、フロイトの生きた19世紀から20世紀にかけてのヨーロッパでは、割礼という儀式を持つユダヤ人について、特有のイメージが抱かれていたという（Gilman 1993）。つまりユダヤ人は割礼によって優れた存在になるというポジティブなイメージも一部にはあったものの、ペニスを損なわれた劣った人種であるというネガティブなイメージもまた広く存在した。昔ながらのユダヤ教徒的な生活様式を嫌ってはいたものの自身はユダヤ人としての自覚を有していたフロイトは、そのような時代的背景の中で抱いた劣等感を「去勢コンプレックス」として女性に投影した可能性があるという。実際フロイトは、「ユダヤ人と女性に共通しているものとは去勢コンプレックスに対する関係である」（Freud 1909 原注15）と記してもいる。つまりフロイトは、ペニスを巡るヒエラルキーの下位に女性とユダヤ人が併置され、蔑視されるような発想の存在をよく知っていたのである。[16] 実際、これはフロイトだけが抱いていた発想ではなかった。ユダヤ人フロイトは、非ユダヤ人のユングが精神分析運動の中心的役割を担ってくれるよう期待していたことは有名だが、ここには民族的な意味合いだけでなく、ジェンダー的な意味合いが重なっていたことが明らかにされている（Slipp 1993）。つまりフロイトは、ユングが分析運動を担ってくれることによって分析が「ユダヤ的－女性的」な科学であるとして退けられるのを回避できるのではと期待していたが、ユングはユダヤ人と女性をいずれも同じ劣位にあるものとして結びつけ、最終的にはフロイトを拒絶したのである。またフロイトやユングの生きた19世紀末において、一般に民族やジェンダーの語りが、正統的存在であり主体であるものと、逸脱や例外的存在であり他者であるものとを区別し優劣をつける構造をもっていたことも、前述のギルマンによって検証されている（Gilman 1993）。同書でもユングがユダヤ人男性について、「女性と同じ特質を持っている」と

16 フロイトはここで、若くして『性と性格』を著し、その後自殺した哲学者ヴァイニンガーについて言及し、彼が同著作の中で女性とユダヤ人に対して向けた敵意について記している。フロイトは、ヴァイニンガーが才能に恵まれていたものの性的障害を持つ神経症者であったと述べ、それがペニスを切り取られると女性になってしまうという幼児の去勢コンプレックスに根ざした神経症であることを示唆した。そしてそうした去勢コンプレックスが、割礼によって「ペニスの一部を」「切り取られる」と言われているユダヤ人や、ペニスを持たない女性に対する敵意や軽蔑に結び付いていると指摘している。

述べ、具体的には病気になりやすいといった身体的弱さをもっていると示唆していたことが示されている。

そういう発想の中では、フロイトは「ペニスを持つ」男性ではあったが、同時に「ペニスを損なわれた」ユダヤ人でもあった。つまりペニスを巡るヒエラルキーにおいて、彼は中間的な、微妙な立ち位置に置かれていたことになる。そういうフロイト自身が抱く去勢コンプレックスが、さらに女性をそのヒエラルキーの最下位に置く理論を生み出させたのではないかと考えられているのだ。

実際フロイトは、自分を完全に男性的な存在であり、女性的な要素や母性的な要素のない存在であると信じたい気持ちを持っていたようである。ある患者（詩人ヒルダ・ドゥリトル）から、治療者であるフロイトの中に、母性的なものを感じたと評されたフロイトは、「……感情転移で母親になるのは好きではない――いつも驚きだし少しはショックです。自分ではとても男性的だと思っているから」と答えたという（Doolittle 1956）。女性性はフロイトにとって劣等性や受動性と結びつき、自分の中からは排除したいものとして存在していたため、それが女性に同一化して考えることを難しくしていたのかもしれない。

ここまでは、フロイトの女性論のもつ、いわゆる「男根一元論的」発想について見てきた。しかし実はフロイト女性論には、内容的に質の異なる、もう一つの発想が含まれている。それが「両性性」に基づく発想である。

2　両性性

a　まず身体から「両性性」を発想したフロイト

両性性とは、男性も女性も、もともと男性的性質と女性的性質をあわせ持っているという発想である。フロイトはこの発想を「性欲論のための三篇」（1905）で初めて導入した。その中でフロイトは、まず当時分かっていた身体的な「半陰陽」について触れ、そうした解剖学的、身体的な「両性具有」から心的な「両性具有」を発想している。[17]

フロイトは、解剖学的に男女両方の性的装置がはじめに存在し、やがて片方の性が発達して他方が萎縮するように、[18] 心理学的にも人間は「男性か女性のどちらかであるというのではなく、いつもその両方であって、ただどちらか一方のほうが他方よりも多いにすぎない」（Freud 1933）という仮説を立てる。つまり、もともと両性を備えた身体がそれぞれの性に分かれていくという解剖学的、胎生学的な性差発生のメカニズムから、心的にも人間には両性の特質、つまり男性性も女性性も備わっているのではないかと発想したのである。

17 現在は性分化疾患と呼ばれている状態で、「　　」内はフロイトによる表現である。「両性具有」といったフロイトの認識には時代的な限界が認められるが、ここではフロイトによる両性性の発想がもともと身体由来のものであったことを示すために、あえてそのまま記載している。

なお、フロイトの生きた時代には、人間の性分化メカニズムは、主として解剖学によって分かる情報から推測されていたに過ぎなかった。たとえば、そもそもフロイトの生まれた19世紀にはまだ、性決定は一般に栄養や温度などの環境因によってなされるという考え方が残っていた。性染色体がその意義を含めて認識され始めるのは20世紀に入ってからであり、さらに染色体上の性決定に関わる遺伝子（SRY遺伝子など）が発見され始めるのは、分子生物学的な研究手段がさらに進歩した20世紀半ばを過ぎてからである。ちなみにフロイトが「性欲論のための3篇」を書いた1905年は、ようやく（それも昆虫において）染色体のXが雌性と、XYやXOが雄性と関係しているという知見が発表された年にすぎない。

18 胎児の性分化は、複数の段階に分かれた非常に複雑な過程であるが、もともと胎児には、男女どちらにも発達することが可能な内外生殖器のもと（基）がそなわっている。そこに男性ホルモンが作用するか否かによって、それが男性特有の形状になるか女性特有の形状になるかが決まっていく。その場合、みずからの性に属する器官は漸次発達してゆき、逆に反対側の性であった場合に発達するはずだった器官は退化してゆく。

b　男根一元論との違い――ポジティブなものとしての女性性

実はこの「両性性」という発想の中では、女性性は「男性性とはまた質の違う何か」を意味している。男根一元論の場合には、男性はある唯一の何か（ペニス）を持つ側であり、女性は持たない側であると規定されていた。そして、自分は「持たない」側であるというその自覚こそが、女性としての心的特質のすべてをつくり出していくとされていたわけである。

つまり男根一元論の中の女性性は「ネガティブなものとしての女性性」であり、両性性理論の中での女性性は「ポジティブなものとしての女性性」であるといえる。

精神分析の世界でもこの「ポジティブなものとしての女性性」は、主に母性と結びついたものとして、さまざまに論じられてきた。前述したようにエリクソンは「内部空間」というタームを使って、ペニスとは違う女の子独自の身体感覚や、それと結びついた男の子とは異なる心性があると論じた。また、大人や子どもを対象とした分析治療の経験からいって、女の子は幼い頃から自分の持つ内部空間の存在に気づいており、自分の身体を必ずしも「ペニスを欠いたもの」と規定してはいないとする主張もある（Laufer 1986）。いわば「ペニスがないのが女の子」ではなく、「内部空間があるのが女の子」というとらえ方である。

またホーナイやブルンスウィックは、赤ん坊を求める女性の欲求は、フロイトの主張するようにペニスの代替物を求める二次的欲求ではなく、それ自体としての一次的欲求であると主張した。いわば、赤ん坊は父親からペニスを欠いた娘に与えられるなぐさみものなどではなく、それ自体としての価値をもつものだという主張である。ブルンスウィックは、女の子にはペニス羨望より先に、何でも持っている万能の母親と同一化して、赤ん坊を求める願望をもつと論じた（Brunswick 1940）。またホーナイは、女性はペニスの代替物としてではなく、生来的に赤ん坊を欲する本能があると主張した（Horney 1926）。実はこれは、当時フェレンツィが書いたことへの反論としてなされた主張であった。当時フェレンツィは、１９２４年の著書『性理論の試み』（英訳版タイトルは、海を意味する『タラッサ』）で、男性はペニスを貫通させることで「子宮に戻る」という性交本来の目的を達成できる特権を得たが、一方で女性は従属的な立場に甘んじることになり、男性のような性衝動も性的快感も持てなくなって、その代わりに子育てや出産という「埋め合わせの手段」を与えられたと論じていた。ホーナイは１９２６年の論文で、これを男性心理学的な視点から母性を見る態度の好例として紹介し、そのうえでこれに反駁して「女である私は愕然として自問する。それなら母性はいったいどうなるのか。自分の胎内に新しい生命を宿しているという無上の喜びは？」（Horney 1926）と書き、母性の喜びは「埋め合わせ」といった二次的なものではないと主張したのである。

このように、男性も女性も互いに質の異なるものを「持っている」のであり、唯一の何かを「持つ」側と「持たない」側がいるのではない、というのが両性性の発想である。そうなると、自分の持たないものに対する羨望についても、女性から男性への「ペニス羨望」だけでなく、それとは逆方向の「子宮羨望」があるという考え方になる。実際ホーナイは「女性を分析する経験を積んだ後で男性を分析し始めると、妊娠、出産、母性へのこの羨望が、乳房と授乳への羨望と同じく大変強いことに驚かされる」（Horney 1926）と書き、男性が母性に対して抱く激しい羨望について報告している。またクラインも、女性が男性に抱くペニス羨望よりも、男性が母親の再生産能力に抱く羨望の方がむしろ一義的なものだと論じていた（女性性コンプレックス〈femininity complex〉Klein 1928）。ジェイコブソンもまた、女の子にペニス羨望があるだけではなく、男の子には自身に子どもを生み育てる能力が欲しいという願望があり、女性の再生産能力への羨望があると述べて、関連する事例を提示している。これらは「妊娠・母性・授乳・調律（attunement）といった女性の能力に対して男性が抱く畏怖や羨望に関係した、男性の無意識的願望」としてまとめられ、ホーナイの表現を借りて「子宮羨望」と呼ばれるようになった（Silver 2007）。

男女は「持つ」「持たない」でなく、互いに違うものを「持つ」のだという発想、「ポジティブなものとしての女性性」の発想は、すでに説明したフェミニズムの差異派的発想に親和性をもっている。けれども前述したように、この「ポジティブなものとしての女性性」として主張されてきたものはその多くが母性に発しており、これを単純に受け取ると「母親としての女性」ばかりに光が当たってしまい、そうでない女性のあり方が見えなくなってしまう難がある。一方で男根一元論は、「持たない」側に「持つ」側と同等の権利を求める平等派的発想に繋がっていく。けれどもそこでいう「平等」とはどういう平等かを考える時、もともと男根一元論的世界観の中で男性が持っていたものを女性にも持たせよという主張が、従来的な男性性一色に塗り固められた、均質な一元論的世界を生み出さないかという心配が生じてくる。平等派の目指すゴールが、どうしても「男並み平等」になってしまうというジレンマの難しさである。

c　防衛としての男根一元論

フロイトの女性論には、男根一元論的発想と両性性的発想が含まれていることを見てきた。北山（2002）が「両性素質[19]の概念を重要視しながら、フロイトは立場を明確にしなかったが、それは両性において男根を優位とするフロイトの去勢理論と、両方の性が同等であるとする両性素質論とは矛盾するところがあったからである」と正しくも指摘しているように、フロイトの男性性、女性性を巡る理論は、実際に矛盾を含んだものであった。

それではこの矛盾は、フロイト理論の単なる欠陥であり不完全さなのだろうか。もちろんそのように考えて、それをうち捨てておくこともできるだろう。しかしそうはせず、人間の中にこの異質な二つの発想が混在しているという事実自体を掘り下げて考え、そこにある種の必然を見たのがシャスゲー－スミルゲル（Chasseguet-Smirgel 1976）であった。

彼女が考察の材料としたのは、フロイトによる「ある五歳男児の恐怖症の分析（ハンス）」（1909）である。専門家の間ではよく知られているように、これはフロイトの精神分析理論を子どもの治療に活用した最初の事例報告で、ハンスを直接分析する父親をフロイトがスーパーバイズする形で行われた治療の記録である。先にも述べたように、フロイトのエディプス・コンプレックス理論によると男の子は、女性には女性特有の生殖器つまり膣や子宮といったものがあるとは知らず、女の子はペニスを切り取られてしまった、すなわち去勢されてしまったと思うという。これはすなわち、男性性と女性性という種類の違う二つがあるという両性性的な認識ではなく、男根一元論的な認識を男の子はもっていることを意味する。けれどもシャスゲ－スミルゲルは、ハンス少年の発言を詳細にたどることによって、この男の子が男根一元論的な認識だけでなく、両性性的な認識ももっているらしいことを読み取っていく。たとえばハンス少年は常々、あかちゃんはコウノトリが運んでくると教えられていた。母親の女性器を通して生まれてくるのではなくである。しかし母親が下の子を出産する際、ハンスは母親のうめき声を聞いたり、往診にやってきた医者の鞄を見て「今日コウノトリが来るんだ」等と発言したり、出産に伴う血を性器からの出血と認識している発言をしていた。こうした一連の発言から、赤ん坊が母親の身体の中で生じ、母親の性器を通じて生まれてくることをハンスはどこかで知っていたことがうかがえる。また母親のうめき声を「咳」と言い換えるなど、苦痛に満ちた出産という事実に強い不安を抱き、その認識を回避しようとしている様子も伝わってくる。

つまりシャスゲ－スミルゲルによれば、子どもはある水準では、母親などの女性には女性独自の生殖器があり、男性とは違う性として存在していることを知っているのではないかという。けれどもその認識は強い不安をもたらすため、防衛的に抑圧されて、いわば知らないことにされているのだ。そのかわりに子どもは、女性には独自の性はなく、男性のペニスに代表される一種類の性が存在するだけで、それが女性には欠けているのだという認識（＝男根一元論的な認識）にしがみつくのではないか。つまりシャスゲ－スミルゲルの言っているのは、「人間は本来一種類であって、完全な存在と欠けた存在がいる」という男根一元論的な思考は、実は「人間にはもともと違う種類の存在がある」という両性性的思考に耐えられないがゆえの防衛ではないか、ということである。ハ

19 「両性素質」も「両性性」と同じくbisexualityの日本語訳。

ンスの発言をたどってゆくと、両性性について分かっているモードで機能している時と、男根一元論的モードで機能している時がある。けれども不安にかられると防衛的に男根一元論的モードに舞い戻るかのような、言動の揺れがあるというのだ。シャスゲースミルゲルは言う。「男根一元論的な理論は、膣についての知識の欠如からくるというよりも、自我の分裂《スプリッティング》か、あるいはそれ以前に有していた知識の抑圧に対応したものだというのが、私の仮説である」(Chasseguet-Smirgel 1976)。

人間には、男根一元論的認識と両性性的認識がともに存在しているのではないか。シャスゲースミルゲルは少年ハンスのケースを通して、こうした可能性を示した。認識の際のこうした二種類のモードは、「ファリック・ロジック（男根期的論理）」と「ジェニタル・ロジック（性器期的論理）」とも呼ばれている（Gibeault 1988）。人間には本来一種類しかなく、一つの種類の性あるいは性器（ペニスあるいはファルス）しか存在しない、それが「ある」側と「ない」側が存在するだけだというのがファリック・ロジックであり、それに対して（単純な「ある」「ない」ではなく）異なる種類の性あるいは性器があると発想するのがジェニタル・ロジックである。前者の「ファリック・ロジック」的思考から出発すると、自他を含めた人間は「ファルスを持つ」かあるいは「去勢されている」か、「多い」か「少ない」か、「能動」か「受動」かといった軸で選別され分化されてゆき、すべてがそれに従ってオーガナイズされることになる。それは性の間にある違いを単純化しているがゆえに、認識の主体にとっては比較的心理的負荷が少ないかもしれない。けれども単純化であることには変わりなく、事態の歪曲は避けられない。それに対してジェニタル・ロジックは、男性性と女性性を（能動と受動といった認識でなく）「違い」として認識していく思考である。ではこの二つのうち、ジェニタル・ロジックの方が「高等な」思考であり「より成熟した」思考なのだろうか。論文の著者アラン・ジボーは必ずしもそうではなく、両者はわれわれの中に、無意識のロジックとして併存し続けているという。この論文は、精神分析的ジェンダー論にかかわる論文集である『ジェンダーの謎』（Breen 1993）にも収載されているが、編者のブリーンもこの両者を、どちらに収斂するでもなく葛藤的なまま併存し続ける二要素ではないかと示唆している。[20]

この違いは、新しい精神分析の潮流である関係精神分析でしばしば言及される、「一者心理学」と「二者心理学」の違いととらえるとより理解しやすいかもしれない。男根一元論（ファリック・ロジック）は、ファルス（あるいはペニス）を持つ男性側を主体とし、女性の側を持たない存在として客体視した一者心理学的認識といえる。それに対して両性性に基づく見方（ジェニタル・ロジック）は、異なる二つの主体がいるととらえる、二者心理学的認識といえるだろう。後者の二者心理学的認識は、より複雑なため維持するのが困難なところがあるが、後者の一者心理学的認識はそれに比べ事態を単純化している分、認識者にとってはより負荷が少ない。そのため防衛にも使われるということになるのであろう。

関係精神分析のジェシカ・ベンジャミンは、一者心理学的な認識のあり方と二者心理学的な認識のあり方について、前者が後者へと単純に進化発展するとは述べていない（Benjamin 1998）。むしろ、一者心理学的な見方から二者心理学的な見方へと切り替わる瞬間があってもそれは長くは維持されず、再び一者心理学的な見方へと戻るといった、両者間での揺れを想定している。「ファリック・ロジックとジェニタル・ロジックは無意識の中で、葛藤しつつ併存している」という考え方も、ベンジャミンが描くこうした一者心理学的認識と二者心理学的認識の関係性を思いうかべると、より理解しやすいかもしれない。

これは抽象的で、現実とは無関係な話に思えるかもしれないが、決してそうではない。というのも、人間に無意識的に存在するこの性についての二つの認識のモードが、先に述べたフェミニズムの平等派と差異派の発想の違いにそのまま直結しているからである。そして平等派と差異派の二つが、最終的に女性と男性のあり方はどう

20　正確には彼女は、ファリック・ロジックの帰結である「ネガティブなものとしての女性性」と、ジェニタル・ロジックの帰結である「ポジティブなものとしての女性性」の両者の併存について述べているのであるが。

あるのがよいのかについての長い論争の中で、決してどちらにも収束せず「葛藤しつつ併存して」きていることの理由も、この無意識的な二つのモードの葛藤によって説明しうるからである。

第4節　心的な両性性の持つ意義

さて、すでに述べたようにフロイトの「両性性」は、人間の発生学的な性分化にヒントを得た概念であり、そのため心理学的側面に反映させて語られてはいたものの、まだ生物学的な素質というニュアンスを強く残していた。けれどもフロイト以降、近年にかけての精神分析では、両性性概念はより心理的なものとしてとらえられるようになっている。また出発点としての素質というより、男女を問わず人間に望まれる到達点としての心的バランスとして語られることが多くなっている。またそれは、具体的な「男性、女性」についてというより、人が心に持つ「男性性、女性性」のあり方について語られることが多くなったということでもある。

1　結合両親像（クライン派）

クライン派の重要概念に、「結合両親像[21]」というものがある。この結合両親像という概念も、こうした新しい両性性理解に関わるものとしてとらえられつつある。

クラインの描き出した部分対象的なファンタジーの世界では、性交する両親は乳児の羨望と怒りをかき立て、サディスティックな攻撃を引き出す。そして、その乳児のファンタジーの中では、攻撃を向けられた両親も向けた乳児も、共に破壊的なものに取り囲まれてしまう（Klein 1932）。クライン（1929）が「結合した両親というのは幼児（＝乳児）にとって残酷きわまりない恐怖に満ちた攻撃者にみえるに違いない」［（　）内引用者］と述べているように、当初結合両親像はもっぱらこうした病理的な意味合いを担わされていた。しかし後年になると、結合両親像が持ちうる肯定的な側面が語られるようになる。『クライン派用語事典』（Spillius et al. 2011）はこの点について次のように説明している。いわく、抑うつポジション[22]に向かう中で乳児は「部分対象的な結合両親像を越えて、より現実的な両親像を全体対象として築き直」し、こうして両親をそれぞれ全体対象として関係し合う、独立した存在として認められるようになる。そうして抱かれるに至った内的対象は「その個人の性的、知的、美的創造性の基礎となる」。具体的にはこうした結合両親像理解を示した人物としてドナルド・メルツァー（Meltzer 1973）が挙げられるが、彼は次のように表現している。「成熟した人物の性生活の無意識の基礎となるものは、

21　メラニー・クラインは、幼い子どもとのプレイ・セラピーの体験を通して、乳児の心に独特のファンタジーの世界を見て取りそれを描き出していったが、その様相の一つが結合両親像である。クラインによると、乳児の感じ取る世界はまだ断片的で未統合なため、母親や父親といった身近な人物も、初めはその声、肌触り、乳房の視覚像といったそれぞれの特徴が、ばらばらに感じ取られている（これを部分対象という）。これはのちに同じ一人の人物がもつ属性として統合されることになるが（全体対象）、それ以前の部分対象の時代に、乳児は自分の両親が性交を介して永久に結びつき、赤ん坊をつくり続けるという空想（ファンタジー）を抱く。なお、精神分析の中でも特に対象関係論的な考え方では、「対象（object）」という表現はモノでなく「人」を表わす（特に、その人にとって重要な人物）。われわれの心の世界（内的世界）にはそうした人物像が複数棲みついていて、それらはファンタジーの中で互いにさまざまな仕方で関係し合ったり、自己と関わり合ったりしているという（内的対象）。

22　同じくクラインの提唱した、乳児の心の世界の発達に関する概念。赤ん坊の心の世界は、部分対象に取り囲まれ迫害的なファンタジーにさいなまれている心の状態（妄想分裂ポジション）から、徐々にその部分対象どうしが統合され全体対象として感じ取れる状態（抑うつポジション）へと発達していくとする。なお、クライン派の用語はそれぞれが関連し合い、全体として心の世界の情緒的、認知的発達を描き出しているため、『対象関係論を学ぶ――クライン派精神分析入門』（松木邦裕著、岩崎学術出版社）などの入門書を参照して全体像のイメージをつかんでおくと、個々の概念が理解しやすくなるものと思われる。

内的な両親の実に複雑な性関係であり、そこからその人物は男性的な役割と女性的な役割の両方を豊富に取り入れ同一化することができ」、こうした内的な両親の相互関係は「抑うつポジションでの統合過程において現れる」。つまり、部分対象的なこころの発達段階での結合両親像は、確かに残忍で破壊的なものであるが、そうした両親像がより全体対象的に現実的に描かれる段階になると、それは創造性のもととなると考えられているのである。

また興味深いことにアーロン（Aron 1995）も、「結合両親像」を関係精神分析的な枠組みで新しく概念化しなおす試みを行い、メルツァー同様その肯定的な側面を描いている。そして、幼児に広く見られる両性性への欲求はかつては病理的なものとして扱われていたが、実際には建設的にもなりうるものと考えられ、価値あるものとして尊重されるべきだという。さらに、ジェンダー・アイデンティティは固定的で単一的なものとかつては考えられており、確かに人は恒常性や統合の感覚を必要とするものの、みずからのアイデンティティについての混乱や矛盾や統合の欠如を許容し、楽しむこともまた必要ではないかと論じている。

このように、もともと病理的な文脈でのみ語られていた結合両親像は、その段階によっては創造性の基礎ともなりうる肯定的なものとして描かれるようになってきている。ここにもまた、心的両性性が肯定的意義づけのもとで理解されるようになった、新しい流れが関わっているであろう。

2　男性的要素と女性的要素（ウィニコット）

前述したようにウィニコット（Winnicott 1971）もまた、男女を問わず必要とされる心的なバランスを、男性的要素と女性的要素という独自の表現で言い表わしている。この概念を説明する時、彼が例に挙げたのは次のような治療経験であった。彼の治療していたある男性患者は、長年自分の女性的要素を解離し完全に分裂排除していながら、その事態を言い当てられずにいた。そのために彼は四半世紀にわたって、複数の分析家から治療を受け続けねばならなかった。しかしウィニコットがみずからの逆転移感覚を用いて男性患者の中の解離されてきた女性的要素に気づき、それを解釈したのちは、終結を考えられるまでになったという。

ウィニコットは男性的要素と女性的要素について、次のように説明している（前掲書）。

> 人間の赤ん坊の成長において、その自我が組織化し始めるに従い、純粋な女性的要素の、対象と関係すること（the object-relating of the pure female element）と私が呼んでいるものは、すべての体験のうち多分もっとも単純なもの、つまり存在することという体験を確立する。…このことは、以前述べたことと思うが、いつも女性とか少女に関してその論点があいまいになる。ここでは男女ともにある女性的要素が問題なのである。
>
> これに反して、男性的要素の対象と関係すること（the object-relating of the male element）は、分離していることを前提としている。…男性的要素が行うのに対して、（男女がもっている）女性的要素は存在するのである［（ ）内原著者］。

このようにウィニコットは、女性的要素をbeingつまり「存在すること」「いること」として、男性的要素をdoingつまり「行うこと」「すること」としてイメージしていた。そして、人は男性であれ女性であれ、それら両方の要素を必要とすると考えていたのである（なお、ウィニコットのこの治療経験については第二章第3節3でも詳しく説明しているのでご参照いただきたい）。

3　内的対象として保持されるべき両性性（オグデン、マクドゥーガル）

またオグデン（Ogden 1987）とマクドゥーガル（McDougall 1989）も、父親が健康な形で母親の心の中に内的対象として存在することが、女の子のこころの発達にとって重要であることを、みずからの治療経験を通して論じている。これは、母親として機能するためにも成人女性として機能するためにも、両親それぞれとの同一化を通じて獲得された、ある種の内的な両性性が必要であることを意味している。

まずオグデンは、自己の延長のように扱われていたプレエディパルな母親との二者関係[23]が、独立した外的対象としての父親・母親との三者関係に変化すること（triangulation）は、質的な変化であるという。つまり対象関係の能力はそれ以前と、質的に異なったものになるのだという。そのため、女の子のリビドー的愛着が母親から父親へと単にシフトするかのように響くフロイトの女性発達論では、プレエディパルな関係からエディパルな関係へのそうした質的変化が、適切に説明されないと指摘する。そして、女の子のもつ関係性が、母親との二者関係から男性を含んだエディパルな三者関係に移行するのは、女の子が母親と関わる中で、まず母親自身がすでに同一化して自身の一部としている他者としての父親と関わる「ドレス・リハーサル」を経てであるという。「このドレス・リハーサルは、人目から守られた安全な二者関係の中で行われるが、それでもそこには他者（父親）が（イマジネーションの中で）確かに存在するのである［（　）内原著者］」。したがって母親が自身のエディパルな父親との葛藤を抱えていると、そのぶん娘に対してこうした役割が果たしにくくなってしまうと言い、孤独感や空虚感を訴え性的な活動にまったく喜びを見出せず、性同一性にも混乱を抱えることになった20代女性患者の例を紹介している。彼女の母親は娘（すなわちオグデンの患者）を身ごもったところで夫に捨てられ、母親自身男性との関係に葛藤を抱えつつ、娘（＝患者）を育ててきたのだった。

またマクドゥーガルは、執筆活動ができなくなったと訴え治療を求めてきた初診時30代の女性作家を、8年以上にわたって治療した経験を示している。患者の父親は患者の幼少期すでに亡くなっていたのだが、患者は母親から父親の死を知らされないまま成長し、性同一性の障害をきたすようになった。父親がかつて患者のために存在したということ自体を母親が否認していたため、幼い患者は正常な喪の過程[24]を迂回して、原初的な形で父親を体内化するしかなかったのだという。最終的に患者の創作能力は回復したが、マクドゥーガルは、創造性は大部分が両性的な欲望やファンタジーの統合によるのであり、この患者の場合も両性性の否認から創作能力の制止に至ったのではないかと考察している。そして男の子においても女の子においても、男女両方の親との同一化が、性同一性の発達のためには重要であろうと結論づけている。

第5節　両性性から多重性《マルチプリシティ》へ

——ベンジャミンのジェンダー発達論

ここまでのところで、フロイトが当初唱えていた生来的な両性素質という概念が、近年は心的な両性性として

23「プレエディパル（前エディプス的 preoedipal）」「エディパル（エディプス的 oedipal）」とは、フロイトのエディプス・コンプレックス理論に基づく表現である。先にも『精神分析事典』「エディプス・コンプレックス」をひいて説明したように、フロイトによると、子ども（特に男の子）はある時期〈父－母－子〉という三角関係的な心理状況に入っていくが、この時期を「エディプス期（oedipal phase）」と言ったり、こうした状況を「エディプス状況（oedipal situation）」と呼んだりする。また、こうした三者関係が問題になる以前の〈母－子〉という排他的二者関係の時期やそれに特有の状況を、「プレエディパルな」段階や状況と表現する。

24「喪（mourning）」の過程とは、かけがえのない人などを喪失した時、こころがたどる過程のこと。悲しみや怒り、孤独や不安、時には喪失の否認など、さまざまな感情が渦巻く中で、時間をかけて進行してゆく。これはある意味ではこころがなす「仕事」ともいえ、フロイトはこの仕事が最終的に十全に達成された正常な喪の過程と、メランコリー（比較的重篤なタイプのうつ病）などのように病的な状態に陥ってしまった場合について、対比しつつ論じている（「喪とメランコリー」(1917)）。

とらえ直され、精神分析の新しいジェンダー論の可能性を拓くものとして着目されつつあることを紹介してきた。すでに紹介した関係精神分析のジェシカ・ベンジャミン（Benjamin 1995; 1998）も、こうした心的な両性性に望ましさを見出しており、男性性と女性性の発達の流れを次のように描写している。

まず、幼い（エディプス期より前、つまりプレエディパルな時期の）子どもは、男性のもつ特性や女性のもつ特性について、相互排他的な認識をもともともっていない。たとえばペニスを持つことと赤ん坊を生むことが、一人の人間において両立可能と考えていたりする。いわば男性にも女性にも、同時に同一化しているわけである。けれどもエディプス期になると、過剰に相互排他的に男女の区別をつけたがるようになる。男性性や女性性の発達に関するこれまでの精神分析の議論は、こういう段階を最終的なゴールと見なしていたところがあった。つまり「男女が完全に分化したところで発達は終わり」という考え方である。

しかしベンジャミンは、実はこういうエディパルな心性が最終ゴールではなく、その先の段階すなわちポスト・エディパルな段階があるという。その段階になると人間は、性差について、より柔軟性のある考え方ができるようになるのだ。たとえば男性なら（自分は男性であるという性自認、つまりジェンダー・アイデンティティをきちんと持ったまま）、ある程度女性的な心性が理解できるし、女性なら一時的に男性的な心性を楽しんだり、そうしたファンタジーを持ったりということがありうる。臨床的にもこうしたことは多く観察されており、適応上もその多くが病的なものではない。むしろ自分の中にある異性的なものを恐れ、完全に排除しようとする場合の方が、病的な事態を引き起こすこともある。

このようにベンジャミンによるとジェンダーの発達には、同性にも異性にも同一化していた幼い頃の状態が、性差の区別に過剰に厳密になる時期を経て、もう一度より高い水準で同性にも異性にも同一化できる段階に戻る、という流れがあるという。こうした同性と異性どちらもへの同一化は、クロス・アイデンティフィケーションと呼ばれている。つまりエディプス期を越えた段階でのクロス・アイデンティフィケーションにおいては、人は自分の性自認については踏まえたうえで、男性的な心性や女性的な心性の両方を理解したり楽しんだりできるようになるというわけである。そこでは過剰なマチズモによる女性性の否認や、男性的とみられることを過剰に恐れて女性的な振る舞いに終始しようとする不自由さはなくなるのであろう。ベンジャミンの提唱するこうしたジェンダー発達論も、心的な両性性というものを健康な到達点としてとらえる、近年のジェンダー論の流れの一つといえる。

2　両性性からさらなる多重性《マルチプリシティ》へ

さらに近年は、「男性と女性という二つの性別にすべての人間が割り振られるはずであり、そうでないのは病理だ」という前提の方が実は問い直されるべきではないのかという疑問が、精神分析家の中からも提起されてきている。現在では社会的にも、性指向や性自認に関して、従来的な男女の二元論にむりやり押し込めようとする社会の圧力が、個人に大きな負担を強いていることが認識されるようになってきた。そんな中、精神分析は性指向や性自認について、(男性なら男性の、女性なら女性の）統合的かつ矛盾のないアイデンティティへ導くよう、患者を「治療」すべきなのだろうか。社会的変化の中で、精神分析はジェンダーを巡る問題について、どのような態度を取ればよいのだろうか。

3　「ジェンダーは必要とされるフィクション」

ニューヨークの精神分析家で雑誌『ジェンダー・セクシュアリティ研究』(*Studies in Gender and Sexuality*) を立ち上げた編集者の一人でもあるヴァージニア・ゴルドナー（Goldner 1991）は、次のような問いを投げかける。すなわち、これまで「恒常的な性同一性」をもつことは可能であり、望ましくもあるという前提を精神分析は有してきた。けれどもそれは、文化的に要求された規範的な理想であり、精神分析はそれを無批判に受け入れてきたのではないだろうか。たとえば、性分化疾患をもった人たちは男女どちらかの性に合わせるような外科的処置を長年施されてきたことを、ゴルドナーは、外科医や内分泌内科医へのインタビューに基づいたある実態報告を引用して紹介している。すなわち、医師たちは採血検査によって子どもの「実際の」性別を明らかにし、それに合わせた性器をつくる処置を行っていたのだが、彼らは異性愛的な性交ができるちょうどよいサイズや形の性器をつくる処置によって、未完成だったり「隠されていた」りしたその子の性器を「完成させる」のだと認識していたという。つまり「完全な男性」「完全な女性」というものが抽象的な概念上のものだとは考えられていず、さまざまなバラエティのある現実の身体の方が、概念的な二元論的性別に、無理に合わせられていたというのである。

ゴルドナーは、精神分析もこのような例で示されるような、単一的で性適合的な自己感の「達成」を目指すのでなく、ジェンダーにまつわるカテゴリー分けのあいまいさ、不安定さを許容するべきではないのかと論じている。むしろ恒常的で揺るぎのない性同一性は、その人の性別に合わないと思われるもの、不統一なもの（具体的には考え、行動、衝動、気分といったもの）を切り離し、分裂排除して防衛的に表面下に送り込み、やっと達成されるものではないか。つまり、社会的に許容されるような男性か女性かのカテゴリー分けに完全に従っている状態の方が、より多くの病理的手続きによってつくられた産物ではないかというのだ。

ゴルドナーはこうした二元論的なジェンダー・カテゴリーを、同じくニューヨークの精神分析家エイドリアン・ハリス（Harris 1991）と同様、「ネセサリー・フィクション（necessary fiction）」と表現する。これは「必要とされる、避けがたいフィクション」を意味すると考えられ、たとえば英語表現で“a necessary evil”と言えば、「必要悪」という意味になる。つまり、彼女はジェンダー二元論を虚妄であるとか、解体してしまえと言っているわけではない。むしろ二つの性というシステムが個人のこころにも、象徴体系にも、社会にも、社会習慣の中にも、動かしがたくユニバーサルに根付いている事実を理解している。けれども人間が典型的な男性か女性のどちらかに必ず振り分けられるというのは、やはり事実そのものというより明らかにフィクションだろうと言っているのである。そして、精神分析は個々の患者をその二元的ジェンダー・カテゴリーに矛盾なく適合させていくことを目指すというより、むしろその構造を解き明かすことに取り組むべきではないかと主張しているのだ。

4 〈多重決定された、葛藤的なもの〉としてのジェンダー

ベンジャミン、ゴルドナーそしてハリスと同じくニューヨークを本拠地に活躍する分析家に、ミュリエル・ディーメンがいる。彼女は「第三のステップ──フロイト、フェミニズム、そしてポストモダニズム」(Dimen 1995)という論文を発表しているが、そこで彼女は、精神分析的フェミニズム(特に差異派)はフロイトの女性論を解決したかに見えたが、逆に差異派フェミニズムが「女性は関係性を大切にするものだ」というステレオタイプをつくり出してしまった面があることを指摘している。彼女は「男の子や女の子は、必ずしも理論やイデオロギーの命じるとおりにはしないが、それが私たちに第三のステップが必要になる一つの理由である」という。そして、すでに紹介した差異派のフェミニストであるジーン・ベーカー・ミラーの講演を聞きに行った時の、自身の経験について語る。ディーメンはミラーの話を聞いて肩の荷が下りたように幸せな気分になったものの、あらためて考えてみると自分はミラーが女性の特徴として挙げているような「関係をつくる」ことを自分自身の核にはしていないと気がついたという。ミラーの理論に従うと、女性らしい「関係性」指向から外れるディーメンの経験は、どうしても「病理」扱いされてしまうのだ。そんな紆余曲折を経て彼女が取ることになった第三の道は、「ジェンダーというものをさまざまな例をもつものととらえ、曖昧で、多重決定されていて、葛藤的なものとみるやり方」であるという。言葉で男性や女性などと言う時、言葉自体の働きによって、われわれはどうして

も典型例のようなイメージやステレオタイプをつくり上げてしまう。それは言葉の働きなので、そのこと自体はどうしようもない。それなしにわれわれは、コミュニケートすることもできないのだ。けれども性同一性は、水も漏らさぬ窮屈なものではなく、実際にはもっと穴だらけのものである。男性でも自分を男らしく感じないこともあるし、女性も自分を男のように感じることがある。ステレオタイプが厄介なのは、それが間違っているからではなく、「男ならこう振る舞うものだ」「女ならこうだ」と、曖昧さがなさすぎるからである。

ある人の性別という、ある種の確かな実体と思われているものは、実は互いに調和しないはずのものが寄せ集まって全体をなしているようなものなのだと、ディーメンは治療者としての実感から言う。そうしてある男性患者が転移の移り変わりの中で治療者の中に見た人物像が、次のように移り変わっていったこと、そしてそれに応じて患者自身の自己イメージもそれと対をなす相補的布置を取って変化していったことを紹介している。すなわち、〈冷酷で支配的な父親－屈辱を味わわされるちっぽけな男の子〉、〈力強くすばらしい父親－父親を褒め称える息子〉、〈彼の気持ちをよく察してくれる優しい母親－理解される息子〉、〈束縛的で窒息させられるような母親－黙って抵抗する子ども〉……。こうしたものはすべてこの一人の患者に属していたが、そこには男性という彼の表向きの性別に一致しないものも含まれていた。つまり患者は「男性」であったが、その性別は本来多重的なこうしたさまざまな自己を閉め出してしまい、病理化する働きを持っていたのだ。

このように、ディーメンの見るジェンダーのありようは、本来多重的で葛藤《コンフリクト》を含んだものである。単一的なアイデンティティというものに対する疑問をポストモダン思想は投げかけたが、そういう視点は心理療法においても重要であるという。つまり、アイデンティティを静的に固定された、単一であるはずのものとしてとらえず、多重的で動的でその内にさまざまな差異をはらむものとしてとらえるのである。たとえば、心理臨床に携わる者にとってはおなじみの経験であろうが、解離性パーソナリティをもつ人との治療では、やっかいな交代人格だけを消してしまおうと働きかけることは、しばしば否定的な結果をもたらしてしまう。むしろ、「いくつもいる

〈私〉がすべて私自身なのだ」と患者自身が思えるように援助することの方が、正解である場合が多いのである。つまり、多重性をよくないものと問題視してそれを単一にしようとするのではなく、むしろ多重的なそれぞれの「私」を互いに受け入れずに分け隔てている解離の壁の方が、治療において取り組まれるべきものなのだ。ジェンダー・アイデンティティについてもこれと近いスタンスで取り組むことを、ディーメンは提唱している。

5　精神分析とフェミニズムの融合から生まれた新しいジェンダー論

これまで見てきたようにフロイトの女性論は、「男根一元論」として多くの批判を浴びてきた。確かに、それは現代の女性の治療に生かすには、あまりにも偏った考え方であった。しかしフロイトのジェンダー論には、それまでにはなかった積極的な意義ももっているとディーメンは言う（Dimen 1995）。

フロイトは男根一元論と批判されたが、彼の生きた時代以前にもジェンダーの認識は主要な文化圏で、一方を能動とし他方を受動とする男根一元論的な形を取っていたことが分かっている。[25] こうしたジェンダーの観念は長らくあまりに当然の常識であったため、明文化されることもなく存在し続けていたが、フロイトはそれを明文化し、考察の対象としたのである。

また、よく引き合いに出される「解剖学的性差は宿命である（Anatomy is destiny）」といったフロイトの言い回しは、しばしば「生まれつきの生物学的性差がそのまま心理的な女性性、男性性を決定づける」（極端に言えば「生育

25　ギリシャ・ローマ人のセクシャリティは現在とは異なり、アクティブな性行為によりペニスで相手を貫く能動側と、貫かれる受動側との間のものとされていたという。すなわち、能動的役割は男性の自由民つまり支配する側が取り、受動的役割はより劣位とされていた女性や奴隷や少年が取ることになっていた。もし男性の自由民が貫通する能動側に立たず、むしろ貫通されることを求めると、それは「逸脱」とされ、貶められたという（Mottier 2008）。

環境は関係ない」）という生物学主義と誤解されている。しかしフロイトの主張をよく読むと、女性性はペニスのない自分の解剖学的形態に女性本人が気づいた時から始まるとされている。フロイトの女性論は、実は出生後に受けた心理的印象から女性性が発展してくるという、構築主義的な考え方なのだ。フロイトは、女性性や男性性といったジェンダーは自然に当たり前に発展してくるのだという素朴な生物学主義に待ったをかけ、ジェンダーの成り立ちには生後の生育環境から受ける心理的影響も関係しているという発想を持ち込んだのである。

　加えてフロイトは、ヒステリーを患う女性たちの話に耳を傾けることを通じて、それまで社会的には本当の意味で声を持たない存在だった彼女たちに声を与え、彼女たちの主体を立ち上がらせる手助けをした。催眠、前額法、そして自由連想[26]と、当初は治療者が圧倒的な能動者として受動的な患者に命じたり影響を与えたりして「治す」という治療者‐患者関係を取っていたフロイトは、徐々に治療のプロセスを進める主体性を患者へと委譲していった。もちろんフロイトは、最初から意図してこのような歩みを進めたのではない。けれども時代を振り返ってみると、こうした精神分析のムーヴメントは、ジェシカ・ベンジャミンのいうように、女性が自分たちの声を獲得しようとするフェミニズムのムーヴメントと、ちょうどパラレルに進んでいたことが分かる（Benjamin 1988）。アンナ・Ｏことベルタ・パッペンハイムは、精神分析の始まりを告げる『ヒステリー研究』に登場するもっとも有名な女性患者であるが、彼女はブロイアーとの「お話し療法《トーキング・キュア》」後しばらくの療養期間を経て、当時ユダヤ人社会の中でも日の当たらない存在であったユダヤ女性や孤児たちの状況を調査したり、その権利を擁護したりする運動を率いる人物となっていく。「家庭内に閉じ込められた娘」であり「ヒステリー患者」という受動の極みに置かれていた人が、かつて誰も挑戦したことのない課題に挑む能動的かつ創造的な人物へと立ち上がっていったのである。実際１９０９年、フロイトがアメリカ　クラーク大学で「症例アンナ・Ｏ」について講義しているのと同じ年に、まさにその「症例アンナ・Ｏ」であったベルタ・パッペンハイムは、同じ北米大陸のカナダ　トロントで、国際女性会議に出席するまでになっていたのだ（田村 2004）。

精神分析とフェミニズムは、特に第二波フェミニズムの時代には対立関係にあり、まったく相容れないものとされていた。しかし両者は上記のように、声を与えられてこなかった者に声を与え、主体性の認められてこなかった者に主体を立ち上がらせるという意味で、同じ道を歩んできたのである。精神分析とフェミニズムは、ジュリエット・ミッチェルやナンシー・チョドロウによって融合の道をたどり始め、そうして精神分析理論を用いたフェミニズム理論である「精神分析的フェミニズム」が生まれた。そしてそれはジェシカ・ベンジャミンらによってさらに精緻化され、こんどは精神分析の内部に、新しいジェンダー論をもたらしつつある。

こうした新しいジェンダー論の特徴は、次のようにまとめられるだろう。

第一には、フロイト理論が吟味される中で、男根一元論的要素のみでなく両性性の要素が着目されてきたことである。さらにその観点は、さまざまな内的対象を擁する「私」という対象関係論的な〈こころ〉概念と結び付いて、多様で矛盾することもあるような、さまざまなジェンダー的色合いを担った自己部分の集まりとして「私」をとらえる観点へと発展しつつある。

第二には上記とも関連するが、臨床においてそれぞれの人のジェンダーのありようを把握する時、それを個々人によって独自の成り立ちをもつ複雑な総体として想定する姿勢である。実際精神分析的な語りの研究からは、それぞれの人がその人なりの独自の仕方で、ジェンダーの絡んださまざまな自己部分や、それとリンクした自己–対象関係のパターンを発展させてきた様子が見えてくる（Mitchell, S. A. 1996: Goldner 1991: Dimen 1991）。「男性」か「女性」か、あるいは「同性愛」か「異性愛」かといったような、特定の属性がパッケージ化されたカテゴ

26 フロイトは、抑圧された記憶を語らせ患者を治癒に導くために、当初は患者に催眠術をかけたり、また額部分を手で圧迫したりするなどして、患者に必ず思い出すと強く言い聞かせたり（前額法）といった関わり方をしていた。しかし最終的には、患者に想起内容を思い浮かぶままに語ってもらう方法（自由連想法）を取るようになった。

リー別の箱があって、そのうちのどれかに患者を放り込む、というのではなくである。

第三に、「女性性」のみを考察の対象とするのではなく、〈男性－女性〉というジェンダーの対《つい》関係を、まるごと考察の対象としていることである。社会学系の領域で最初「女性学」と呼ばれていた学問が「ジェンダー研究」と呼ばれるようになったのも、こうした流れと無関係ではないだろう。また精神分析の内部でも、女性性のみが再検討や考察の対象とされるのではなく、〈男性－女性〉〈男性性－女性性〉の対関係がそれとしてまるごと考察の対象とされることが主流になりつつある。実際、国際精神分析協会（ＩＰＡ）には Committee on Women and Psychoanalysis: ＣＯＷＡＰすなわち「〈女性と精神分析〉委員会」といった名称をもつ委員会が設置されているが、その委員会の目的も１９９８年の設立当初は「〈女性に関することがら〉を考える」枠組みを提供することとされていたものが、２００１年には「〈男女の関係性〉や〈男性性と女性性の関係性〉を考えること」へと変更された（IPA 2005）。つまり、女性性のみを考察の対象とするのではなく、男女の対関係をまるごと考察の対象とするスタンスへと変化してきたのである。これは精神分析のもつ、転移－逆転移関係をとらえるという独自の方法論と無縁ではない。つまり、精神分析は、〈治療者－患者〉という対関係がもつさまざまな様態について、豊富な臨床知の蓄積をもっている。それが〈男性性－女性性〉というジェンダーの対関係を理解することに、精神分析ならではの貢献をなしうるのである。

ジェンダーは、私たちがある人の経験に耳を傾け理解するために避けては通れない領域であり、その理解は精神分析的臨床を豊かにしてくれる。一方、精神分析ならではの方法論も、他の学問分野がなしえない独自の貢献を、ジェンダー理解に対してなしうる。その意味で今、精神分析と、フェミニズム運動を契機に始まったジェンダー研究とは、かつて考えられていたような表面的な対立の次元を超えて、お互いを利することのできる、生産的な関係を結びつつあるのである。

第二章
精神分析的臨床実践と女性性

鈴木菜実子

第1節　女性性に関わる諸問題

フロイトが女性性に関する理論を提出してからおよそ百年が経った。いまや、彼が理論構築に際して想定していた「女性像」とはかけ離れた「女性」が存在していることは、誰もが理解するところであろう。「女性らしさ」とされてきたものの範囲は拡大し、むしろその特徴を限定することはナンセンスと考えられるようになってきている。理想とされる女性像は多様化し、そこには当然、学ぶこと、働くこと、家庭の外に興味を持つことが含まれている（Cerejido 2019）。その一方で、第一章で述べられた第二波のフェミニスト運動から時代を経たいまも、#Me too 運動や Time's up 運動など、抑圧されてきた女性の権利を回復し、主張する動きと、それに対するバックラッシュは続いており、女性性を取り巻く状況の変化は直線的ではない。

これは、こころを舞台とした精神分析臨床においても同様である。社会状況の変化によってこれまでの精神分析理論には含まれていない、新しい女性のあり方が生み出される中で、患者となる女性はもちろん、男性にもこれまでにない格闘がもたらされている（Cerejido 2019）。それはセラピストにとっても同様である。しかしときにセラピストたちは意識的にはこうした変化を受け入れ、現代的な女性観を持っているように振る舞っていても、目の前の患者が抱えている事態が古典的な理論にそぐわないときに、矛盾に目をつぶって、疑問を感じることをやめてしまうことがある。代表的な例は、治療的達成の現れとして結婚、妊娠、出産を患者の精神性的発達の証拠として語るような場面であろう。ナンシー・チョドロウ（2003）はこの現象を臨床的なおとぎ話の一種と言って、以下のように揶揄している。

分析的セラピストの役割は、心理的な苦痛を和らげ、自己理解や自己受容を促進させることだが、私たちは症例報告におとぎ話のようなエンディングを引用することがある。――終結の後、Aさんは仕事を楽しみ、性的にも夫との間で反応できるようになり、妊娠しました。

症例報告にこうしたエピローグが書き加えられることは珍しいことではない。現実の生活でポジティブな出来事が患者に生じること自体は否定しないが、あまりに短絡的に結婚や出産が治療的達成のしるしとされる雰囲気があることには戸惑いを覚える。また、セラピスト自身がこうした「達成」を求めるだけでなく、学会発表や症例検討会でのフロアからの質問でも、成功した治療の証左として、患者の結婚や出産について尋ねられる場面もしばしば見かける。もちろん、ジェニタリティの確立は一つの精神分析的達成ではある。しかしそれだけが今もなお、治療の幸福な帰結として扱われ続けているとしたら、フロイトの時代の女性観の反復に分析的セラピストがからめ取られていることにほかならないだろう。おとぎ話は子どもたちの心理的な葛藤や重要な発達的問題について語っているがゆえに時を超えて生き残っている、と考えるならば（Bettelheim 1977）、こうしたおとぎ話のようなエピローグを付け加えたくなる背景には、女性性に関わる変化を受け入れることへのセラピスト自身の抵抗や葛藤が隠されているのかもしれない。

本章では、新しい女性のあり方を巡って精神分析が経験してきた変化について見渡してみようと思う。特に臨床実践において表われる女性性に精神分析的セラピストがどのように向き合い、理論を改訂し、あるいは応用してきたのかを概観することが目的である。なお、ここでは欧米、南米を中心とした精神分析臨床における女性性の取り扱いを概観する。

第2節　フロイトにとっての女性性

女性性の新たな展開について進む前に、フロイトのそれについてまず押さえておく必要があるだろう。第一章にもフロイトの女性論が丁寧に説明されているが、再度、そのおさらいにおつきあい願いたい。

女性性、そして対となる男性性の概念に関しては精神分析以前から検討されていたが、フロイトの新しさは、それが一般的に考えられているよりも、はるかに複雑な概念であることを明らかにしたところにある。『精神分析事典』においては、この女性性ならびに男性性について考えるための三つの観点、①生物学的・解剖学的観点、②社会学的観点、③精神・性的観点が挙げられている。これらが総合されて人間主体に体験されるわけだが、それは葛藤に満ちた過程をもつ不安定なものと言える（Laplanche & Pontalis 1967)。臨床においては、女性性は人間の「身体」「歴史的・社会的な文脈における性役割」「セクシュアリティ」についての意識的・無意識的な体験と空想から検討されることになる。

さて、フロイトは女性性について検討するにあたり、精神分析の最大の関心事であるセクシュアリティについての検討から始めた。彼の女性に関する理論には誤解や誤りが含まれていたけれども、女性の言葉に耳を傾けた最初の人物の一人であることは確かであり、このことが女性の無意識の欲望や空想への扉を開けたことは事実である（Matthis 2004)。「性理論のための三篇」、１９１９年の「子どもがぶたれる」といった論文を経て、１９２３年の「幼児期の性器的編成」において、幼児の性に関して両性にとってただ一つの性器のみ、すなわち男性性器のみが特徴的役割を演じている、と述べてファルス優位を結論づけた。さらに、１９２５年の「解剖学的な性差の若干の心的帰結」で、女児の性的発達を再考しており、女児の精神性的発達がペニス羨望[27]の支配下にあり、父親の子どもを欲することがペニスの代替となると述べた。またマゾヒズムと受動性を女性性の特徴と考えるとともに、性的本能と早期の愛着体験、なかでも女児と母親との親密な関係性に着目した。女児の母親との同一化の強さゆえに、男児と比較して女児の超自我は脆弱であるともフロイトは結論付けている。

こうした見解に対して、実際に治療を求めてやってきた女性患者たちは、少なくとも男性と同程度に、罪悪感による苦悶や恥、および低い自己評価に苦しんでいるとして同時代のセラピストからの反発を招くことになった（Tyson & Tyson 1990)。こうして異議を唱える門弟たちの研究にしたがって、彼の母親が死去したのち[28]の１９３１年にフロイトは「女性の性について」を発表し、女性性の新たな構想を打ち出した（Kristeva 2000)。そこで彼は、女児と母親の早期の結び付きを取り上げ、女児が発達の過程で母親から父親に対象を向けかえることに由来する困難、つまり女児にとってのエディプス・コンプレックス[29]が、種々の障害の原因の一つであるとした。ほぼ同様の記述が、最晩年の著書『終わりのある分析と終わりのない分析』(Freud 1931) においても見ることができる。

ところで、のちにフェミニストからの強い批判に晒されることになるこれらのフロイトのセクシュアリティに関する思索と並行して、精神分析はその草創期から女性の分析家をそのコミュニティに迎え入れてもいた。フロイトは１９０２年に水曜会、のちの精神分析協会をウィーンで創設しているが、１９１０年には最初の女性メンバー、マルガレーテ・ヒルファーディングが加入しており、当時としては珍しく、精神分析は女性に門戸を開いていたことも事実である。これが決して彼の両性への平等な態度を意味していたわけではないが[30]、１９１８年にヘレーネ・ドイッチェが参加し、さらにはマリー・ボナパルト、ルー・アンドレアス・ザロメ、娘であるアンナ・フロイトと挙げればきりがないほどに、精神分析はその誕生から間もない時期に多くの女性の分析家を生み出していた。そして、彼女たちは[31]フロイトによる女性のセクシュアリティの理論[32]に批判と修正を加えていくことになる。その主な議論のポイントとなるのは、女性のエディプス・コンプレックスをどう考えるか。そしてその中で、ペニス羨望や、受動性と女性的マゾヒズム、超自我形成をどう考えるかという点である。

このことは、フロイトが射程に入れていたよりも、ずっと早期の発達、エディプス期以前の人間のこころを検討することを促した。これは女性性の検討に限ったことではなく、精神分析理論全体が、より原初的な対象関係に重点を置くようになっていった潮流と並行している。女性性に関して、生物学的、社会学的、精神・性的観点

27 ペニス羨望、受動性、マゾヒズムについての詳細は第一章「第1節　フロイトの女性論――持たないことが女性を決める?」および、「第3節　男根一元論と両性性1　男根一元論」を参照のこと。

28 クリステヴァ(2000)は「彼の母親が死去したのち!」とエクスクラメーション・マークを付して、フロイトの女性論に関する彼自身の成育歴の影響を強調している。

29 男児のエディプス・コンプレックスについては第一章第1節「フロイトの女性論――持たないことが女性を決める?」における概説を参照のこと。

30 バルサム(2003)は、1962年に出版されたウィーン精神分析協会の議事録をもとに、女性の発表者たちへのフロイトを含む男性の水曜会メンバーの反応を読み解いている。ウィーン精神分析協会でのマルガレーテ・ヒルファーディング、ザビーナ・シュピールライン、フグ・ヘルムートの発表は、いずれも母親の愛や母親への嫌悪、出生から死、そして人形と遊ぶことといった幅広いテーマを取り上げており、いずれも革新的な内容を含んでいる。にもかかわらず、彼女たちに対して他の男性メンバーの態度は芳しいものではなかったし、フロイトは紳士的な軽蔑を彼女たちに向けていたと彼女は考えている。

31 多くの批判者は女性であったが、アーネスト・ジョーンズに代表されるように男性の批判者ももちろん存在していた。

32 第一章第2節「フロイト女性論を巡る論争」を参照のこと。

のいずれを重視するかについては大西洋を挟んで、英、仏、米などの間での違いはあるものの、[33]ペニス羨望以前の前言語、ないし言語外の早期の原初的な女性性を検討することの重要性と、身体の心理的表象を重視するという点においては地域や学派にかかわらず一致していた（Birksted-Breen 1996）。次節では、言葉以前の体験、特に両親との体験に肉薄したメラニー・クラインを中心に、女児のエディプス・コンプレックスに関する理論を概観してみようと思う。

第3節　女児のエディプス・コンプレックスに関する議論

I　メラニー・クラインを中心に

フロイトが打ち出した女性性にまつわる見解は、19世紀の社会的背景抜きに語ることはできない。[34]当時の社会的現実として、女性は社会的にも、道徳的にも、経済的にも、解剖学的にも劣った存在と見なされていたし（Hinshelwood 1991）、ビクトリア時代においてセクシュアリティは多かれ少なかれ、男性に特権的なものと見なされていた。女性のセクシュアリティは、夫婦間の義務や犠牲と見なされていたし、そこで女性たちは不感症的で、快感を感じているふりをするのが通例と考えられていた。このビクトリア時代の女性がフロイトにとっての女性のモデルであった（McDougal 2004）。しかし、１９２０年代には女児の発達についての関心が非常に高まったという時代背景もあり、フロイトの提唱した女児のエディプス・コンプレックス理論に反旗を掲げた主な分析家たちは、それぞれに女児の最早期の発達を探求することに舵を切ることになった。

第一次大戦後、女性の解放が進んで、女性の専門家が増えるにつれて、フロイトの女児の性的発達に挑戦する人たちが生まれてきた。その代表的な論客が、カレン・ホーナイ、ヘレーネ・ドイッチェ、ジョアン・リビエール、アーネスト・ジョーンズ、そしてメラニー・クラインである（Hinshelwood 1991）。[35] これらの多くの理論家の中で、女性性理解に後世に残るもっとも大きな変革を与えたのはメラニー・クラインであろう。

クラインは、最早期の乳児の持つ無意識的幻想を見出した。この無意識的幻想とは、性的衝動を含む本能によって体験される身体的な出来事の心的表象である。無意識的幻想の中では、身体の内部に固有の動機と意図を持った内的対象が存在しており、それらの内的対象が活発に自我やその他の対象と関わりを持っていると考えられている。この見解は、精神・性的発達に関する理解を大きく刷新した。彼女の概念の中では、乳児の心的生活が母親の身体との原始的関係を巡って生じており、内的対象としての母親の身体との間での活発に関わり合う体験が想定されており、乳児が母親の実際の身体について早期からすでに気づいている、という含意があった（Likieman 2001）。こうした意味で、乳児が母親の身体をどう空想し体験するのか、が臨床上の重要な素材となった。そこでクラインは、ペニスではなく、乳房に中心的な役割を与え、乳房にペニスを内包する形で理論構成を行った（Kristeva 2000）。ここでなされた理論的転換の一つは、乳児が持つ母親の身体に関する空想、なかでも母親の身体を攻撃する空想とそのために報復されるという不安を、フロイトが発見した男児のエディプス・コンプレックスに匹敵するものとして位置づけたことである。

33 バークステッド－ブリーン（1996）は女性の問題の検討に際して、地理的・文化的な影響があることを指摘している。各国の違いについては、第一章第2節「フロイト女性論を巡る論争　2　フロイト後（１９３０年代後半以降）――アメリカ、3　フロイト後――イギリス、4　フロイト後――フランス」も参照されたい。

34 19世紀から20世紀にかけてのユダヤ人の置かれている社会的状況については、第一章第3節「男根一元論と両性性」を参照のこと。

35 代表的な論客の理論については第一章第2節「フロイト女性論を巡る論争　1　フロイト存命中（１９２０～１９３０年代前半まで）」を参照のこと。

もうすこし、クラインの考える乳児に迫ってみよう。彼女の考える乳児は、母親がすべてを持っていると体験しているというところから出発している。自我は人生のはじめから存在し、能動的で、外的世界に触れたときから対象との関係を確立する。乳児は空想の中で、口を経由して外的世界において知覚するすべてのものを自身に取り入れる。乳児は男児・女児ともにまずは母親の乳房との関係を他との関係に先行して開始すると言える。この乳房との早期の関係性は生得的に備わっているもので、口唇的な性質と幻想を有していると考えられた。この幻想は吸ったり、噛んだり、噛まれたりするサディスティックで妄想的なもので、最早期の不安に帰着する部分となる。自我は良い対象も悪い対象も取り入れるが、単に栄養を与えるだけでなく、愛情を含みこんだ、乳児の無意識的空想と欲望に満たされた対象が母親の乳房であり、この対象に乳児の攻撃性が投影されたときに、それは悪い対象となる（Bronstein 2001）。母親の身体に加えた攻撃のための報復の恐怖と、自責と罪悪感に乳児は苛まれる。

また、クラインは生得的、本能的な資質として羨望を想定していたが、フロイトがペニス羨望を女児のエディプス・コンプレックス形成の中心に据えたのとは違い、ペニスの前に乳房への羨望が存在していると考えた。乳房はその良い性質のために羨望され、攻撃されることになる。この乳房への羨望はペニスへの口唇愛的、あるいは受動的羨望に置き換えられ、母親への羨望へと繋がると彼女は考えていた（Kristeva 2000）。そして乳児が強くひきつけられている母親の身体の内部には、母親の身体を占有する父親（結合両親像[36]）が存在するという認識が生得的に存在するとされた（Hinshelwood 1991）。

これらの例として、彼女が「早期分析の心理学的原則」（Klein 1926）において罪悪感の発達の例として挙げた、夜驚症の4歳3ヶ月の女児トルドとのプレイセラピーからの一場面を見てみよう。

そのとき彼女は自分の部屋と呼んでいた、ある隅っこの場所から私の方にこっそり近づいてきて、いろいろと脅かしてみせた。彼女は私の喉をついたり、私を中庭に投げ出そうとしたり、私を焼き殺そうとしたり、私を警察の手に渡そうとしたりした。彼女は私の手足を縛ろうとして、ソファー・カバーを外すと「お尻の大便を見る遊び」をしていると言った。それは母親の「お尻」の中をのぞき込んで、自分で子どもたちと名付けた「大便」を捜そうとしていることであるのが分かった……。そのとき、彼女はすでに妊娠中の母親のお腹の中から子どもたちを奪い、母親を殺して母親にとってかわって父親と性交したいという願望を持つに至っていた。このような憎しみと攻撃性のこれらの傾向は、不安や罪悪感を伴った母親への固着の原因となっていた。

トルドは、妹が産まれた2歳の頃に夜驚症を病み始めた。4歳3ヶ月の時点でも同様の症状を示しており、両親の寝室に真夜中に駆け込んでは何をしてもらいたいか口にできないということを繰り返していた。プレイからは、トルドが遊びの中で次々に攻撃的な空想をクラインとの間で展開していることが分かる。激しい攻撃的空想とその結果生じる罪悪感にトルドは苦しんでいたが、これらの攻撃的空想の背景には、母親の内部にある赤ん坊と母親とを攻撃し（お尻の中の大便が赤ん坊を象徴している）、母親に取って代わり父親と性交したいという願望であったことが理解され、トルドの症状は消失したと記述されている。

同様に、2歳9ヶ月の重症の強迫神経症であるところのリタの症例においても、母親の身体から大事なものを盗み取り、母親を殺したいという母親の身体を攻撃する無意識的幻想をクラインは見出しており、この空想が良い母親に見捨てられる恐怖、悪い母親によって彼女自身の身体や中身が壊され、そこから子どもを取り去られる恐怖を喚起していた（Klein 1932）。彼女はこれらの発見を、以下のように要約している。

36 第一章第4節「心的な両性性の持つ意義　1　結合両親像（クライン派）」を参照のこと。

症例トルド、リタ、ルースでの私の観察は…女の子に特有の不安の存在、あるいはむしろ——不安状況というべきものを私に認識させた。それは女の子に特異的であるが、男の子の去勢不安と同等のものであった。女の子の不安状況は、母親が女の子の身体やその内容物を破壊し、そこから子どもを取り出すと考えるにいたって最高潮に達する……。それはエディプス葛藤の早期段階から湧出する、母親を殺して彼女から盗み出したいという、女の子自身の母親に対する攻撃性の衝動と願望が基礎になっている（Klein 1932, ただし Hinshelhood 1991 の衣笠総監訳 2014 による）。

このクラインの理論化によれば、超自我形成の時期もフロイトが想定していた時期よりずっと早い段階に生じていることになる。超自我は、口唇サディズム期における攻撃性の衝動と願望が両親に投影され、恐ろしくて処罰的な両親を取り入れることによって形成されると考えたからである（Klein 1928）。さらに、これらの乳児の体験をエディプス的なものに変えてしまうのは、母親の身体との二者関係ではなく、乳児が自分の衝動に立ちふさがる第三の要因に気づいているという事実である。乳児は母親と父親の性交を、母親が口腔を通じて父親のペニスと合体しており、それゆえに母親の身体はペニスと赤ん坊で満たされているという憶測を抱いている（Klein 1933）。それは、命を生み出す空間としての母親の身体が強力な敵によって占拠されているという認識であり、すなわちそれは、母親の身体という場をライバル的赤ん坊によって埋め尽くすことができる生産的なペニスである。（Likieman 2001）。ここに、フロイトの考えていた全体対象とのエディプス関係に先んじた、部分対象との間の早期のエディプス的関係性を見ることができる。フロイトがエディプス・コンプレックスを3歳から5歳くらいの性器期に生じるとしていたよりもずっと早い時期である。

ペニス羨望も同様に新たな形で理解される。そもそも、乳房への欲求不満が先にあり、それが父親のペニスを母親から奪いたいという欲望の根底にある（Seagal 1973）と考えられている。ペニスは部分対象であり、無意識的幻想においては結合両親像の一部分と想像されている。そのためペニスは乳児にとっては母親の体内、腹部あるいは乳房の中にあると信じられている。この前提からすると、フロイトが考えたように、女児がペニスを羨望し、ペニスを与えなかった母親を憎むのではなく、口唇的な満足の対象としてではあるが乳房と同一視されている父親のペニスとの合体を望むことになる。そしてこれが女児の性的発達の礎であるとクラインは考えた。ここで女児が持つ、部分対象同士の関係性への認識は、非常に激しい情緒を伴うがゆえに、女児は母親への攻撃的な情緒を抱き、この攻撃的情緒ゆえに反撃されるのではないかという迫害的な不安を感じることになる。この文脈で、クラインはペニス羨望をも再度定式化することになった。ペニス羨望は、自分の身体が傷つけられるという恐怖に満ちた不安として表われる。女児は自分の小さな外性器が、身体への攻撃という恐怖に曝《さら》されていると感じることになるという意味で、ペニス羨望は女児にとっても変わらず重要な意味を持つと言える。

くわえて女性のマゾヒズムについても、内在化された対象に向けられたサディスティックな衝動であり（Klein 1932）、女児が罰しているのは、彼女自身の中に取り入れられたペニスである（Kristeva 2000）と考えられた。またクラインは、女児が父親に対象を向けかえるプロセスを、母親に向けられた恐怖や苦痛の両価性を回避するためのプロセスと考えた。

こうしたクラインの理論から浮き彫りになるのは、人間理解における母親と女児の位置づけの変化である。フロイトの理論と比較して、それまで考えられていた以上に発達の早期にさかのぼって人間存在が照射されたというだけではなく、精神分析の対象に部分対象関係への理解が含まれることになり、さらにその舞台と素材として、母親の身体とその空間への空想が探求されることになった。母親は、その身体の持つ豊かさ、美しさによって特権的な位置を与えられ、羨望され、攻撃される対象となった。同時に女児の存在は男児との比較によって見出される差異によってではなく、母親との関係性によって位置づけられることになった。

2　父親の娘コンプレックス

フロイトが女児と母親との関係や前性器的な体験を過小評価せざるをえなかった理由が、当時の伝統的価値観の影響（Schafer 1974）以外にもありそうだ。彼は１９２３年の「幼児期の性器的編成」において女性の発達に関する理解に不足があることを認めていたし、「女性の性について」において、小児のセクシュアリティの根底にある母子関係での官能的な体験は前言語的なものであるゆえに、分析がアクセスすることは容易ではないと述べている。そして女児の早期の発達に関する理論が次々と提唱され、分析家たちによるフロイトの理論への批判がなされるに至って、彼は以下のように答えている。

前エディプス期早期の女の子に関する私たちの洞察は、他の領域で言えば、ギリシア文化の背後にミノス的ミケーネ的文化を発見したのにも似た驚きを与える。このような母親への最初の愛着の領域におけるすべてのことは、私にとって、分析でとらえることは非常に困難であるように、すなわち古色蒼然とし、幽霊のようなものであり、甦らせることがほとんど困難であるようにみえた。それはあたかも、特に厳しい抑圧に圧倒されたかのようであった。この印象を得たのは、私の分析を受けに来た女性たちが、問題となっている早期の段階から避難し、父親への強い愛着にしがみつくことができたからである（Freud 1931）。

この発言からは、前エディプス期、早期の母子関係を見出せなかったのは、実際に彼が診ていた女性患者たちが、自分が理論構築したような形で連想を語っていたためだ、という主張が見て取れる。実際に患者たちは、父親への愛着を強く表現し、母親との関係についてはその重要性を臨床上は表現しなかったと言っているのだ。この観点は重要だろう。フロイトにとって、最早期の母親との関係性は特に患者から表現されず、転移において除外されていたものでもあったと言える。

ロナルド・ブリトン（2003）はこうしたフロイトの主張について、彼と娘のアンナ・フロイトとの分析を取り上げて、女性性に関する理論をフロイトが打ち立てた際に行った過度な一般化の可能性を指摘している。そのうえで、フロイトがつくり上げた女性性に対する理解は、女性性そのものの理解ではなく、女性の去勢コンプレックス、男性性コンプレックスの例であったと論じている。

今にしてみれば当たり前のことではあるが、娘アンナと母親との関係（つまりはフロイトにとっては妻と娘との関係）を分析することは彼にとって相当に困難な課題であっただろう。結果的に、アンナとフロイトの分析カップルによって創造された分析プロセスは、母親との関わりが犠牲にされ、表現された内容は母親との乳幼児期の関係における問題を父親との関係の代償的な理想化によって解決しようとする、ある種の女性たちの典型例だったと言えよう。それは「偉大な父親の弟子」「衰えた偉大な父親の援助者」「父親の娘」として自分を定義する女性のあり方の記述である（Britton 2003）。してみれば、フロイトは、こうした特徴的なコンプレックスを持った女性の特徴を、女性そのものの特徴として記述したと言える。それゆえに、フロイトの女性性は、女性であることや母親の肉体へのさげすみが女性の核心にあり、ペニスへの同一化によって女性であることを否認することになるか、自虐的、自己軽視的に女性であることを侮蔑する態度として表われることになる。

こうした女性の典型例として、ジョアン・リビエール（1929）の論文が挙げられる。彼女の論文は、精神分析の黎明期に書かれた女性分析家による、女性のセクシュアリティに関する代表的な論文である。「仮装としての女らしさ」と題された自身の論文において彼女は、女性は「男性から恐れられる不安と罰をそらすために女らしさという仮面をつけ、誘惑的になったり浮わついたふりをしたりする」と述べている。実はここで彼女は、自分を患者として偽装しており（Hughes 1997; Britton 2003）、男性と女性の両方との競争を隠ぺいするために女性的魅力を利用すると同時に、知性を用いて自分の方が優れていると感じようとする女性の分析を行っている。ここで描写されている、去勢された状態にあり、ペニスを持たない、つまり男性ではないということに苦しんでいるという女性像は、フロイトによって記述された女性のセクシュアリティや女性性と似通っている（Britton 2003）[37]。

ブリトン（2003）はリビエールのこの論文と、娘アンナとの二度の教育分析が、フロイトをして、女性のペニス羨望と去勢コンプレックスの実例だと考えさせ、一般化させたのだろうと推測している。後世の議論からすれば、フロイトの描いた女性性は典型的なものとは言い難いものの、現在においても比較的珍しくはない「父親の娘」というあり方を自分に課している女性の病理を描いていたと言えるだろう。この種の女性たちは、母親を含む女性と、女性である自分自身との関係を犠牲にしながらも、父親との関係を代償的に理想化する、という問題を抱いている。そしてこの問題は女性たちの早期の母親との関係に起因している。

ジェシカ・ベンジャミン（1988）は、この一例として、支配的で侵略的だった母親からの解放を達成するために父親との同一化を使った女性患者を記述している。ルーシーと呼ばれている女性患者は、父親と同じ職業を選択し成功を収めていた一方で、年長の夫との関係では支配されているという感覚に苦しみ、夫婦関係を終わらせるべく分析にやってきた。分析の中で、一つの夢が取り上げられる。それは、患者が運転中の車のブレーキを踏もうとする時に、両足の間にゴムのようなものがあって、それを押しつぶさなければいけないという夢である。分析において、当初はこのゴム状のものは当然ペニスとして理解されていたが、連想を経て、患者が幼少期に、母親からおしっこを我慢するために両足を強くくっつけろと教えられていたことが想起され、そこからこのゴム状のものが、赤ん坊が尿漏れを防ぐためにおむつの上にはかされるゴム製のパンツであることが理解されていった。この理解から、患者の連想には、父親から侵入される恐怖のみならず、母親の禁止への恨みがまじりあっていることが分かる。さらに、ルーシーは幼児期から頻繁に自慰をしていたので、いつも母親が叱ってやめさせていたこと、母親が抱き上げようとするといつも逃れようとしていたことなどが想起され、彼女にとって、母親は支配や自制を振りかざし、性欲や願望を拒絶した存在であり、自分の性欲を抑圧せず、自律性を維持するために父親に向かったと考えられた。同時に患者は、父親が自分を服従させるのではないか、女であることを侮辱し、貶《おとし》めるのではないかというジレンマに陥ってもいた。患者は父親が母親をどのように扱っているかを見ており、父親との関係の中でどうしたら主体になれるのか、どうしたら女のままでいながら父親のようになれるのかと葛藤していた。主訴であった結婚生活の問題は、母親に倣《なら》って女性らしさを獲得しようと夫に服従したことで自我の混乱が生じたためだと理解された。

ちなみに、この「父親の娘コンプレックス」にも社会的・文化的影響が指摘されている（Dio Bleichmar 2010）。リビエールが論文冒頭で掲げた問いは、「アカデミックな場面や科学、ビジネスなどの分野で成功し、男性と同等に仕事をこなす一方で、女性的な発達を十分になしとげ、女性的な関心を欠くことなく維持し、母親として、妻として、主婦としても完ぺきにこなすことができる女性が存在するが、こうした女性を心理学的にどういったタイプとして分類することが可能だろうか」というものである。こうした女性を、いかに分類すべきか、と問うこと自体にリビエールの中にあった女性性と男性性に関する強固な基準の存在がうかがわれる。当時はそのような女性をペニス羨望から理解するしか方法がなかったのだとすれば、精神分析の理論が女性はもちろん人間の理解に関する妨げとなった可能性も否定できないだろう。このことからは、女性性にまつわる問題を検討する際につねに、社会的・文化的な背景を考慮する必要性が理解できる。

37 彼女は、この論文においてメラニー・クラインの理論と前エディプス期における攻撃性の重要性に関するジョーンズのアイデアを練り上げようと試み、こうしたあり方の起源をフロイトとは異なり、原カップルに対する羨望と考えた（Britton 2003）。

3 臨床における女性的要素と男性的要素の例[38]

男女のどちらにも男性的要素と女性的要素がある。パーソナリティにおいては男性的性格と女性的性格とが調和的に受け入れられ、統合される必要があるし（Laplanche & Pontalis 1967）、ジェンダー・アイデンティティにおいては、同性・異性のどちらの対象にも同一化しながら発達し、それが生物学的な性と組み合わされて、最終的な性別同一性がつくられると考えられている（Stoller 1976）。

メラニー・クラインの比較的晩年の論文「孤独感について」（1963）においては、男性患者が女性性と男性性の統合を目指す中で、孤独感との闘いを行っている例が挙げられている。この男性患者が見た夢を以下に示してみよう。

一人の幼い少女が雌ライオンと遊んでいて、雄ライオンに飛びぬけされる輪を差し出していた。その輪の一方は断崖になっていた。雌ライオンは命令に従い、死んでいった。その時一人の幼い少年は蛇を殺していた。

クラインは、この夢の中の少女が彼の女性的部分を表わし、少年が彼の男性的部分を表わしていると理解し、雌ライオンはクラインの転移と考えた。患者が分析家の女性性と競争していて、クラインを、そして過去には自分の母親を破壊したいと望んでいたことに気づくことが大きな苦痛であること、そして患者の一部が、愛している雌ライオン（分析家・母親）を殺し、そのために自分の良い対象が剥奪されてしまうことで、悲壮感や罪悪感のみならず、孤独感が患者にもたらされていたと彼女は理解した。患者は自分の中にある羨望や競争心をスプリットさせ、すべてを自らの女性的部分に押し込めてしまうと同時に、女性性への彼の絶大な憧憬と尊敬を覆い隠していた。そのために彼は自己の統合が困難となっていたと彼女はこの症例をまとめている。

また、ドナルド・ウィニコットも、男女ともに女性的要素、男性的要素を持っていると考え、女性的要素は人生の始まりに位置付けられると考えた。彼はこの着想を、男性患者の話を聞くうちに女性の話を聞いているという感覚が生じた事例から得たという（Winnicott 1971; Abram 1996）。彼はその逆転移を患者に伝えたところ、患者が幼少期に母親によって、女の子とみなされて育てられていたという経緯が語られ、母親が彼を女の子とみなしていた事態（それはおそらくは母親の願望だったのだろうが）が転移において反復されて、ウィニコットの逆転移感情が生じていたことが理解された。ウィニコットは患者が分裂排除した反対の性の存在、解離された性同一性から両性に備わる男性的要素、女性的要素というメタ心理学的概念に関する思索[39]を展開させた。彼は、人生の最早期の「二人でいて一人でいる」という母子が融合し、未統合の状態における乳児の内的主観性を「存在することbeing」と考え、これを女性的要素と考えた。つまり女性的要素は環境としての母親と乳児が同一化している経験に由来していると考えた。[40]この同一化は自己の感覚が発生するために不可欠な要素であり、この後に同一化した状態から、自分と自分ではないものを区別しようとする段階において、つまり分離のプロセスの一部において男性的要素が作動する。このプロセスは環境としての母親と対象としての母親という二つの母親が統合される思いやりの段階へと繋がるという。自己の感覚は発達上の適切な時期にこれらの要素の融和が生じるかにかかっていると彼は述べている。

---

38 両性性については第一章第3節「男根一元論と両性性」を参照のこと。

39 ウィニコットの述べる男性的要素、女性的要素はジェンダー・アイデンティティとは区別されるべきであるとジャン・アブラム（1996）は指摘している。

40 この点はウィニコットとクラインの理論を決定的に分ける重要な点の一つである。クラインが人生の最早期から対象関係が始まると考えた点とは異なり、ウィニコットは対象関係は早期の数週間から始まると考え、そこでは乳児と母親は一体化していると考えた。

ウィニコットとは異なるやり方で、ウィルフレッド・ビオンはコミュニケーションの原初的様式、母親による適切な養育を助けるこころや行動の特質を記述した。ビオン（1962, 1970）の理論においては、養育の中にある母子の交流の中に性的交流を見出し、そこに男性的要素、女性的要素を見ている。彼は♂♀という記号を用いてコンテイナー・コンテインドの関係性を記述し、このモデルによって、あらゆる対象関係（母子関係、口と乳房、自我と感情、願望や思考等のパーソナリティの一要素との関係、グループとメンバーの関係、分析家と患者との関係）を描いている。こうした内的な両親の複雑な性関係は成人の性生活の無意識の基盤であり、そこから私たちは男性的役割と女性的役割の両方を豊富に取り入れ同一化することができるようになる。よく統合された両性性が、性的パートナーとの親密さを倍増させる、パートナーのこころのあり方の中に見出されるほどよい投影同一化によるものであるという（Meltzer 1973）。ビオンはクラインの用いた乳房、ペニスといった解剖学的用語を用いながらも、コンテイナー・コンテインド、もの想いといった概念によって、より重篤な精神病圏の患者との治療に、母子関係のメタファーとその中に含まれる男性的要素・女性的要素の性的交流を持ち込んだ。そこでの母親の機能をアナロジーとした投影同一化の理解と技法は、現代の対象関係論的な精神分析臨床の基礎となっている（鈴木 2015）。

このように、生物学的な性に限定せずに、男性的要素、女性的要素を両性に見出すこと、なかでも早期の母子関係における、母親と乳児の相互作用の中に両性の交わりを見出すことは、実際の治療場面におけるセラピスト－患者関係の理解に際して、母親の位置にセラピストを位置づけることを可能にした。これによって男性はもちろん、妊娠や出産を経験しない女性であっても、女性的、正確に言えば母性的な立場に立つ前提が用意されることにもなり、セラピストの心的空間、身体を含む治療空間が、母親の心的空間と身体の表象として理解されることに繋がった。

さて、最早期の乳幼児と母親との関係にスポットライトを当てることは、同時に、女性／母親の身体というも

郵便はがき

料金受取人払郵便

本郷局承認

3865

差出有効期間
2021年11月
30日まで

切手を貼らずに
お出し下さい。

113-8790

東京都文京区湯島2-14-11
福村出版株式会社
愛読者係行

フリガナ お名前	年齢　　　　歳 性別

ご住所　〒　　　－

電　話

Eメールアドレス

ご職業　1. 会社員（職種　　　　）4. 学生（中　高　高専　専門　大学　大学院）
2. 自営業（職種　　　　）5. その他（　　　　）
3. 公務員（職種　　　　）

このたびは本書をご購入いただきありがとうございます。
ご記入いただきましたお名前・ご住所・Eメールアドレスなどの個人情報は守秘義務を遵守のうえ
書籍企画の参考、商品情報の案内にのみ使用いたします。また、許諾していただいた方に限り
本書へのご意見・ご感想などを小社ホームページや広告などに掲載させていただく場合がございます

①ご購入いただいた本のタイトル

②この本を何でお知りになりましたか？

③この本をお買い求めになった理由は何ですか？

④この本へのご意見・ご感想をお聞かせください。

⑤今後どのような本を希望されますか？
関心のある著者・ジャンル・テーマなどをお教えください。

■本書へのご意見・ご感想などを、小社ホームページや広告などに掲載させていただく場合がございます。

1．掲載してもよい　　2．掲載しては困る　　3．匿名であればよい

ご協力ありがとうございました。

のを、人間がどのように空想し、体験し、認識するのかという問題の探求に繋がる。女性の身体にまつわる空想は、エディプス・コンプレックスにも、ペニス羨望にも、またそれらを合わせてのちに女性性を発達させていくプロセスを理解するうえでも非常に重要な観点である。次節では、この女性の身体というものにまつわる研究について触れてみよう。

第4節　女性の身体

一　女性器の認識

フロイトが無意識の着想を得たのは、アンナ・O、ルーシー・R、エミー・フォン・N、ドラ、カタリーナ等々の女性患者からであり、女性患者はつねに彼のインスピレーションの源だった。ただし彼は女性の身体を、「何が起こっているのか理解できない」「脅かしてくる」「空の」「欠けた」「暗黒の」「不安にさせる大陸」と表現している。暗黒大陸としてアフリカを暗喩しつつ女性を描写するときに、フロイトは未知の未開の場所として、無尽蔵の情熱がほとばしる土地として、の両方の意味を込めていた（Breger 2000）。女性の身体という空間、場所には多くのものが投影されていたが、彼は「もし女の子だったら、私の唯一の願望は自分自身のペニスを保持することであろう」と述べ、男児もまた、女児のヴァギナを、女性が持っている子どもを産むことのできる能力を羨望しており、ペニスを持たないがゆえに潜在的に男性に対しての魅力を持っているという考えは持たなかったようだ（McDougal 2004）。

フロイト（1931）は、少女から女性へ、そして母へと発達する過程で、女性がクリトリスからヴァギナに興奮する器官を変更することにともなって、対象選択の変更が生じると考えた。彼はクリトリスを男性のペニスとして理解し、女児が、発達早期からクリトリスの存在に気づいてはいるものの、ヴァギナについては思春期に至るまで存在を意識していないと考えていた。ヴァギナは彼にとって女性的で受身的なものであり、クリトリスは男性的で能動的なものであった。現代においては多くの分析家は、ヴァギナの認識とその先に空間が存在するという認識はもっと早期の段階から、たとえ自己認識が断片的なものであっても存在しているし、その気づきは、ペニスの欠如を端緒とするものではないと考えている（Laufer 1993）。

女児が自身の内側にある性器の感覚に気づくことは、空間という知識をもたらし、その空間に関する空想を促すことになる（Richards 1992）。自分の身体の中に含まれる内的な空間と開口部、口や肛門、ヴァギナといった場所に対する気づきと、それにともなう乳幼児期や早期の自慰活動と官能的体験は、女児が自分自身の身体との関係性を確立する前提となり、それが母親に対する依存から女児自身が距離を取ることを促進する。こうした認識と同時に、女性は禁じられた願望や欲望に由来する超自我による罰として、膣口を閉じておくという空想、あるいは、開口部を攻撃されるという空想を持つという（Laufer 1993）。そうした空想は、患者の夢の中で、納屋や家、屋根裏といった空間とその中にある家具というような形で、女性の身体空間や、内的な空間の表象として表現されうる（Goodman 2019）。

こうした女性器の認識に関わる問題をダニエル・キノドス（2003）が指摘している。男女の別にかかわらず、自分ではない性の性器を保持することはできない、という事実を受け入れることが、自分の性器を発見する基礎であると彼女は主張する。女性患者に関して言えば、女性器を失う不安を考慮しなければ、女性器の認識自体に問題が生じうるという。この認識に問題が生じた場合、患者は自分は何の性器も持っていない、と体験してしまう。臨床においては、こうした女性患者たちは自分には魅力がなく、生物学的にも象徴的にも、子どもを持つことはできないと考えるようになり、興味が制止され、心理的に疲弊し、いつも空っぽで、不毛で、豊かさが失われたという感覚を抱くことになる。たとえば患者が「自分は結婚して夫を得ることはできないだろう」と述べたりするのは、自分自身の性器への不安の表現であり、自分の性器はすでに取り除かれているか、損傷しているために、パートナーに対して肯定的な反応を与えられないと感じているためである。また、こうした患者は子どもを育む器官への不安から、逆にゆきずりの性的関係を持ったり、中絶を前提とした短い妊娠を繰り返したりという形で無意識に性器が正しく機能しうるかを確かめようとする場合もあるという（Quinodoz 1990）。女性器を失うという不安は、母親が彼女たちに男性器あるいは女性器のいずれの性器も与えなかったと感じられるために、母親へのいっそうの敵意となり、自分自身にほとんど価値がないと感じるのみならず、母親にも価値がないと感じることになる（Quinodoz 2003）。

2　ジェンダー・アイデンティティと身体との関わり

女児の身体の認識とその体験は、ジェンダー・アイデンティティの確立にも大いに寄与している。ロバート・ストラー（1976）は一次的女性性[41]という段階を提唱し、ジェンダー・アイデンティティ[42]の確立に関わる最早期の数ヶ月間において生じる出来事を女性性の起源の中に含めた。

一次的女性性は、ある種の葛藤から自由な段階であり、のちに女性がアイデンティティとして持つことになる、自身が女性であるという感覚に貢献し、女性的な見た目や振る舞いを自分に許す段階である。一次的女性性は自

41　皆川、山科（Tyson & Tyson 1990，皆川・山科訳 2008）の訳語に合わせ、primary femininity は一次的女性性とした。

42　ここでのジェンダー・アイデンティティとは、生物学的な性と個人の同一性とを結び付け、統合する心理的な布置を意味している。

分自身の身体について抱く感覚からも生じている。授乳、おむつの交換、沐浴、遊びやその他の親密で情愛のこもった養育者とのやり取りから生じる、口唇、肛門、尿道、そして性器などの多様な感覚を統合して女児は身体イメージをつくり上げる。こうして作り上げられる自己感の表象においても、男性あるいは女性であるという基本的な感覚は不可欠なものである（Tyson & Tyson 1990）。この段階において、女児が自分の身体と心的生活で創造される特定の情熱と恐怖に対して十全な知識を持っているということを認識する重要性をストラーは強調している。彼は、この一次的女性性を自分の解剖学的な身体とその機能を喜び、楽しむことのできる、ウィニコットの「ほんとうの自己 true self」の一つの現れとも言えるかもしれないと述べている。

一次的女性性は、胎児の頃から生じる生物学的、解剖学的影響に加えて、社会的・心理的影響にも左右される。ここで言う社会的・心理的影響とは、乳児を両親や家族が特定の性として扱うことによる、言語的・非言語的なメッセージによるものである。養育者（主には母親によるであろう）の世話は、それにともなって喚起される身体部位のさまざまな感覚によって身体イメージを生成する助けになるだけでなく、そこでの養育者のまなざし、声掛け、さらには乳児に向ける種々の情緒や空想もが乳児のジェンダー・アイデンティティの形成に寄与する。

母親と女児との相互作用は、女児の出生前にまでさかのぼることができる。妊娠中の母親の空想や期待は、乳児に対する母親の最初の反応に影響を及ぼす。妊娠した女性は、それまで赤ん坊について抱いてきた空想をまとまった形の空想へと統合しようとする。妊婦とその母親との同一化が促され、すべての発達段階に由来する両価性や葛藤が再現されうる。これらが生まれてくる赤ん坊に影響を与えるという意味で、母親自身の母親との関係、母親自身の女性性の感覚は、女児が自分の身体、性差をどのように発見するかに影響する（Greenacre 1953）。母親となった女性は、自分の娘の身体にたやすく同一化することができ、母親と娘が一体であるという空想を抱きやすい（Chodorow 1978）。こうした母親の持つ空想は、女児が母親と同一化することを促進する環境となりえるし、女児が女性であるという原初的な感覚を持つことにも関わってくる。

この相互作用が養育者側に与える影響も見逃せない。思春期に少女が女性へと変わって行くことが、家族、特に両親に危機をもたらす場合がある（Cournut-Janin 2003）。娘が少女から女性に育っていく過程で、親は子どもとしての娘を喪失し、ナルシスティックな備給とその対象関係を失うことになる。ここで両親に喪の作業の必要性が生じるわけだが、少女に投影していたもの、理想化されていたものが失われる体験は両親にとってある種の去勢体験となりうる。

ところで、娘の発達の受容を母親に困難にさせているものにも、社会的・文化的要因があることは無視できない。女性の置かれていた状況を振り返れば、母親たちを取り囲む文化的影響が、母親を含む女性の抑うつや低い自尊心、自己凝集性の欠如を招いてきた可能性は大きい。歴史的に娘たちは自分の母親を力強い存在、理想化できる対象として体験することが難しかったかもしれない。多くの女性患者は、母親を健康な能力を持った存在とみなすことができず、できたとしても、サディスティックに怒りをぶちまける形でしか母親の力を感じることができなかったのではないだろうか。そうした母親のイメージが、子どもを授かる女性の中に抱かれ、そしてその空想は生まれてきた女児が持つ女性性に影響を与え、その女児の身体に注がれるまなざしに混ざりこむ、という意味で、多世代にこの影響は伝達されうる。女性を巡る臨床においては、こうした社会的・文化的影響は程度を減じている可能性はあるものの、今もなお存在し続けている。

このように、女性にとって身体は、空間や場所としての広がりの認識が生み出され、さまざまな空想が投影される空間であることが分かる。そして身体空間を舞台として母子相互の体験が時間を超えて再現される。次項では、女性の身体を舞台とした臨床上の問題、具体的な症状や病理について取り上げてみよう。

精神分析において身体について語るときに指す「身体」とは、身体についての無意識の幻想を含んでいる。この見方はフロイトがヒステリー研究において、精神的なものから身体的なものへの神秘的な跳躍と呼んだものを想起させる。精神分析においては、身体的なものは本質的に小児期の空想生活を含む性的なものと結びついている（Perlberg 2017）。

3　身体化・ヒステリー

女性とその身体にまつわるもっとも基本となる精神分析理解はヒステリーに関する理解である。ヒステリーはそもそも子宮を意味するギリシア語を語源とし、多年に渡って女性の病気として語られてきた。歴史的にはヒポクラテスが提唱した胎内で子宮が動き回る婦人病、ガレノスが提唱した子宮が充血する病気などが挙げられ、皮膚感覚の喪失、ヒステリー球、卵巣痛や視野狭窄などのヒステリー症状はかつて魔女のしるしと考えられたこともある（小此木 1996）。一方で、現代の精神医学において、ヒステリーという症候群は解体し、ＤＳＭ-５においては、身体表現性障害、解離性障害、心的外傷後ストレス障害、さらには演技性パーソナリティ障害などに分散して収納されている。実際、ヒステリーの境界は曖昧になり、拡大しているとも言える。当初、設定されていた女性性の理解は時代にそぐわなくなっていることもあり、病像のみならず、根底にある概念自体が変化してもいる（福本 1996）。臨床において、ヒステリーは分析に適しているかいないかにかかわらず、ジェニタリティに関する問題を前面に呈しているが、その実、前性器的な固着に分析家は煩わされることになる。満足な性生活を持たないか、あるいは処女であったり、結婚していても結婚生活には十分に反応できていなかったり、社会的にはいっけんうまく振る舞っていて、魅力的な女性であっても、女性性に対して拒否的、受身的で過小評価しており、自尊心も低いことが多い。そして転移においては強力な性愛化が見られることが特徴と考えられてきた（Etchegoyen 1999）。

その病理の理解において、古典的にはヒステリー症状や外傷的体験は、身体の言語として表現されると考えられてきた。なかでも典型例とされる転換ヒステリーにおいては愛情対象、依存対象との関係性において、葛藤的な欲求や願望が抑圧され、身体症状に転換される（しかし、現代においては古典的な転換症状は稀になりつつある）。なかでも性的な欲求や空想について、無知であるように振る舞い、沈黙を貫くことをフロイトは「鍵のかかった扉」「全く見通しのきかない壁」と喩えている（Koffman 1980）。これが男性と比較して女性に多く見られることについて、メラニー・クライン（1928）は母親の身体や身体内部の器官、子宮の中の子どもに対してかつて向けた女児の破壊的空想のために、自分自身の母性的な能力やこの機能に結びついた器官、さらには自分自身の子どもを破壊されるのではないかという形で報復におびえているため、という理解を提出している。ジョイス・マクドゥーガル（1989）はヒステリーと心身症の区別について論じる際に、ヒステリーにおいては、身体はこころに対して「身体それ自体を貸している」が、心身症においては「身体はそれ自身の思考を行う」と述べている。前者においては、ヒステリー症状は物語を示していると考えられ、症状は概念や記憶によって創造されるために、一次過程の機制に従うという。後者の症状は、象徴としてというよりもむしろ記号として、心的過程よりもむしろ身体的過程に従い、そうした患者は心的苦痛を体験する能力に欠けているという。もちろん後者の病理の方が重篤であり、身体症状が臨床場面において患者理解の鍵となることは稀ではない。

ロジーヌ・ペレルバーグ（2017）はヒステリカルな病理の背景にある、より原初的な問題を取り上げ、多くの女性が、母親との分離という格闘に際して身体的症状に巻き込まれることを指摘している。臨床における女性の身体的体験は、母親とは別の身体と自己感を持とうという試みであり、同時に身体症状は内在化されていない母

43 ヒステリーの歴史については第一章第1節「フロイトの女性論――持たないことが女性を決める？」も参照のこと。

親との関係性の表われであると彼女は言う。種々の身体的愁訴と身体疾患、他者と関係性を築く困難を持つ50代女性患者の事例では、早期の母子関係に基づく怒りが、身体を用いて表現されていた。怒り、孤独、愛されていないという感覚が身体的な痛みとして表現されており、同時に、母親の関心を引き、母親への怒りを表現するものとしても患者の身体は用いられていた。患者の身体のさまざまな部分は痛みのコンテイナーとなり、心理学的な意味を剥ぎ取られていた。分析の中で、患者は二度の交通事故という形で転移に外傷的な体験を持ち込んだ。この事故は、分析的体験をも身体的外傷の結果であるとし、歴史的意味を剥奪しようとする患者のあり方として理解された（Perelberg 2008）。

ポーラ・エルマン（2019）は複数の身体部位の疼痛を訴える50代の女性患者の例を挙げている。この患者の母親はつねに患者の外見や対面に強い関心があり、患者の容姿に批判的であった。患者は体重管理のために、幼少期から継続的に母親に浣腸を施されており、そうした母子関係から父親は引きこもって、仕事のために不在がちであった。治療の中で、患者はつねにセラピストが視界に入るように望むなど、母子の二人一組という体験が具現化され、象徴化されない痛みは身体を用いて表現されていた。

このような複数の身体愁訴のある事例の背景に、早期の母子関係の問題とそこに割って入ることが期待される父親の不在が見て取れる。ヒステリーの定義からも中核とされる性愛に関わる問題については、こうした母子関係の問題と重なり合う形で、あるいは母子関係の問題が解決されたのちに、分析の俎上に載せられていたことを添えておこう。

4　摂食障害

摂食障害は、若い女性、なかでも思春期から青年期、若年成人期の女性がリスク・グループとされており、男性と比較して女性に多く見られ、その発症時期から、女性性の受容と確立における問題と関わりが指摘されている障害である。摂食障害の特徴である、痩せへの希求やそれに伴う食事の制限といった症状の背景には、身体の強迫的な管理・コントロールとして表われるサディスティックな欲求があり、直接的に女性の身体が症状の舞台となる。こうした体重管理や食事の制限によって、月経が停止し、女性的な体つきが物理的に拒絶されることが、女性性の受容と確立の問題のもう一つの側面である。また、痩せのための食事の拒絶は直接的な母親の拒絶、あるいは母親のような成熟した女性との同一化の拒否という意味が見出されることも多い。この現象は、エディパルな段階に進まないために、母子の両者が成熟を拒絶し、思春期以降に際立ってくる女性らしさを拒絶し、性を感じさせない、無感情の状態を作り出そうとする試みと解釈される（Sours 1974）。拒食症状は、自分自身の身体、特に性器を傷つけられるという形で母親から報復されるという迫害的不安と、この不安への防衛として機能しているという（Lawrence 2002）。迫害的不安は侵入される不安として体験されるが、この不安は女性特有の体験であり、これが摂食障害が男性に比較して圧倒的に女性に多い理由とも考えられている。侵入される不安は身体的にも心理的にも存在し、女性の摂食障害患者が、父親の存在を母子関係への侵入としてとらえており、かつそれを象徴的に体験できないでいる。このようなエディパルな現象の欠如が深刻な摂食障害事例では見られるという（Sours 1974）。

マリオン・バーグナー（2008）は10代の少女の過食症の事例から、思春期・青年期の摂食障害患者が発達段階においてふさわしい関係性、当然得られるだろう体験を持てていないと指摘している。この事例においては、両親は患者と適切な距離を持てておらず、思春期以降も両親とともに眠り、入浴しており、両親との関係はエディプス的な関係になりえていなかった。こうした患者は、通常の発達プロセスで体験すべき分離に耐えられず、貪欲で圧倒的な敵意があり、内的世界の一部として両親対象を保とうとする。乳幼児期以降発達のゆがみは継続し、思春期・青年期の周辺で最高潮に達し、偽の青年期となる。こうした発達のゆがみは青年期に破たんして組織化される。

一方で摂食障害を、より深刻な、人間存在の本質を絶滅させようという試みととらえ、頻繁に見られる情緒的・身体的欲求の否認は、死や不滅という空想を支配する試みであると見る立場もある。バークステッド・ブリーン（1989）は、摂食障害患者の母親と融合する願望とその恐れについて論じている。拒食症状は、母親の身体からの身体的な分離の試みであると同時に、母親からの自己感覚の分離の試みである。しかし、これが病理的になってしまうのは、思春期以前にそうした分離の試みがまさに欠けていたためであるという。これを、〝私ではない空間と、あなたではない空間の欠如〞とブリーン（1989）は表現し、拒食症患者には移行空間が欠如しており、母子関係が口唇愛的な状態にとどまっていると指摘している。転移において、これは患者とセラピストの間の空間の欠如、象徴化の欠如として生じる。言い換えれば、拒食症患者には、母子の間に設けられる空間の発展に関わる象徴化の領域に障害がある。象徴等価という観点から見れば、患者にとって食べ物は母親の世話の象徴ではなく、母親そのものであり、身体の成熟は、成熟や母性として象徴化されるのではなく、母親の身体からの分離そのものとなる。治療において、セラピストの言葉は象徴化されず、ミルクや乳首、あるいはペニスという文字通り彼女を太らせ、妊娠させ、眠らせ、毒を入れるものとして感じられる。また、マリリン・ローレンス（2001）は摂食障害患者が自身の身体に対して暴力的で、殺人的な暴力を用いて内的対象を支配しようとしていると述べている。彼女たちは生き生きとした自己と、頼らざるを得ない自己と、わずかに頼っている対象を憎んでおり、自分の中にある対象への憎しみと拒絶を嘔吐によって表現しているという。彼女は、この例として、連続殺人に関する本にだけ興味を示していた背景に、内的対象を殺害し続けるために連続殺人鬼を必要としていた事例や、なぜだか分からないが、嘔吐に際して殺人を犯したような強い罪悪感を感じていた事例を挙げている。自己や自身の身体に向けられるこうした殺人的で暴力的な傾向は、内的な両親と彼らとの関係に対してなされたものを反映していると彼女は考えている。

5　性的外傷

ここまで女性の身体に関わる問題を取り上げ検討してきたが、臨床事例を踏まえると、治療に訪れる患者たちはさまざまな形で何らかの外傷を経験していると言える。先に述べた摂食障害に関してはかつては、性的な虐待がその原因の一つとなっている可能性が指摘されたこともあるし、摂食障害の患者と虐待を受けてきた子どもたちとの間には共通して侵入されることへの不安が見て取れるという指摘もある（Lawrence 2002）。性的な外傷については、情緒障害、不安障害に心的外傷後ストレス障害、怒りや衝動性、物質障害、境界性パーソナリティ障害など、多くの心理的な後遺症を生む可能性も指摘されている（Green 1994）。性的虐待についてはその発生頻度は考えられているよりもずっと高く、親族からの虐待はもちろん、夫婦間や恋人同士の間でも望まないセックスを強いられることも珍しくはないし、職場や学校などでの性的な嫌がらせを含めればその範囲は非常に広大である。そもそも精神分析の対象となる患者すべてに、さらにいえばすべての人間に何らかの形で外傷と見なせるような体験があると言うこともできるし、かつては、女性を含めた弱者に対しての暴力やそれに対する反発が抑圧され、外傷と見なされずにいたとも言える。フロイトによるドラの症例などはその典型だろう。今日的観点から、10代の少女であるドラに対するK氏による性的接近はもちろん、その後のK氏家族との付き合いを断ってほしいという父親への彼女の訴え、そしてそれを拒絶されたあとに生じたヒステリー症状を通した訴えを、彼女の性的欲求に起因するものとするフロイトの態度は議論の対象となっている。[44]

性的な暴力は女性性に大きな影響を与える。[45] 性的虐待を受けた少女たちは、そうでない少女たちに比べて女性

44　ドラの症例の詳細と現代的観点からの読み直しについては、マホーニィ（1997）、北山（2000）を参照のこと。

としてのアイデンティティに葛藤を経験しやすく、女性であることの非常に不幸な体験のために、男性のジェンダー役割に同一化することが多いという。近親者からの性的虐待を経験した女性は、母親を父親からの情緒的な暴力の犠牲者と見なしたり、馬鹿にしたりする。そこでは女性としてのアイデンティティと女性のロールモデルとしての母親は拒絶され、女性性は傷つきやすさや弱さと関連付けられる。攻撃者との同一化によって、男性に同一化し、退行恐怖的に性的活動に積極的になり、それによって男性のペニスをコントロールしようと試みることもある。あるいは、男性と性的関係を持つことの恐れから対象選択の際の性別を女性に向けることもある。幼少期の近親姦の恐怖と不安、そして罪悪感から解放されようとドラッグやアルコールなどに向かうことも珍しくない（Green 1994）。

　性的な虐待体験に対しての否認と抑圧は、本人からはもちろん周囲や社会からも非常に強いために、たとえば近親者によってなされた虐待を見て見ぬふりをされることも少なくない。また、虐待の背景にはその前、三世代に渡って同様の虐待パターンを見ることができることもよく知られている。母親[46]自身が外傷を体験しており、弱く、不安定で、自分の女性性や身体を肯定的にとらえることができない場合には、そのことが女児と母親との関係や母親の身体の認識、そしてそこに生じる空想に影響を与えることになる。娘が父親からの性的虐待を受けているのを見て見ぬふりをしていた母親自身が、かつて兄から性的虐待を受けており、「男はそういうものだ」と自分の母親から見て見ぬふりをされていたといった例もある（McDougall 2004）。母や祖母の世代の女性たちの女性らしさの表われの中には、かつては文化的に受け入れられていたために、外傷体験の影響が組み込まれていることが見過ごされてしまうことがある。母親の中には自分の受けてきた外傷的な性的体験をこともなげに、何の説明もなく娘に伝え、そのことで世代から世代へと外傷を無意識に伝達してしまうものもある。こうした母親は娘のこころを自分の外傷体験を貯めておく場所、植民地のように使用することになる（Silverman 2015）。

　治療において、こうした性的な外傷体験の詳細を聞く時に、セラピストには強烈にエロティックで性的な反応が喚起されることがある。また、恐怖や吐き気をもよおしたり、感情を切り離したり、激しい症例では自分がコントロールできなくなり、代わりに外傷を受けたように体験してしまったりするということもある。大規模な投影同一化にセラピストがさらされるわけだが、これをまずセラピストが消化し、解釈を通して変形することが求められる（Lisman-Pieczanski 1997）。当然だがこうした治療には困難がつきものであり、セラピストと治療を支えるために、セラピスト自身の教育分析や適切なスーパービジョンなど、さらなる人的リソースが必要とされる。

本節では、女性の身体を舞台として展開される病態のいくつかを取り上げた。これらの問題は女性を取り巻く環境や技術革新といった社会・文化的な進歩によって解決されるものもあれば、より複雑化したり、新しい問題が付け加わったりするものもある。そして、それにともなって新たな人間理解を精神分析に要請することがありうる。たとえばヒステリーに関しては、その典型例は時代によって大きく変遷しているものの、女性たちの身体に心因反応を生じさせる引き金には、その時々の風俗や医療技術など、かつては存在しなかった新しいものが関わる場合がありうる。摂食障害についても80年代から90年代にかけて爆発的に患者数が増加しているが、この背景には現代社会においてはむしろ痩せていることが美しく、良しとされる価値観があること、それを喧伝し、煽っている社会的状況があることは見過ごせないだろう。また、種々のハラスメントをはじめ、かつては暴力や

45（／89頁） 性的な暴力は、男性性に対しても重大な影響をもたらす。特に家庭や文化において男性の力強さや勇気、性的な能動性が重視される場合にはなおさらである。虐待者が父親やそれに近い人物であれば、少年が男性的なアイデンティティを確立することは非常に困難になる（Green 1994）。

46 フロイトは、母親というものは普遍的に良いものであるか、ほど良いものであると考えており、虐待というものは、彼の想定の中心にはなかった。

差別とみなされなかった女性への扱いが問題として取り上げられるようになり、それによって今までは存在すら認められていなかった、あるいは見て見ぬふりをされていた外傷が浮き彫りにされ、治療の対象とされ、そして新たな理解が生まれてもいる。

次節では、女性性にかかわる現代的な問題とそれに関する精神分析的理解の発展に触れてみようと思う。

第5節　女性性に関わる現代的な問題

一　生殖補助医療の発展

女性性に関する研究史をひも解くと、母親という属性、ないし母性という概念が複雑な役割を負わされてきたことが分かる。女性解放運動が始まった初期の頃には、兵士を生み育てる母親という立場は、男性に対して女性の価値と権利を訴え、女性が社会に進出する後ろ盾になったこともある。しかし、第二次大戦後はむしろ母親役割への懐疑やその拘束からの解放が女性側から訴えられるようになった（Chodorow 1978）。かつては女性が母親になることの意味は社会的にも精神分析的にも、成熟や達成の一つと見なされてきたが、現代を生きる多くの女性は、母親にならない限りは人間として満たされない、あるいは一人前ではない、という偏見を拒絶し始めている。母親にならないことは病理的な選択ではなくなっており（Chodorow 2003）、多様な女性のあり方は、母親になること、そして母性についての意味を書き換えつつある。

そもそも、子どもを持つという願望は決して生物学的な衝動の産物のみによるものではなく、女性の発達と母親の文化的環境の影響の帰結として表われるものである。母親になりたいという願望は少女の早期の同一化を構成するものであり、女性的なアイデンティティ構造の一部となり、少女の自我理想は母性の概念に基づいて発達し、親密さへの願望との結びつき、女性の愛情による繋がりへの依存をもたらすことになると考えられてきた(Dio Bleichmar 2010)。そのため、不妊は、身体の内側への疑義を女性にもたらし、自分たちの起源に関する知識、男女の間の関係性の果実が人間のこころの構成物であるという人間理解に再考をもたらすことになる（Cerejido 2019）。そのため生殖補助医療を用いて子どもを持つことは、その心理学的な意味や、もうけられた子どもに対する父母の認識、代理母出産や体外受精によって生まれたその子どもの本当の親は誰なのか、母親は誰なのかといった問いを生むことになる。

こうした前提のもとで、精神分析は不妊に苦悩する男女への治療を提供してきた。そこでは、とくに女性側の不妊の問題は、ある種の心因性の身体症状としてとらえられてきた歴史がある。たとえば、性交と妊娠に対する無意識の恐れと葛藤、母親との同一化の拒絶、父や兄弟といった男性の家族への敵意、あるいはライバル意識とそれにともなう罪悪感、依存を手放すことの困難、父親との同一化、男らしさへの嫉妬（Apfel & Keylor 2002）、男性性と万能感の放棄の困難、母親とのライバル関係、（De Luca 2014）などといった心理的問題が不妊と結びつけられてきた。こうした問題のために意識的にも無意識的にも不妊の可能性が高まる年齢まで出産を控えるような事例が見出されてきたし、「心因性の不妊」として、受精を阻む強迫的で暴力的な症状を引き起こす原初的な思考の一群が妊娠に至らない女性の中にあるとも考えられてきた（De Luca 2014）。そのため、不妊への医学的アプローチは無意識的要素を軽視する躁的防衛であり、パーソナリティの発達を促すことなしに不妊を医学的・物理的に解決することは、心理的葛藤を医学的問題へと変形し、無意識の問題を無視し、自分の身体の内側が傷ついているという空想に対するアンビバレンスを女性に想起させる外傷的な体験になると考えられてきた。そしてこうした医療的援助によって子どもを持つことは、母親、父親の心の中の欲望やナルシシズムと見なされてきた[47](Blank-Cerrijido 2019)。

しかしながら、不妊に関する身体的な原因が解明されたことや、先に挙げたような心理的テーマは決して妊娠することが困難な女性に限った問題とは言えないことから、「心理的な不妊」という概念は、女性にとって利点よりも、心理的な害が多い概念であり、使用をやめるべき時期だと言われるようになってもいる（Apfel & Keylor 2002; Chodorow 2003）。

生殖補助医療によって生を受けたことが子どもに与える影響はどうだろうか。父母の役割が、必ずしも生物学的な父母そのものによって果たされなければならないとは言えないし、その役割は象徴的に別の何か、別の人物によってなされる可能性は十分にある。子どもが独立した人間になることを助けることができるのであれば、両親がそろっているかどうか、どういった形態で親となったのかはあまり関係ないかもしれない。

むしろ現代においては、新たな生殖補助技術の導入によって、現実感の喪失や離人感、抑うつや心気症、低い自尊心や罪悪感、不安、強迫や回避といった問題が引き起こされる（Raphael-Leff 1992）。精神分析治療において患者と生殖補助医療との関わりが語られる際には、二つの観点からの理解が有効と考えられる。一つは、かつての喪失に関わる喪の問題と関連した力動である。不妊治療に取り組む以前の喪失体験の探索を行うことや、生殖補助医療によってかつての喪失に直面し、眠っていた葛藤が呼び覚まされるため、心理的な治療により準備を行うことは有用だ。もう一つは妊娠や母性に関する否定的感情の否認やアンビバレンスの欠如という力動である。これは不妊という体験の抑圧や否認であり、妊娠に関わることがらをコントロールしようとするあまりに過度に防衛的になっているためと理解できる。こうした問題に取り組む際に、セラピストは不妊や生殖補助医療に対する知識を持ち、かつそうした技術に対して中立的な態度でいる必要がある。セラピスト自身が親である場合や不妊の問題に取り組んでいる場合など、自身のジェニタリティの問題が逆転移上の障害として表われる場合もありうる。治療においては不妊に関する問題が家族の問題を含むために、患者以外の家族と会う必要が生じたり、一時的に治療を中断する必要性が生じたり、中立性を逸脱せざるを得ない局面に出くわすこともあるという（Apfel & Keylor 2002）。

2　閉経

歳を重ねることの意味は、生物学的、心理学的、社会学的観点から、男女において非対称的である。生物学的な観点からは、閉経は女性の生殖能力の終わりを意味するが、男性にとってはそうではない。こうした時期に女性が経験する危機や葛藤は、その女性が発展させてきた意識的・無意識的女性性、精神性的発達、ジェニタリティに関する意味付けといったものに左右される（Schrader 2014）。

そもそも、妊娠と出産のプロセスにおいて、女性は胎内にいる子どもと同一化すると同時に、自身の母親とともにいる状況を再体験し（Schlesinger-Kripp 2003）、リビドーと攻撃的情緒を融合するために幼少期の体験が呼び起こされる（Pines 1993）。それゆえ、妊娠を幸福な早期の母子関係の象徴的体験として体験できる女性もいれば、子どもの誕生と母子関係の再体験にひどく脅かされる女性もいる。後者は、赤ん坊への恐怖や抑うつへの際立った恐れを体験する（Schlesinger-Kripp 2003）。このため、母子関係の再体験を脅かしと感じる女性にとっては、妊娠の可能性の終わりは安心と心的安定をもたらすものにもなりうる。いずれにしても、閉経は、母親との分離の新たな必要性を意味し、母親と子どもの融合はもはや不可能だという事実を受け入れ、喪を体験することにもなる。喪の仕事のあとに、それが抑うつを呼び起こさないのであれば、女性はしばしば解放感を得られ、アイデンティティを強めることができる。そしてこうした体験と時を同じくして、多くの女性は、実際の喪失として母親

47（↗93頁）　著しい万能感から誰の助けも借りずに子を持つという空想を抱いていた事例、卵子凍結を現在の緊張感からの逃げ道として利用していた事例など、病理的な形で生殖補助医療が用いられる例もあり、それらの事例においては両親を養育的な存在と体験できず、世話をする対象として体験していた、といった共通点が指摘されている（Cerejido, M 2019）。

の死を体験することになる。

セクシュアリティとの関係からは、閉経期における強い性的欲望が取り上げられる。この時期の女性からパートナーへの不満が語られることもしばしばであり、身体症状は性的不満足のサインの可能性もある。閉経期に高まる性的欲求は、望まない妊娠への恐れはもはや不要であるためとも理解でき、こうした意味では、多くの女性にとってセクシュアリティは無意識にいまだに生殖と結びついてもいる。

身体イメージとの関係からは、閉経は身体、不純、妊娠、そして破壊性の自浄作用、性的な力のなさとそれらのすべてからの独立の象徴としてとらえられる。妊娠の可能性によって与えられていた、内的に健康な良い空間を持っているという安心感がなくなることで、悪いものが自分の身体の空っぽのスペースにあるという考えの発展を防ぐことができなくなることもある。こうした考えは、たとえば、癌になるという恐れを呼び起こすことがある。一方で、内的に良いものを持っているという感覚の喪失は、分離や喪の作業を通して身体的なイメージの統合を導く。閉経期の女性たちの抱く自らの身体イメージは、自分の母親の身体と重ね合わされる。発達早期に体験した母親の身体や、年老いた母親の身体にどれだけ優しい愛情を向けられるかによって、彼女たちが自分自身の身体のイメージを受け入れられるかは影響を受けることになる（Schlesinger-Kripp 2003）。

さらに閉経期は再びエディパルな課題に向き合う機会ともなる。閉経は、女性が思春期に母親に対して感じていた勝利感情への母親からの遅れてきた復讐として無意識に体験される（Langer 1953）。この勝利感情に起因する罪悪感は抑うつの原因ともなりうるが、母親の復讐を生き残るという空想は母親との和解を促進し、母親と娘のより平等な関係に繋がる可能性を持つ。それと同時に、父親に抱いていた、母親よりも若く、彼に再び子どもを授けることができる理想的なパートナーになるという空想は断念される。この断念の達成には、娘の女性性に父親がどのように反応したかが重要である。かつてその女性が少女であったときに、女性になっていく過程で父親が娘のエディプス的勝利を制限したかどうか、娘の女性性を脱価値化することなく、母親に罪悪感を感じることなく戻ることを促せたか、父親から離れることを成功させたかどうか、といったことが問題となる。中年期以降において、自分自身を良いものと感じられるためには、父親とのエディパルな関係性を新たにし、変化させる必要が生じる。

こうした時期の患者を治療で扱う場合はどのようなことが生じるだろうか。分析プロセスにおけるセラピストと患者との関係性は、セラピストの年齢によって影響される。セラピストとの関係性において、年老いた女性患者はしばしば非常に早急に性愛的な転移をセラピストに向けるという。なぜなら時間は十分にはない。彼女たちが情緒を露わにすることを止められる恥や辱めについての不安から自由になるために、彼女たちは急いでいる。同時に、娘の役割を取るセラピストは羨望の引き金となる。年を重ねた患者との治療においては、症状と治療関係における身体言語の役割は、若い患者との間よりもずっと重要な役割を果たす（Pines 1993）。彼女たちは自分の娘の年代のセラピストに従うことを受け入れるときに、かなわなかった世話をされたいという幼児的な退行的な願望を受け入れることになる。ライバル心や羨望の葛藤は当然生じるが、それは、しばしば内在化された自己犠牲と無力感の恐れに覆われている。年代をまたいだコミュニケーションは簡単ではなく、娘の役割に置かれるセラピストには、極度に混乱した情緒が引き起こされる可能性がある（Schelesinger-Kipp 2003）。逆転移として、母親を奪う恐れ、羨望を引き起こす恐れ、年を取る恐れ、年老いた女性に愛され、世話されたいという欲望と願望といった混乱した情緒が生じうる。セラピストの中に、そうした願望がある場合には、治療の終結が子どもの出立ではなく、母親の死や喪失となってしまう可能性がある。こうした意味で、歳を重ねた患者とのセラピーにおける主たる問題はセラピスト自身となるとも言えよう。

3　暴力・攻撃性・怒り

感情表出に関して、ジェンダー差が認められるものの一つに、怒りがある。男性は攻撃性を表現することを比較的促進されて成長しやすく、男の子にとっては感情を表現する方法の一つに怒りがある。失望や傷つき、恥ずかしさや恐怖などの直接的に表現するには男らしくないと思われるような情緒は、怒りとして表現されやすい。一方で女性は、感情を積極的に表現するよう促されて成長するが、唯一、あからさまに表現することを避けるように育てられる、例外となる感情が怒りである。女の子は怒りではなく傷つきとして表現しやすく、攻撃的になることは良くないことであり、自分の欲求や希望を主張するのは間違っていることだと感じて育つことが多い。怒りは能動性の発露でもあるにもかかわらず、抑制するよう求められる社会的傾向の存在が、女性性の特徴と混同され、受動性やマゾヒズムと理解されてきた可能性もある。

しかし今や、多くの女性が、女性に対しての差別や不平等、暴力に対して怒りの声を挙げ始めている。ただし、そうした差別など存在しないと公言したり、公平を求める女性に逆に非難が向けられることもあり、しかもそうした否認や非難が女性から女性に対してなされることも珍しくない。ここに、女性の攻撃性に対しての抑制や制約があると言えよう。女性の怒りは気難しく、耳障りで、ナルシシスティックなものと矮小化されやすく、正当な情緒とされず、除外されてきた。例外は、女性がたとえば子どものためなど、他者のために怒る場合である。怒りを表出することは女性的でなく、母親的でなく、魅力的でないととらえられやすく、直接的にはっきりと怒りを表明する女性は、フェミニストや主婦、ヒステリカルな女性のステレオタイプとみなされることもよく知られている。自己主張や怒りは正当なものかもしれないのに、怒りを表現する女性は揶揄され、煙たがられ、治療においては症状に転換された怒りは病理として記述されてきた（Turkel 2000）。ラーナー（1980）は、女性が怒りと攻撃性を抑制するのは、自身の破壊的な万能感への恐れや母子関係における分離固体化の問題のためであると主張している。怒りよりも傷つきを自覚し表現するように女児が発達するのは、傷つきを表明することで対象が自分に接近してくれ、自分にとって対象がいかに重要かを強調する機能があるためであるという。女性が自らの怒りの正当性を表現することは、可愛くない、愛らしくない存在と見なされ孤立を招く危険がある。そのため、男性を勝たせ、男性が主であるように振る舞うという解決策を取ることで、競争的になることや、怒りを表現することが回避されてきた。

怒りや攻撃性の抑制と回避は、女性が関係性において受動的になり、従順に振る舞うこととも結びついているかもしれず、こうした傾向が暴力的な関係や差別的な関係に女性が巻き込まれることを容易にしていたかもしれない。たとえばカップルのドメスティック・バイオレンスにおいては、攻撃者と被害者がともに、ある種の反復的な投影同一化のサイクルを共有している場合がある。攻撃をする人物も、その犠牲になる人物もともに自尊心や怒り、依存、分離固体化といった問題を抱えており、そうした問題をもとにした対象選択が行われる。こうしたカップルは、苦痛を伴う特定の感情を取り除くためだけでなく、相手に特定の感情を引き起こさせることを投影と同一化を通して行っている。彼らは相手を刺激して、投影されているものと似た考えや感情を実際に体験させるように振る舞う。投影するパートナーが自分自身を愚かだと感じている場合には、受け取る側のパートナーに愚かだと感じさせるように行動する（Humphries & McCann 2015）。

職場や学校などでのハラスメントについては、これに加えて、被害者・加害者・傍観者の間での力動が指摘されている。被害者の周囲の同僚は、自分自身の立場や仕事を失うことを恐れて、家族やパートナーは被害者が仕事を失って生じる不利益であるとか、それによって生じる面倒のために被害者の話を聞こうとせず、被害者はますます無力で絶望的な気持ちに陥ってしまう。ときにこうした傍観者は嫌がらせを楽しんでいるようにも感じられることさえある（Twemlow 1999）。繰り返し暴力的、攻撃的な関係性に巻き込まれる人々がいる。子どものときにはいじめとして、思春期には関係性の暴力に、そして成人してからはセクシュアル・ハラスメントという形でこうした暴力の問題が現れたりする（Turkel 2007）。幼少期に性的虐待を体験している子どもは、のちのレイプやセクシュアル・ハラスメント、虐待などのリスクが2倍であるという調査もある。これらの知見からは、こうした反復の背景には、攻撃者も犠牲者もいずれも外傷的な体験への彼らなりの対処として加虐的、ないし被虐的になっている可能性が見出される（Howell 1996）。現在の暴力的な関係を問題として治療に訪れた人の過去を探求すると、同様の暴力的な関係性を見出すこともしばしばである。

そうした人々の治療においては、暴力的で攻撃的な反復にセラピストが巻き込まれることになる。深刻なセクシュアル・ハラスメントを受けていた40代の女性の症例において、ハラスメント状況とともに、過去に父親や祖父からの暴力的な振る舞いによって生じた無力感とサドマゾヒスティックな空想とが投影同一化によってセラピストに投げ込まれていた（Twemlow 1999）。この事例においてはセラピストは考えられないという感覚やエロティックでサディスティックな映画の場面の想起といった逆転移をもとに、この転移状況を読み解くことになった。こうした患者の治療においては、セラピストは転移において被害者、加害者、そして傍観者の立場に立たされ、患者が体験していた強い恐怖や怒りを向けられることになる。セラピストは、加害者、被害者のカップルのいずれもがコンテインできずにいた不快な感情をコンテインすることが求められる。複雑な力動の中に置かれた時に、セラピストはハラスメントや暴力的な状況について、患者の過去の外傷体験の転移として、攻撃者と被害者の投影同一化として、あるいはマゾヒズムや受動性という女性的な特徴として検討するとともに、それらのすべてを患者自身に起因させるのではなく、被害に対しての正当な怒りや反論が抑制されている可能性を見逃してはいけないということを強調する必要があるだろう。治療においても、女性の怒りや自己主張を正当なもの、能動性の発露として理解するよりも、女性の個々の神経症の副産物として扱い、社会的・文化的な力の影響が軽んじられてきた。くわえて、こうした被害者や加害者、そして傍観者たちのつくり出す関係性は一時的にではあるが現状にかりその安定をもたらすゆえに、こうした状況に変革をもたらすことには困難が伴う（Twemlow 1999）。もし、怒りや暴力に関する問題の前で、その原因を患者個人の要因に、なかでもそれを女性性や女性性に起因する問題として考えるのであれば、セラピストは、自分が傍観者の立場に立ち、根底に存在する不安に立ち向かうことを回避しており、かりその安定の一部として取り込まれている危険性を考慮する必要があるだろう。

4 LGBTQに対して

２０１９年6月、アメリカ精神分析協会（APsaA: American Psychoanalytic Association）の会長リー・ヤッフェが、ＬＧＢＴＱコミュニティに対して過去に同性愛を病理として扱ったことに対する謝罪を行った（http://www.apsa.org/content/news-apsaa-issues-overdue-apology-lgbtq-community）。アメリカの精神医学、メンタルヘルスに関わる組織がこうした謝罪を公に行ったのは初めてのことである。彼は過去の精神分析の理解が、ＬＧＢＴＱの人々への差別や偏見の原因の一つとなっていたことを謝罪したが、過去数十年に渡って、アメリカ精神分析協会はＬＧＢＴＱの平等を主張している。同協会は１９９１年に同性愛が精神障害や発達上の問題に起因するものではないという声明を出しており、イギリス精神分析協議会（BPC: British Psychoanalytic Council）も２０１２年に同様の声明を出している。[48]

48 マリリン・ローレンス（2012）はイギリスにおいて同性愛について直接焦点を当てた研究が少なかったことの理由に、かつての大論争時代の遺産かもしれないと述べている。エディプス・コンプレックスの性質とその時期に関する論争が再び始まることの恐れから、研究の中心がプレ・エディパルな現象に焦点づけられていたのではないかと彼女は述べている。

1990年代以降のフェミニズムの第三波は、男性・女性という対立を超えて、個人や人種、さまざまな性的アイデンティティに焦点を当てるようになっていたが、こうした流れと呼応して、1997年にはアメリカ精神分析協会は同性婚を支持する初の主要な団体となり、転換療法をやめさせ、LGBTQの人々の兵役に関する制約を解放し、いじめや嫌がらせに対処するためのロビー活動を行ってきたが、このような状況が確立されるまでには長い時間が費やされた。

女性の同性愛を例に取ってみれば、フロイトは1920年の「女性同性愛の一事例の心的成因について」において、女性性を構成する三つの変数として、身体的性的性質（解剖学的）、心理的性的性質（男性的・女性的態度）、対象選択の種類（同性愛か異性愛か）を挙げている。対象選択の種類、つまり男性を性的対象とすることは女性性の重要な要素と考えられていたことが分かる。フロイトが同性愛に対して「精神分析は同性愛を治療する必要はないが、理解する必要がある」と発言したことから、いっけん同性愛に理解があり、進歩的な立場にあるように思われることがある。実際には1920年の論文で扱われている18歳の女性同性愛の症例に対して容認よりも矯正が必要で、同性愛の原因として父親（そしてフロイト）への神経症的な反逆があるとしており（Sayers 1991）、必ずしも性的マイノリティに対して理解があったわけではない。以降、アーネスト・ジョーンズやヘレーネ・ドイッチェも女性同性愛について扱っているが、いずれも同性愛を病理と結び付け、異性愛をより発達した形態として考えていた。

数々の研究を要約すると、女性の同性愛患者に関する文献は、プレ・エディパルな時期における性的な障害、女性的同一化と身体イメージの問題、身体的な自己感覚の欠損を埋める必要性、父親への同一化を通して精神病的喪失を払いのけ、回避しようとする防衛、サディズムへの反動形成、母親との競争的関係性への恐れに由来する陰性エディプス的布置への固着、エディパルな父親によるサドマゾ的侵入あるいは過剰刺激、思春期によって刺激されたエディプス葛藤の復活、超自我葛藤と自慰への罪悪感、自己愛的な必要性、全発達期間を通しての誘惑による外傷と過剰な刺激への反応等……がその原因として挙げられてきた（Schuker 1996）。さらに対象選択の観点からは、女性における同性間の性的欲求は男性性と同等と考えられ、男性の間での同性への性的欲望は女性性と同等視されていた（Cohler and Galatzer-Levy 2013）。いずれの研究も、異性愛を基準としてＬＧＢＴＱが検討されていたことが分かる。このことの弊害の例として、イギリスにおいて精神分析家の訓練生のセミナーにおいて用いられていた記述を見てみよう（Newbigin 2013）。

同性愛という現象は、ある種の臨床的な類型との関係で描写されてきたように、不安を減少させる、あるいは抱えきれない葛藤の噴出に対する防御を作り出すこと、そしてしばしば単に生き残ることを確実にするための防衛的運動の一部と見なされている。同性愛的解決は防衛であり、最大限の注意をもって、とくに取り去ろうとするのであれば熟慮のうえで扱われるべきである（Limentani 1977）。

私のレズビアンの患者のほとんどは、母親に勝利することへの強い感情を意識しており、捨てられ、罰せられる願望を抱いていることにも気づいている。……父親の男根的な役割と性器的存在感の否認、そして性的に完成するために女性は男性もペニスも必要としないという証明を含む同性愛的解決のために、父親に対しての勝利への思いも非常に強い（McDougall 1990）。

これらの記述は患者個人の記述としては正確であるかもしれないが、引き出された一般化がセラピストたちの思考にバイアスを与えなかったとは言い難い。こうしたテキストを見聞きして訓練を行うことにより、同性愛を病理とみなすことが誤りであると理解されたのちにも、同性愛恐怖を内在化したセラピストによって、性的マイノリティの人々の自尊心や安心感に破壊的な損傷が与えられるという弊害が生じうる（Downey & Friedman 2008）。

ことを妨げる、精神分析における考えることへの攻撃でもあろう。

LGBTQの人々との治療に当たる際に、セラピストは自分がリベラルであると認識をし、多様なあり方を肯定するだけでは、治療には行き詰まってしまうだろう。それは患者もセラピストもともに、LGBTQの人々のセクシュアリティの扱いに対して困難を抱いている可能性があるためである。ここには種々の逆転移の問題が指摘されており、患者の中に内在化された同性愛嫌悪の探求や、患者の潜在的な性愛的転移に対してのセラピスト自身の反応への恐れがセラピストの意欲を制止してしまう可能性がある（Frommer 1995）。ときに、性的マイノリティに対して、その属性だけを理由にして行われるヘイトクライムや偏見の存在をセラピストが知っていると、強い懸念や不安が掻き立てられ、彼らを保護したいと感じることもあるという（Waiess 2000）。

こうした困難を考慮しながら、セラピストは自分の性的欲求がほかの人の性的欲求とは異なっていると感じている人々の自己探求という体験の決定的な重要性を認識しなければならない（Newbigin 2013）。ナンシー・マクウィリアムズ（1996）はこうした患者との治療において、患者の持つ普通でありたいという感情と特別でありたいという感情を感じ取ること、患者がセラピストは共感の限界に率直であると感じること、さらには、セラピストが性的普遍性と性的流動性の両者を認識し、患者のプライドと悲しみのバランスを取ること、自己愛的な傷つきを伴わずに性的な転移を解決することが必要であると述べている。


ここまで、現代における女性性に関わる問題をいくつか取り上げて論じてきた。こうしてみると、女性性の問題を扱う際にセラピスト自身が、自分の意識的・無意識的なセクシュアリティに向き合うことを余儀なくさせられる場合があることが分かる。

次節では、女性性をセラピストがどう体験し、それが治療状況にどんな影響を与えているのかについて、これまでの議論を振り返り、考えてみようと思う。

第6節　女性が精神分析的セラピストになること

一　セラピストが女性であることの影響

セラピストのジェンダーが治療関係に影響を与えるかどうかについては繰り返し議論がなされてきた。フロイトが初めて分析家のジェンダーについて言及したのは1920年のことで、彼に対して陰性転移を発展させた女性の同性愛患者の治療に際してである。のちに、1931年には、女性分析家は女性患者のプレ・エディパルな転移により容易にアクセスしうる能力があるとも彼は語っている。

セラピストのジェンダーが、治療において生じる転移に影響があるか、という点については何人もの分析家がその決定的な影響を否定している。女性の分析家たちへのインタビュー研究において（Baruch & Serrano 1988）、イーニド・バリントは女性患者は女性分析家でなければ自由に自分を表現できないという考えを否定している。彼女は自分自身のウィニコットとの分析経験についても語りながら、分析家と被分析者の転移における性別の影響については、最初の半年から一年は影響がありうるが、その先、患者の世界に本当に入っていくのであれば、男女による差はないだろうと語っている。そして、訓練分析家としての自分の仕事についても、訓練生は性別によって自分を選んではいないだろうと述べている。また、時に女性分析家の方が話しやすいという理由で、女性分析家を選ぶ男性患者がいることを指摘しつつ、そうした選択の背景にはその患者ならではの問題がありうるが、だからといって、男性セラピストにそうした男性患者の治療ができないということはないだろうとも述べている。

バリントの訓練分析を受けたジュリエット・ミッチェルは、訓練分析家が女性か男性かは重要ではないと語っている。重要な過去の対象を現在に転移することが分析の基本であることを彼女は強調しつつ、意識的には患者は分析家のジェンダーを知っているために、女性の患者は女性の分析家に対して、よりある種のことを転移する可能性があるとも語っている。ジョイス・マクドゥーガルも分析家の性差による転移の違いを基本的には否定している。「分析家の生物学的性差は主要な要因ではない」と述べ、いずれの性の分析家であっても、男性的、女性的役割を取りうるし、父親、母親役割を取りうるし、どちらに同一化することも可能だと述べている。その一方で、「性差は無視できる要因でもない」と述べ、性差が大きな役割を果たす瞬間が分析において生じることも強調している。また、彼女は、被分析者への耳の傾け方、同一化の仕方には性差があるかもしれないと言い、男性分析家には理想化された良い母親だけでなく、悪い母親にも同一化する能力が必要であり、女性分析家には、男性的願望やファリックな役割を女性分析家が取っていることを解釈できる能力が必要だと述べている。そしてこうした自分の性とは離れた役割に同一化したり、そのことを解釈するためには個人分析と自己分析とが必須であると強調している。

分析家のジェンダーと転移との関係について女性分析家[49]を対象としたインタビュー研究によると、多くの女性分析家は、転移にジェンダーは影響すると答えており、なかでも、素材の出現の順番に影響するという回答が多かった（Kulish 1989）。セラピストのジェンダーの影響は特に、治療初期において大きいという回答が多く得られていた点は、先のインタビューとも共通している。また思春期の患者や子どもの患者の方が転移への影響は大きいとも語られた。逆転移に関しては、共感の問題にジェンダー差があると述べられており、男女いずれのセラピストであっても、反対の性の体験をくみ取ることは簡単ではない場合があると回答している者もあった。

女性セラピストと男性セラピストを比較して、その利点を強調する者も多い。その利点はいずれも、女性が母親になりうること、そのために持っている生物学的特徴に起因している。女性セラピストの母親になりうる身体的な能力は、部分的な母性的剥奪から生じる原初的な情緒的転移を促進するという主張や（Pines 1993）、プレ・エディパルな水準の理解、乳幼児的側面とのコミュニケーション能力に長けているという主張がある。女性が妊娠以降、生物学的に乳児のコミュニケーションに共鳴するようになることや、乳児の生存のために強い愛着関係を母子が築くように遺伝的にプログラムされているという進化的観点を強調する者もある。これは、子どものいる女性セラピストに限定されず、子どもがいようがいまいが、同様に彼女たちは乳児のコミュニケーションに共鳴するという（Thomson-Solo 2003）。この特性ゆえに、治療的変化に向けた理解に長じているという主張もある（Tronick et al. 1998）。

さらなる利点として女性セラピストの逆転移を用いた臨床理解における敏感さが挙げられる。女性セラピストは解釈を導くことに繋がる、逆転移における前意識的イメージを鋭く感知するという。その表われとして、男性セラピストよりもセッションにおいて起こっていたことについて混乱し分からなくなると報告することが多く、それは、むしろ女性が知らないでいることに耐えられる能力を持っていることと理解できる。こうした混乱や分からないことに耐える能力は、母親が乳児の傷つきやすさや怯えや迷い、そしてそれらを抱えられないという状態に調律する能力にもなぞらえられる（Thomson-Solo 2003）。シャスゲ－スミルゲル（1986）もセラピストの逆転移は両性の間で異なっていると想定しており、セラピストの持つ女性性は関係性の発展を待ち、観察するために必要とされる能力であると述べている。さらに女性が身体的なコントロールを失う体験を持ちやすく、身体的な弱さを持つゆえに、女性セラピストは一般的に万能的になりにくいという可能性も指摘している。

49 インタビュー17名のうち、8名は訓練分析家、13名は医師、2名は心理学博士、2名は他の学位を持っていた。いずれの分析家もアメリカの東部、中西部の人で、古典的なフロイディアンであり、2名は自己心理学派であった。三分の一は子どもの分析家として訓練を受けていた（Kulish 1989）。

一方で、女性セラピストの難点を挙げる者ももちろんある。女性セラピストと女性患者の組み合わせにおいて、エディパルな問題が重要であるにもかかわらず、前エディプス的な問題が治療の焦点とされやすいこと、母性的な素質と性役割のために世話を焼いてもらおうという期待を患者に喚起し、退行的にさせてしまいやすく、セラピスト－患者間の境界を失う危険を招くことがあるという（Gornick 1994）。この傾向は男性患者に対しても同様であるという（Meyers 1986）。このような退行的状況を招きやすいにもかかわらず、女性セラピストは自分自身を反対のジェンダー役割、つまり男性役割を取っていると認識しやすい、というバイアスも指摘されている（Kulish & Mayman 1993）。

2　女性セラピストと女性患者との関係

女性セラピストが意識的に選択される背景にはどういったものがあるだろうか。ロールモデルを得たいという願望、あるいは患者が良い母親への無意識的空想や、より良い母親を持ちたいという願望（Notman & Nadelson 2004）、性差別や恥に関しての秘密厳守への期待（Person 1985）などがある。こうした選択には、女性の方が養育的で、支持的で情緒的な表出をしてくれるだろうという伝統的な女性観の影響もあるだろう。当然のことだが、こうした願望や期待は、必ずしも実際の女性セラピストに当てはまるわけではないことはほかならぬ女性セラピスト自身が一番に承知しているだろう。

しかし、意識的であっても無意識的であっても、より良い母親を持ちたいという願望の表われとして女性セラピストを選択するという行為自体が、母親との問題含みの関係をワークスルーする方法ともなりうる。また、ロールモデルとして女性セラピストを選択するという行為の背景には、セラピストの理想化とそれに対する同一化が生じている。そしてこうした選択の背景には、男性セラピストとの性愛化の可能性を回避したいという願望が隠されている場合もある。女性セラピストと女性患者は原初的な母親・娘の組み合わせの反復となるために、原初的で危険なものとなりえ、治療における葛藤となる可能性もある（Bernstein 1991）。

女性セラピストと女性患者との間に起こる特徴的な事態をイーニド・バリント（1973）が取り上げている。彼女は、ドイッチェの考えを引き、女性にとっての母親との愛着の重要性を強調し、母親からの分離が失敗した場合に生じる、優しさや母性的保護への希求とそれが得られないときに生じる問題について述べている。ときにそうした女性は、自らの願望を反転させ、母親的保護を与える側になって、間接的にそれを楽しもうとすることもあるという。それらの患者は、分析過程において男性との関係についての変化が見られるものの、プレ・エディパルな水準の病理には到達しがたいという。転移においては、セラピストを満足させ喜ばせようとし、それが行動化され、場合によっては性愛化された転移という困難が生じると彼女は述べている。

女性患者と女性セラピストの組み合わせによる治療での共通した体験として、患者が無能力感、無力感、欠陥状態といった不平に終始する場合があるという（Tallandini 2008）。こうした情緒にはもちろんさまざまな原因がありうるが、なかには、こうした女性の空虚感や無力感といった特徴が、性に起因している場合がある。治療にやってくる女性は、女性という性のために自分たちは内的な空虚を抱え、力不足で、自分自身のために立ち上がる能力がないことを体験していると訴える。こうした女性患者たちが訴える無力感や不完全さという感覚は、母親との分離への抵抗と、父母の関係性を理解することへの抵抗に起因していることがある。こうした事例の多くは母権的な家庭で、母親の家庭内での権力はむしろ非常に強く体験されており、父親は弱く、あるいは存在していないかのように認識されている。患者は深く母親に愛着しているので、異性愛に踏み出してパートナーを持つことが分離を要請するために、まともな異性関係を持つことが困難になる（Chasseguet-Smirgel 1984）。母親からの分離が達成されないのであれば、成人後であっても、優しさと母性的保護を求め続けることになり、それがなければ人生は立ち行かないと体験されることになる。そうした女性はパートナーを平等な大人であり関係性を共有するような人物とみなすよりも、保護者とみなすことになる（Pines 1982）。こうした治療においては、母親転移が治療の中で醸成され、分離固体化のプロセスにおける困難にスポットライトが当てられ、融合状態から分離への発達を再体験させることが求められるが、女性同士であるがゆえに、分離を前進させることに困難が生じることもありうるという。母子の融合的状態から抜け出ることが可能になって初めて、両親転移が生じるゆえに、男性的イメージは、女性セラピストとの間では経験されにくい（Kulish 1989; Karme 1979）。そのため男性との関係性の困難や父親の存在を軽視していた背景にあった、父親表象の存在と両親の性的な結びつきの否認に気づき、母親が父親へ依存していたことや、父親の存在の重要性に気づくプロセスに困難がともなうという。

3　女性セラピストと男性患者

女性セラピストと男性患者の間の転移と逆転移の関係性については豊かなものがあることはよく知られているが、あまりそれらについての理論は多くはない（Russ 1993）。かつては、女性セラピストと男性患者の組み合わせでは、真の父親的な転移神経症は生じないという意見が多かった（Karme 1979）。これに対して、男性患者と女性セラピストの間でも直接的な父親転移が生じうるという訴えが続き（Goldberger & Evans 1985; Chertoff 1989; Goldberger & Holmes 1993）、実際のセラピストのジェンダーの影響を強く見るものと、実際のセラピストのジェンダーよりも患者の過去の歴史、その患者にとってのジェンダーの持つ内的・象徴的な意味の影響の方が大きいとするものとの間で議論が続いている（Siassi 2000）。

女性セラピストと男性患者との間の転移に関して、もっとも話題となるのは性愛的な転移であろう。男性セラピストが女性患者との性愛的な転移を頻繁に報告する一方で、女性セラピストは自分自身の性愛的逆転移を報告することが多いと言われており（Guttman 1984）、かつては、男性患者と女性セラピストとの間の性愛的転移に関する文献が少ないのは、実際にそうした転移が臨床的に稀であるためと考えられていた（Lester 1985）。しかし、のちに多くの女性セラピストによって、男性患者と女性セラピストとの間でも性愛的転移は珍しいものではないという主張がなされるようになった（Goldberger & Evans 1985; Gornick 1986; Myers 1986）。その一方で、性愛的転移への抵抗は非常に強く（Goldberger & Evans 1985）、男性患者と女性セラピストの組み合わせでは、性愛的転移は転移外の対象に置き換えられることがしばしばであるという（Person 1985）。また女性セラピスト側の心理的、文化的な逆転移によって男性患者の性愛転移が完全に発展することが抑制されている可能性も指摘されている（Russ 1993）。アトキンソンとギャバード（1995）は思春期の男子には強く同一化する対象が必要だろうといった理由で、女性セラピストから男性セラピストに男子の患者が紹介されることが多い背景には、女性セラピストが抱いている転移の性愛化の可能性に対する不安という逆転移があると述べている。思春期の男子と女性セラピストとの性愛的な転移は観察されるものの、男子はそうした情緒を恥じて、実際に言語化することは少ないし、女性セラピストの側も、少年たちが体験しているそうした情緒をオープンに話し合うことへの抵抗に共謀し、セクシュアリティの出現を去勢する形で取り扱っている可能性がある。

男性患者に対して女性、特に若い女性セラピストは、性的かつ攻撃的で敵対的な転移の表われに対して対処できないという恐れを抱くことはごく一般的なことである。こうした恐怖は単に患者の質によるものだけではなく、世界中で今もなくなることのない女性に対する男性からの暴力にも由来している。こうした不安に対処するためにしばしば女性セラピストは、自分を不透明で不可侵な存在と見せようとする防衛を試みる傾向がある。また、一般的に男性は、女性に依存したいという欲求から自分を守ろうとする文化的な傾向があるために、そうした思いを男性にさせないように女性が振る舞うことが求められることもある。治療において、セラピストはこうした文化的な役割から生じている女性に対する要求と、セラピストとしての価値観との間に生じる矛盾に直面することになる（Mendell 1993）。こうした無意識の境界を失い、犯される恐れや、自虐的・従属的な文化的に求められる防衛のために（Bernardez 2004）、性的な転移は患者の精神内界の入り口であるにもかかわらず、女性セラピストは、性的な転移・逆転移を警戒し、男性患者が自身のセクシュアリティや攻撃性にともなう恥を理解する機会を逸してしまう可能性がある（Russ 1993）。

一方で、女性セラピストに対しては比較的抑制されやすく、直接的に言語化されにくい性愛的な転移が、非常に強く、あからさまに表われる男性患者の事例には、問題の背景に、幼少期に性的に過剰に興奮させられ虐待されていた可能性があるという（Russ 1993）。そうした男性患者は恥や屈辱を性的な形での攻撃や価値下げの形で表現することが多い。ある幼少期に虐待を受けていた男性患者の事例では、女性セラピストは、ひどく暴力的で残虐な父親像を投影されていることを認識することが難しく、投影された像に同一化することを拒絶してしまう危険が生じた。こうした問題を乗り越えるためには、女性セラピストは自分自身の攻撃性に耐える能力を持つこと、男性との葛藤的でない同一化を可能にすること、男性への競争心や男性を支配したいという欲求に逆らう能力を持つこと、自らの性的欲望を体験することに自由であることが重要であるという（Bernardez 2004）。

男性患者と女性セラピストとの組み合わせにおける困難は、父親として女性セラピストは機能することができるのか、そして向けられる性的な転移を女性セラピストが回避し、抑圧させずにいられるかに集約できるだろう。これは、男性セラピストが母親的な機能に同一化することについては問題視されず、女性からの性的な転移に対してのとまどいや不安が考慮されていないことと非常に対照的である。くわえて、これまでの精神分析のセラピスト－患者関係の記述が、男性セラピストとそれぞれの患者とのパターンを雛型としているために、そこからの逸脱や、相違点の強調という形で女性セラピストの持つ特徴が描写されているために困難が前面に出ているように見えるとも考えられる。

4　女性が精神分析的セラピストになること

精神分析運動の非常に初期から、女性分析家が存在していたことは先にも述べた。ただし、そのことは女性に対して平等な世界が精神分析の中にだけは存在していた、ということを意味しない。精神分析以外の世界と同様に、女性が訓練を経て、専門家になっていくことが男性のそれと同等ではなかったことは想像に難くない。

賛成12票、反対2票という結果を得て、ウィーン精神分析協会に初めての女性メンバー、マルガレーテ・ヒルファーディングが参加したのは、1910年5月4日のことだった（Balsam 2003）。それからすぐに、女性の精神分析的セラピストは珍しい存在ではなくなっていった。ウィーンにおいては、1910年から1937年の間で女性分析家の割合は2％から45％と変化し、1930年代にはヨーロッパでの女性分析家の割合は30％に達していたという。これはほかの職業、たとえば、当時の同地における女性医師の割合が5％であったことと比べると非常に高い割合である。学者や弁護士と比較しても、女性のセラピストの割合は格段に高いものだった（Chodorow 2004）。特に、第一次大戦後には、すべてのヨーロッパの分析協会において女性の分析家の数は急増していった。ハンガリー精神分析協会においては20年代においては15％であった女性の割合は、30年代の初頭には30％を超えていたし（Borgos 2017）、イギリス精神分析協会では女性会員の数は40％に達していた（Zaretsky 1999）。当初は男性が占めていた指導的立場も、20年代以降は女性の訓練分析家の数が増加し、30年代にはイギリスやアメリカへの移民の結果、こうした女性指導者の数はさらに拡大することになった（Borgos 2017）。

このような女性セラピストの活躍はヨーロッパでは40年代まで続いた。とくにイギリスにおいては70年代までそれが引き続いた。しかし、アメリカでは、亡命してきた女性分析家たちが引退し、医学教育が精神分析教育において必須とされるに至って、女性セラピストの割合は急落することになった。当時、医学校における女性の割合は6、7％で、女性が医学のキャリアを追求することは非常に困難だった。このことが必然的にアメリカにおける女性の訓練生を少なくさせた。これは事実上の女性差別であったとチョドロウは記述している。たとえば、ボストン精神分析協会においては、１９３０年に協会が設立されてから、１９８０年までの50年間に23人の会長が誕生したが、そのうち女性は2名だけで、いずれも欧州から亡命して来た分析家であり、一人はヘレーネ・ドイッチェ（在職期間１９３９年から41年）、もう一人はグレタ・ビブリングであった（１８５５年から58年）。58年にビブリングが会長を退いたのち、次の女性の会長の誕生は１９９０年まで待たねばならなかった（Notman 2015）。

第一次大戦後の女性分析家の活躍は、男性分析家からは、協会が女性に支配されていると感じさせていた側面があったようだ（Zaretsky 1999）。アメリカにおいても、亡命してきた女性分析家たちが第一線を退いたことに安堵を覚えた者もいたという。すくなくとも、女性を指導者層に昇進させないことを支持する文化があったし、女性のリーダーシップを支持する女性の数は十分ではなかった（Notman 2015）。

もっとも影響が大きかったことは、女性の訓練分析家がいなくなってしまったことであった。男性の訓練分析家がメンバーの多くを占めたことで、カリキュラムにおいても、スーパービジョンにおいても女性の訓練生の困難を理解できず、女性セラピストの孤立を招いた。訓練生の妊娠や出産があり、産休などのシステムも考慮されていなかったし、臨床上の治療者の葛藤や患者との間に巻き起こることをどう理解するかについてもサポートは少なかった。

ソロモン（2004）は自身の経験を振り返りながら、精神分析業界において女性が置かれている立場の変化を概説している。１９６０年に医学部に入学し、１９７２年に分析家としての訓練を開始した彼女は、性差別には出会わなかったが、二人の子どもを育てながら、女性の分析家と母性のロールモデルを求めていたと語っている。当時は妊娠したセラピストに関する文献はほとんどなく、また子どもを持つ女性のスーパーバイザーも近くにはおらず、子どもを育てながら、臨床と訓練を行う際に苦悩に苛《さいな》まれたという。こうした問題は、1979年にアメリカ精神分析協会の精神分析的教育に関する委員会（COPE: the American Psychoanalytic Association's Committee on Psychoanalytic Education）に分析における女性のための特集（SIWP: Special Issues for Women in Analysis）と呼ばれるワークショップが設立され、女性訓練生へのサポート・ネットワークが機能し始め、出版に関するワーク・グループがつくられ、ジェンダーに関するコースが設立されて以降、徐々に改善に向かっていったようだ。これと時を同じくして、精神分析理論、訓練、実践に関するジェンダー・バイアスと妥当性についての調査がなされたという。彼女によれば、この調査は方法論的に問題があり、結果も公表されてはいないそうだが、こうした試みに続いて、女性の訓練生が増え、家庭においての性差別や家族の欲求、妊娠という問題について理解してくれる女性のメンターを求めていることが明確にされていったという（Solomon 2004）。

時代の移り変わりとともに、家族のあり方に変化が生じ、かつてと比較すれば父親がより家庭に参画するようになったとはいえ、幼い子どもを育てることが女性に要請することは少なくないとノットマン（2004）は指摘している。彼女は、子どもを育てることと臨床の仕事との葛藤は精神分析自体を制限することはないが、精神分析的仕事によって生じる情緒的要求によって特有のストレスが作り出されると指摘している。実際、女性のセラピストたちは、出産や子育てのために、訓練が長期化することが多い。なかなか訓練を修了できないで歳を重ねている女性セラピストの中には、「優秀な臨床家」と紹介される時に、自分が理論や技法の進歩にはあまり貢献できない臨床家であると評されているというメッセージと受け取ることもある。自己主張が強く、野心的な女性であることは精神分析コミュニティにおいても受け入れられにくく、目立ち過ぎないように、あまりにも目立たないようにし過ぎることも避けなければならないと感じている女性セラピストも珍しくない。こうしたジレンマのために、大量の事務仕事を引き受けたり、たくさん論文を書いたりといった努力に身をやつしたり、影響力のある男性分析家に近づいたり、あるいは女性同士が強く互いに結びついたりすることで女性セラピストたちは何とか適応してきたという（Wilkinson 1996）。

いまや、女性の生活とその適応は非常に複雑になってきている。女性セラピストの訓練、妊娠、出産という体験についても知見が集められ、いかにそうした問題が無視されてきたかについても論じられるようになってきた（Balsam 2012）。しかしながらバルサムは、女性たちの問題が多くの関心を集めている一方で、女性セラピストを取り巻く問題についての論考が実際に参照され、引用され、理論の中に組み込まれていくことが非常に少ないままであることも指摘している（Balsam 2015）。

女性の問題と並行して、90年代以降には、性的マイノリティの訓練生の扱いにも変化が生じていった。かつては同性愛は治療の対象とされており、それは患者だけではなくセラピストに対しても同様であった。英国では、同性愛は倒錯とみなされることが多く、それゆえに訓練生として認められなかったことが、さらに同性愛の現実を分析家たちが理解することを遅らせた（Newbigin 2013）。１９８９年に米国精神分析アカデミーが性的志向による差別を撤廃したことに続き、１９９１年に訓練生の選抜において、アメリカ精神分析学会も性的志向による非差別という方針を採択し、つづいて１９９２年にこれを教員と訓練分析家にも適応することになった（Drescher 2008）。96年には半分の研究機関がゲイとレズビアンの訓練生を受け入れるようになった。しかしながら年配の分析家たちの間にあった反同性愛的な態度や、暗黙の差別は存在しており（Feldman 2002）、女性に関する問題と同様に、ＬＧＢＴＱの人々への理解が拡大するためには、ＬＧＢＴＱの人々が訓練生、分析家となり、その数が増えていくこと、そして、彼ら・彼女らが指導者となることで、ようやく、これまでマイノリティとされてきた人々への分析的理解についても本質的な変化が生じると言えよう。

理論をつくり出す人々が変わることの影響は女性においてはますます顕著になっている。２０１８年より、ヴァージニア・ウンガーが国際精神分析協会で初めての女性の会長に就任した。精神分析を含めた心理療法のフィールドにおいては訓練を志す女性が増加しており、かつてとは異なり、女性のセラピストが過半数を超える事態もそここに生じている。女性はもちろん、セラピストのあり方の多様性が増し、そうしたセラピストが指導的な立場となることが特別なことではなくなることで、理論と実践の双方に新たな側面が付け加えられることになると考えられる。

第7節　おわりに

本章では、精神分析における女性性に関する種々の話題とその変遷を概観してきた。分析家たち（多くの女性分析家と男性分析家たち）は、患者である女性の、そしてセラピストとしての女性の体験に肉薄していくことで、理論を改訂していった。その際に、精神分析はより早期の人間のこころに注意を向けざるをえなくなり、父と子の関係性から、母と子の関係性への注目を強めることになった。早期の母子関係の理解は、母親の身体へ向けられた空想の理解や、母親の子どもとの関わりの象徴的理解をセラピストに要請することになり、必然的に女性の身体や母性的機能、母親自身の体験や空想にセラピストの関心が向けられた。女性の探求はいつの間にか母親の探求へとスライドしていったと言えるだろう。

ジャネット・セイヤーズ（1991）は女性分析家たちの活躍によって、母性的な養育と母親への同一化という観点が治療に導入されたことに着目しつつ、一般的な社会においてはいまだに、子どもの養育は母親、女性の仕事という風潮が強く存在するにもかかわらず、精神分析の世界においてはこの風潮がある意味完全に無視されていると述べている。母親による養育という仕事は、患者の幼児的な部分との関わりが必須となった現代の精神分析においては、セラピストの重要な機能と考えられている。今日の精神分析家、精神分析的セラピストたちはみな、男女の別なく、自らを積極的に母親の立場に置き、むしろ分析家と被分析者の性別が提起する問題を無視していることさえある、と彼女は述べている。女性性に関する探究、そして精神分析自体の発展が二重に母親を強調することに向かったことは興味深い。そこでは母親となりうる女性の体験、女性自身の体験よりも、母性や母親の体験、母親との関わりが注目され、それに関する理論が再生産されていったきらいがある。

一方で、歴史的・文化的・社会的な外的現実は、女性性にまつわる理論の変化を促し続けてきた。本章において取り上げた議論の多くは、欧米ならびに南米での実践とそこでなされた活動から見出されたものであるが、その中でも何人ものセラピストたちが、患者となる女性たちの変化に触れている。自虐的で、超自我的で、自制的であるという形で描写されていた女性患者たちは、もはや典型例ではなくなっている（Liberman 2019; Elleman 2019）。いまや、野心的で攻撃的な女性患者は決して珍しくない。性的マイノリティに関する知見や、生殖補助医療に関する発展も、これまで精神分析が想定してきた女性像、さらには人間のこころのあり方を刷新する可能性を持っている。こうした意味では、精神分析の理論や技法は、多かれ少なかれ、時代や文化に依存したものであるが、こと女性性に関しては、なかでも時代と文化の影響を受けてきたと言えるだろう。時代と文化の変遷は、かつては病理とみなされていたことを、多様な女性のあり方の一つとして理解し直すことを私たちに要請している。

他方で、精神分析の女性性に関する理論は、あるいはこころに関わる理論は、「いま・ここ」にある現象のみと切り結ぶものではない。私たちを取り巻く社会的状況が変化し、かつての女性像が過去のものになっていったとしても、患者の母親、さらにはその母親の母親が生きてきた歴史と体験は、子どもである患者のこころに影を投げかけ、こころの中で生き続けている。精神分析は、こころの中にある一世代、二世代、あるいはもっと以前の女性の体験による影響にも目を向けることになる。精神分析的セラピストたちは、「かつて・あそこ」で女性／母親たちが体験した苦しみが落とした影に無意識に同一化している患者の部分にも向き合わざるをえない。そこには過去の女性性の理論が現在のものとして息づいている。それゆえに、ときに精神分析の女性観は、現実に今、存在する女性の変化に後れを取っているように見えることもあるのではないだろうか。そしてもし、この精神分析理論の中にある歴史性に自覚的でないならば、精神分析的な治療者は時代遅れのジェンダー観や患者の個別の母子関係を過度に一般化する有害な治療者になりかねないだろう。

さて、こうした状況は、日本においてはどのようであろうか。それほど数は多くないが、アジアの女性の精神分析については、たとえば、韓国やインドの状況についての報告がなされている（Kim 2010; Basak 2014）。キム・ミギョン（2010）は祖母、母、娘という3世代の韓国女性たちについて触れ、彼女たちが生きてきた時代とそこで重視された価値観の変遷に触れ、現代においてもなお、無意識的に韓国女性の中に儒教的伝統が生きており、男性に対して女性は劣っているという考えや、家庭の中での自己犠牲を当然という考えがあると述べている。ジューマ・バサック（2014）はインドにおける女性の献身や自己犠牲というあり方を取り上げ、この背景に自分を表現したり、自分の欲求や願望を満たそうとしたりすることへの強い恥の感覚があることを指摘している。文化的な影響は、私たちが行う臨床においても無視できないものとなっている。本章において取り上げたような女性にかかわるさまざまな理解に私たちの文化を重ね合わせて考えることができるのであれば、そこには新しく、そして豊かな発見が見出されるだろう。日本においてはどのように精神分析において女性性が扱われてきたかについては次章で扱う。

第三章
日本の精神分析における女性

西　見奈子

第1節　はじめに

ここからは日本の精神分析の状況に視点を移して考えていきたい。本論に入る前にあらかじめ断っておきたいことがある。海外の精神分析におけるフェミニズムの歴史、さらには海外の精神分析臨床における女性の問題を紹介した後に、日本の精神分析の現状について考えるというこの章立ての構成においては、どうしても海外に比べていかに日本が遅れているか、よりはっきりと述べるのであれば、日本の精神分析がいかに女性蔑視的であるかという視点をもたらしやすいのではないかと思う。ともすれば、日本も海外の精神分析のようにならなければいけないという方向に向かってしまうことだろう。確かに、ニュースでよく耳にするように、２０１８年に世界経済フォーラムが公表したジェンダー・ギャップ指数において日本は１４９ケ国中、１１０位であり、日本社会において女性はさまざまな不平等のもとにある。東京医科大学の入試の合否判定を巡る女性差別の問題、ジャーナリストやモデル、記者の女性たちが声をあげた #MeToo や #WeToo 運動も記憶に新しい。女性が蔑視され、苦痛を感じる日本社会の問題は確かに存在している。しかし、だからと言って西欧の女性のあり方を手本にしなければいけないわけではない。いや、むしろそうした考え方こそが、女性差別の問題に潜む構造だということを私たちが自覚しなければならないだろう。背後にある関係性や構造から問題をとらえ直すのはまさに現代的な精神分析の視点でもある。イランの現代美術家ミトラ・タブジリアン（1956〜）は、写真作品を通して、イランの女性たちがいかに「非主体化された他者としての存在を余儀なくされ続け」ているかを痛切に訴えている（笠原 2018）。イランの女性たちをそうした存在にするのは、男たちの存在だけではない。彼女の作品の特徴は、そこで西欧のリベラルな女性たちとの力関係をも描き出すところにある。女性たちがあらゆる関係性において主体を持てずにいることこそが問題だということを、こうした作品は私たちに訴えている。主体を持てないという関係に絡め取られずに、いかに日本の女性について考えられるかが本章で問われていることである。

まえがきで述べた通り、本書は日本精神分析学会における教育研修セミナーを経て修正を加えたものである。当初、私は読者が自由に議論を行うための土壌を提供する目的の下に、自分自身のジェンダーに対する考えは、できるだけ排除して執筆したいと考えていた。しかし、セミナーを通して、議論の土壌を提供するためには、ある程度のこちらの考えや枠組みを示すことが必要だと思い直した。こうしたことに加えて、さらに大幅に変更したのは、日本の精神分析臨床における女性問題についてである。当初、日本精神分析学会の学術雑誌『精神分析研究』における１９５４年から２０１８年までに掲載された事例論文を対象として、女性性がどのように語られてきたかという問題を取り上げていた。約60年分のすべての事例論文に目を通すには数ヶ月を要し、なかなか苦労した部分でもあった。しかし、教育研修セミナーやその後の議論を通して、そうしたものが単なる日本の精神分析を構築してきた世代への批判や日本の精神分析自体への中傷へと陥ってしまう危険があることを知った。そこで、代わりに精神分析における女性の問題を考える際に必要だと思われる視点について論じることとした。

前置きはここまでとしよう。いよいよ日本の精神分析における女性の歴史を概観していくことにするが、結論から述べるなら、日本の精神分析では、フェミニズムとの関連で発展した理論は存在しない。海外で行われていたフェミニズムからの精神分析批判が日本で紹介されなかったわけでもなく、フェミニズムの視点を取り込んだ論考が日本で発表されなかったわけでもない。しかしそれらが独自の理論として発展、確立し、フェミニズムにも影響を与え、相互に発展するような歴史は日本では認めることができない。その一方で、日本において特徴的だと思えるのは、母親への注目である。これについては枚挙に遑《いとま》がないほど、数多くの論文、日本独自の理論が生み出されてきた。日本精神分析学会の雑誌である『精神分析研究』で「母性再考」という特集が組まれた際、牛島（2003）は巻頭言において、精神分析の男根中心主義的思想を批判し、フランスで話題となったエリザベット・バダンテールの『プラス・ラブ』を取り上げ、「この邦訳出版が日本の精神分析に何らかの影響を残すことはなかったように思う」と述べている。そして、むしろ逆に日本は「母子関係花盛りの時代を迎え」たと指摘する。これは見事に日本の精神分析史における女性を取り巻く状況を表わしていると思えるものである。それではここから、その詳細について見ていくこととしたい。

第2節　日本における女性論の紹介と受け入れ

1　戦前の状況

日本に精神分析が紹介されたのは、意外に早く、今から百年ほど前に遡《さかのぼ》る。そこから徐々に日本で精神分析が知られるようになり、１９３０年には、日本初の精神分析家、矢部八重吉《やべやえきち》が誕生した。そして彼によって国際精神分析学会の日本支部が設立される。さらにその４年後の１９３４年には丸井清泰《まるいきよやす》によってもう一つの日本の支部となる仙台支部が設立されることとなった。そのように１９２０年代から１９３０年代にかけて、精神分析は日本で盛り上がりを見せた。そうした中では、精神分析の文脈で女性性が語られることもしばしばあった。たとえば、大正11（1922）年に井篦節三《いぶしせつぞう》が著した『精神分析学』においては、第9章の第一項「女性と男性」の中で次のような文章が見られる。

慎しみ深いことが夫人の特性かと思えば、精神分析学者によれば必ずしもそうではない。内気は性欲の過多、又は欠乏の結果であつて、性欲の強いものはこれを収めようと努め、性欲の弱いものはこれを隠そうとするから、どちらも内気になるのである。（中略）今日では男女の要素が複雑に交錯して居る。男三女七もあれば、男七女三もあり、男二女八もあれば男四女六もある。

この本は、アンドレ・トリドンの『精神分析』（*psychoanalysis*）を元に書かれたもので、最初の章が「水が飲めぬ」というタイトルでアンナ・Oの症例が紹介されているものである。しかし、読むとお分かりの通り、精神分析について十分に理解して書かれたとは言い難いものであり、男女の要素が複雑に交錯しているという話は、フロイトの両性性の話を引用しているのかとも思われるが、はっきりしない。

一方、同時期に出版された東京帝国大学医学部助教授の杉田直樹《すぎたなおき》による『児童の性と栄養』においては、児童期の性の問題として、エディプス・コンプレックスが紹介されている。そこでは女児の場合には「エヂプスに対応してエレクトラ複錯愛といふやうな名称を用いる人もあるけれど、理は同じ故、やはりエヂプス副錯愛といふ名の中に包括しても差し支えなかろう」という一文が添えられている。そこで、エディプス・コンプレックスやエレクトラ・コンプレックスがどのように男性性、あるいは女性性の獲得に繋がっているかという説明がなされているわけではなく、あくまでも子どもにそのような性愛のあり方が見られるらしいという程度の説明ではある。しかし、この本は、子どもの養育に関する一般書で、「冷たい牛乳を飲ませて良いか」という他の章のタイトルからも分かる通り、実用的な内容の本である。そうした一般書で精神分析の性理論が紹介されていたというのは興味深い。

広く日本にフロイトの名を知らしめたのは、フロイトの邦訳本の出版によるところも大きい。当時、ちょうど日本は、西洋の文明を積極的に取り入れようとしていた時期だったこともあり、日本でフロイトの翻訳がなされたのは早かった。大正15（１９２６）年には、フロイトの『精神分析入門』が出版されている。女性に関する精神分析理論について言えば、１９２９年に大槻憲二《おおつきけんじ》や矢部八重吉らによって春陽堂書店から『フロイド精神分析学全集』が出版された。矢部八重吉訳の第5巻には「男女の別」が、大槻憲二訳の第9巻には「處女性のタブー」「ヒステリー空想と兩性具有性に對するその關係と」「或る婦人同性愛者の心理的源因」「マゾヒスムス論」などが掲載されている。一方、１９３０年からは丸井清泰らのグループによる『フロイド精神分析大系』が出版され、そこにも林髞《はやしたかし》、小沼十寸穂《こぬまますほ》訳の第15巻において「同性愛に陥つた或る女性の心理成生に就て」や「マゾヒスムス」などが収録されている。

しかし、戦前の日本における精神分析の隆盛は長くは続かなかった。戦争の混乱の中で、組織は十分に育つことはできず、終戦を迎えた頃には、国際精神分析学会に属していた東京支部は消滅し、仙台支部は生き延びたものの、会員の中でも精神分析臨床を続けていたものはほとんど残っていなかったようである。けれどもそうした中で、仙台支部の会員であった古澤平作《こさわへいさく》は、東京で開業し、ただ一人精神分析を続けていた。戦争が終わり、やがて古澤の元には、若く優秀な精神科医や心理士などが集まるようになる。徐々にそのコミュニティは大きくなり、やがて日本精神分析学会創設へと至った。精神分析における女性論の本格的な紹介もまた戦後に行われていく。フロイトの女性論を批判したカレン・ホーナイの著作『精神分析の新しい道』は１９５２年に井村恒郎《いむらつねお》と加藤浩一《かとうこういち》によって翻訳出版された。ちなみに精神分析学会の会員でもあった近藤章久《こんどうあきひさ》は、自身の神経症治療のために森田療法を受け、さらにホーナイから分析を受けたという（小此木 1999）。

さらにホーナイの翻訳出版と同じ年の１９５２年より、日本教文社から『フロイド選集』が出版された。そこでフロイトの女性性理論も改めて紹介されていくこととなる。特にフロイトの最終版女性理論とされる『女性性について』は、１９５３年に発売されている。果たして、こうしたフロイトの女性論は戦後の日本人にどのように受け止められたのだろうか。

２　戦後の状況

精神分析の女性論が日本でどのように受け取られたか。それが垣間見えるようになるのは、１９７０年代に入ってからのことである。１９７１年の『現代のエスプリ』において、土居健郎《どいたけお》と小此木啓吾《おこのぎけいご》の編集の下、「精神分析」の特集が組まれた。『現代のエスプリ』は、至文堂から昭和38（１９６３）年より創刊された雑誌で、当初は文化や文学、歴史を扱うものだったが、次第に心理臨床の雑誌として特化し、各時代のこころの問題に焦点を当てたトピックを取り上げるようになった。

初めて精神分析の特集が組まれたその号では、フロイトの「女性的ということ」（古澤平作訳 1953）が掲載され、解説として小此木啓吾が「精神分析的女性論の展開――フロイドよりドイッチェ・ホーナイ・ボーヴァルへ」という論考を寄せている。小此木は、冒頭で昭和24（１９４９）年に邦訳され、話題となったフランスの実存主義者シモーヌ・ド・ボーヴォワールの『第二の性』から「人は女に生れない。女になるのだ」を引用し、フロイトに向かって、「男女同権論を主張して分派した、革命的女性論者」としてホーナイを紹介している。そのうえで、フロイトの女性論の展開について、１９０５年の「性に関する三つの論文」をはじめとして、「処女性のタブー」（1918）、「解剖学的な性の差別と心的帰結の二、三について」（1926）、「女性の性愛について」（1932）までを紹介している。小此木はボーヴォワールの女性論が「やはりあのフロイドの根源的な洞察をその端緒としている事実」にフロイトの歴史的価値を見出している。小此木による解説の内容はあくまでも紹介に徹するものだが、注目したいのは最後に記された附記である。小此木は、現代精神分析の女性論について「女性性の確立に対する思春期の意義（たとえば、ヘレーネ・ドイッチェ著「不可能なもの」）と、シュビングが身をもってあきらかにしたような母性（母たること）及び母子関係の解明、に焦点が置かれている事実を特記しておきたい」と記している。この時期の日本の精神分析の状況、特に女性を巡る精神分析の状況を概観すると見えてくるのは、まさにこの数行に集約されているような事柄である。すなわち、シュビングに代表される母性や母子関係、そして女性性の確立における思春期の意義への注目であった。

a　シュビングの母なるもの

ゲルトルード・シュビングが記した『精神病者の魂への道』は、１９４０年に小川信男《おがわのぶお》と船戸川佐和子《ふなとがわさわこ》によって翻訳され、みすず書房より出版された。このシュビングと並んで、日本で盛んに取り上げられたのが、マルグリート・セシュエーである。セシュエーから治療を受けた患者であるルネが治療過程を記し、さらにセシュエーが解説を書いた『分裂病の少女の手記——心理療法による分裂病の回復過程』（村上仁・平野恵訳、みすず書房）は、１９５５年に日本で出版され、大きな反響を呼んだ。シュビングとセシュエーに共通するのは、フロイトは精神分析の対象として難しいと考えていた精神病患者に対して、精神分析的な治療を行ったことであるが、特にそこでの献身的態度が両者に通じる点である。シュビングは、看護師として10年間を過ごした後、精神分析の訓練を受け始めたという人物である。彼女の分析家は、ポール・フェダーンであった。ここで思い出されるのは古澤平作であろう。古澤はフェダーンからスーパービジョンを受けたと言われている。

シュビングの次の一節は有名である。

私達は病者に、彼らが子どもの頃に欠けていて、またそれと気づかずに全生涯にわたって探し求めてきた、あの母なる愛を与えなければならない。私の患者さんのすべては、最も深い意味において、母のいないままに育ってきたのである。（中略）すなわち、母なるものと母親愛とは同一ではない。母なるものとは、根源的母なる性から発し、そして女性の献身への準備性から生ずる昇華の産物である。

シュビングは、その「母なるもの」は女であることを余すところなく自認し得る女性においてのみ可能である、と書き加えている。さらにシュビングはこうも述べる。

根源的な母親愛は何かしら一時的な、自然な、本能的なものである。その存在は動物にもまた認められる。母なるものの欠けている母親は、ひとりの対象として彼女の子どもを愛するのではない、彼女はそれを何よりも彼女自身の一部分として愛するのである。

このシュビングの「母なるもの」という治療態度を理解するうえで興味深いエピソードがある。ナチスの侵攻によってウィーンを去り、スイスに戻った彼女は、結婚して子どもをもうけた。しかし、本の出版をきっかけに彼女には数々の仕事の依頼が舞い込むことになった。けれどもシュビングは次のような理由でそれらを断ったのだという。

私はお招きに応ずることができません。それは精神病者が必要とするものはもはや私が与えることができないと感じたからです。つまりそれは私の小さい子ども達が必要としたものと同じものなのです。

このエピソードをあとがきで紹介した訳者の小川は、「このシュビングの発言は結婚して子どもを持つ治療者は分裂病者の治療に当たれないのではないか」という疑問を持たれてしまうようなものだが、「必ずしも実質的な意味での母性的な愛、あるいは贈り物をするようなことが必要なことなのではないと、当然考えられるものだ」と断りを入れている。しかしながら、実際にシュビングは仕事と子育てが両立しえないと考えて仕事を断ったわけであり、やはりシュビングにとって、治療に必要な「母なるもの」は自分の子どもに与えるものとはイコールだったのであろう。

その数年後に『現代のエスプリ』で組まれた別の特集「母親——母性の氾濫と喪失」(1977) では、ハーロウの「子ザルの愛情」をはじめとして、さまざまな母子関係の理論が紹介されたが、編集者の一人であった小川は、元々はシュビングの「母なるもの」とメラニー・クラインを紹介する予定だったが、種々の事情で変更になったことを明かしている。結果、代わりに掲載されたのは、木《き》田《だ》恵《けい》子《こ》による「古澤平作『罪悪意識の二種について』」であった。木田は古澤平作から教育分析を受けた一人で、教育分析後も古澤が病没するまで、30年以上に渡って指導を受けたという。木田はその論考の中で、古澤から「母の愛の本質は《無償の愛》であって、それは出産と共にあふれ出る母乳に象徴されている」ものであり、「心を病む人々は、たとえ母がいてもその母が母乳のような愛を与えなかったのだから、治療者がそれを与えるほかはない」と説かれたことを記している。これはまさにシュビングを彷彿とさせる言葉であろう。木田自身も古澤の治療的態度とシュビングとの類似性に触れ、シュビングと古澤がフェダーンから指導を受けたのは「年代もほぼ同じ頃と思われるが、これは偶然だろうか」と書いている。元々、シュビングは分析の訓練を受ける前から、看護師として非常に献身的で我慢強い人であったというので、フェダーンの影響がどの程度あったのかは分からないが、確かに二人は共通している。そして、おそらくこうしたシュビング的な古澤の態度は、古澤に師事した人たち、すなわち日本の精神分析の礎を築いた人たちに大きな影響を与えたことであろう。これは精神分析を学ぶうえでは、どうしても避けられない問題でもある。

精神分析には多くの文献が存在する。フロイトが書いたものにも、クラインが書いたものにも、ウィニコットが書いたものにも、私たちは直接触れ、そこから学ぶことができる。しかし、そうは言ってもやはり精神分析は自分の分析家から、さらにはスーパーバイザーから、あるいはともに精神分析を学び語りあう人たちから、精神分析の多くを学ぶことになる。それは各々の投影によって、歪められ、改変された精神分析である。純粋な精神分析（というものがあるのかも分からないが）を受け継ぐことは不可能であり、精神分析を語るその人自身の投影を含んだ精神分析を私たちは習得せざるをえない。そう考えると、現在の日本の精神分析もまた、古澤平作の投影を脈々と受け継いでいると言える。古澤やその弟子を直接知らない私たちの世代もまた、日本のコミュニティに所属している限り、この影響から逃れることはできない。殊に古澤が述べたような、患者は「まことの母」を得られなかった人たちであり、それを与えるのが治療だという治療論は、日本の心理療法に深く刻まれているものの一つではないだろうか。

b　母子関係の理論

精神分析においては、母子関係を重視するものとして、大きく二つの流れがあると言える。一つは、ハルトマン、エリクソン、スピッツ、マーラーという流れにある実証的な立場からの乳幼児の母子関係への着目である。実際の母と子のコミュニケーションの観察から、母子の関係性が自我機能の発達に与える影響をみたものである。これらの理論は日本でも広く受け入れられ、中でもマーラーの理論については、１９８１年に『乳幼児の心理的誕生——母子共生と個体化』（高橋雅士訳、黎明書房）が出版されて以来、精神分析のみならず、臨床心理学や発達心理学など乳幼児を理解する重要な理論として、広く知られている。さらに１９６２年に黒田実郎《くろだじつお》によって最初の翻訳がなされたボウルビィの愛着理論に至っては、精神分析を超え、一般社会にも広く浸透しているものだろう。愛着理論における養育者は、必ずしも母親を指すものではないが、主な養育者が母親である日本社会においては、当然のようにこの養育者は母親として受け止められ、母子の親密な関係の重要性と、それが精神的発達に与える影響を知らしめる理論的根拠の一つとして重視されてきた。

そしてもう一つの流れが、メラニー・クラインやウィニコットを代表とする対象関係論の流れである。クラインの『羨望と感謝――無意識の源泉について』が松本善男の訳でみすず書房から1975年に出版され、シーガルによる『メラニー・クライン入門』は、1977年に岩崎徹也による訳で岩崎学術出版社から現代精神分析双書の一冊として出版されている。前述した現代のエスプリの「精神分析」特集の後、再び精神分析の特集として企画されたのが、1978年であった。小此木啓吾による編集、解説の元に「精神分析・フロイト以降」と名付けられたその特集の副題は「対象関係論をめぐって」で、内容としては、初めに小此木が「概説　対象関係論の展開」を述べた後に、小此木によるクラインの解説がなされ、そのうえでアブラハム、クライン、シーガル、アイザックス、フェアバーン、ガントリップ、ウィニコットの代表的な論文が一編ずつ翻訳されて紹介されている。そして後半には、古澤平作の阿闍世コンプレックスに関する論考が発表された。ここで紹介された代表的な対象関係論の精神分析家たちの著作は、1980年代に入ると続々と訳され、出版されていった。1983年から1997年にかけては、誠信書房から『メラニー・クライン著作集』の出版が開始される。

1970年代後半から始まった日本での対象関係論への関心は以降もさらに高まり、80年代、90年代にかけて『メラニー・クライン・トゥデイ』『ウィニコット著作集』など、対象関係論を学ぶうえで欠かせない多くの著作が翻訳され、また日本の対象関係論の立場からの著作も数多く出版された。2000年代に入ってもその勢いは続き、2003年、2004年と『現代のエスプリ』の別冊では「現代の精神分析家シリーズ」として、最初に『ウィニコットの世界』（妙木浩之編集 2003）が、次に『オールアバウト「メラニー・クライン」』（松木邦裕編集、2004）が特集されている。対象関係論は、内的世界におけるさまざまな対象（object）との関係が、外界における個人の言動と結び付いているとみなすものだが、その内的対象の形成には早期の母子関係が深く関与していると考える立場である。そのため、対象関係論の広がりはおのずと母親の子どもへの関わりに注目することへと繋がっていった。

また、こうした母子関係への注目は、精神分析に限ったことではなかった。さらに言えば、臨床心理学のみならず、心理学全体、社会全体で生じていた現象でもあった。1967年から1986年までの20年間の心理学における母子関係研究を調査した繁多《はんた》（1988）によると、1960年代には2万件前後であった母子関係研究は、1970年代初頭に一時的に落ち込むものの、70年代半ばから急速に活気を取り戻し、80年代には4万件近くとなったという。特に、愛着研究は80年代に入って増加傾向にあった。そのように1970年代から紹介され始めた精神分析における母子関係を重視する理論は、80年代、90年代とその勢いを落とすことなく、「母子関係花盛りの時代」（牛島 2003）へと突入するのである。

c　母子関係以外の女性論について

それでは、母子関係以外、つまり女性性そのものを問う精神分析理論はどうだったのであろうか。

フロイトから分析を受けた初期の女性分析家の一人であり、フロイトに忠実な女性論を展開したことで知られるヘレーネ・ドイッチェの一連の著作は、懸田克躬《かけたかつみ》を中心に訳され、1964年の1月から『若い女性の心理』のシリーズが3巻、『母親の心理』が3巻という形で合計6冊が日本教文社から出版されている。さらにフロイトに忠実な女性分析家のもう一人とされるマリー・ボナパルトが著した『女性と性――その精神分析的考察』は佐々木孝次《ささきたかつぐ》によって弘文堂から1970年に出版された。

一方で、女性性の発達において、日本の臨床場面で数多く取り上げられているのが、ピーター・ブロスの理論である。ブロスの著作の一つ『青年期の精神医学』（誠信書房）は、1971年に野沢栄司《のざわえいじ》によって訳され、出版されている。ブロスの理論は日本の著名な分析家である小此木啓吾や皆川邦直《みながわくになお》が積極的に引用し紹介した。たとえば、臨床心理学体系の第3巻「ライフサイクル」における「思春期」の章では、精神分析学の立場からフロイト、アンナ・フロイト、ブロス、サリバンが紹介されている。ブロスの発達論は、マーラーの概念を下敷きにしたもので、第二の分離固体化として、思春期における母親との再接近する際の葛藤に着目したものである。

d　フェミニズムからの批判

フェミニズムからの精神分析の女性論への批判についてはどうであろうか。「人は女に生まれるのではない、女になるのだ」で知られるシモーヌ・ド・ボーヴォワールの『第二の性』は、5巻構成として、1953年から新潮社より出版が開始された。また、ボーヴォワールに影響を受け、アメリカにおける第二波フェミニズム運動のきっかけをつくったベティ・フリーダンの『新しい女性の創造』は、1965年に出版されている。さらにジュリエット・ミッチェルの『精神分析と女の解放』は、上田昊《うえだこう》の訳で合同出版から1977年に出版されている。こうしてみると、かなり早い段階でフェミニズムの視点からの精神分析批判は日本で紹介されてきたことが分かる。

『現代のエスプリ』の「フェミニストセラピィ」(1990)の特集号は、日本のフェミニストからの精神分析批判の実際を知ることができる貴重な資料である。フェミニスト・セラピストの加藤(1990)によると、ちょうど1990年というのは、「女であり、男であるという、アイデンティティの核を形作ってきた性を巡る社会的な約束事が、いま、大きく変動」した時であり、「ジェンダー変動期」だったという。社会的背景としては、女子差別撤廃条約、雇用機会均等法の成立があった。

その特集においてはまず、カレン・ホーナイの「女らしさからの逃避——男性と女性の見地から見た女性の男性コンプレックス」が紹介されたうえで、精神分析批判が展開されている。たとえば「精神分析において、生物学的事実から導き出された女性性はきっちり定義されており、それを単純化して言えば、《受け入れる》性である。『支配する性』の与えるものを拒《こば》むことができないばかりか、同時にその恩恵も受け取らなければならない」「精神分析は人にもよるが、週に3回か4回、しかも分析費用は高額で長期……意識的には思い出したくないものを思い出そうとするわけだから、時には苦痛に満ちた時間になる。又分析室での非日常的体験は、たとえばアクティング・アウトと呼ばれる逸脱行動を起こさせ、日常生活を混乱させる」（河野 1990）などと、女性論のみならず、精神分析自体がかなり否定的に描かれている。そしてフェミニスト・セラピィとの違いについては、次のような理解が示されている。

フェミニスト・セラピィは、従来、母であり妻であるという社会的な役割にセットされた心理的充足ないしは成長に疑問を投げかけた。一人の人間として社会参加の機会を持ち、自己実現を希求する女性の欲求を、単に自己中心、未熟（精神分析ではペニス羨望と呼ぶ）ととらえるのではなく、欲求をいかに満たすかに援助の目を向ける。また女性の感情生活の主をなす、うつ状態、自信欠乏、自己評価の低下などを個人の問題だけに収斂させるのではなく、社会や文化が、そのように女性を貶《おとし》めている事実にもセンシティブであろうとする（河野 1990）。

その特集の中では、佐藤紀子が精神分析の立場から寄稿している。佐藤は、ある研究会で男性精神科医が「男の患者なら、社会復帰という目標や希望を持たせることができるが、女性の患者の場合は、結婚してくれる男性が現れるのを、あてどなく待たせるしかない」との発言を耳にした体験など、女の性自身がどのように体験してきたかを具体例をもとに語り、その中で感じた痛みや矛盾は「女の視点」に立つことを強いるものであったと述べている。そのうえで、必要以上に女の性を劣等視する患者たちは、例外なく、その奥に「一人の人間としての自信と自尊を欠いた否定的自己像」を隠し持っており、また一見それとは正反対に、固定的な性的役割や性的魅力を唯一の武器として生きている女性や男性の、その心的内容も、同じようなものだったとする。すなわち、片方の性を蔑視する人もまた性を強調しすぎる人も、どちらも性において不自由な人たちだということである。佐藤は、彼らは内的には恐怖、無力感、空虚感、非剥奪感、そして焦げるような愛情飢餓に圧倒されていると指摘し、これらの内的諸感情を何とか始末し、心的バランスを保つために、男性は「攻撃・加害・破壊・剥奪者」の側に回り易く、女性は「被攻撃、被破壊、被剥奪、自虐」の側に回り易い、という理解を示している。これは、フェミニズムが指摘する問題が、精神分析ではどのように理解できるかを提示したものと言えるだろう。確かに精神分析には女性性の見方についての固定的で、差別的な問題がある。しかし、同時に精神分析によって、その背景にある問題を考えることも可能になる、ということの提示である。

一方、先に紹介したフェミニスト・セラピストの加藤は、フェミニスト・セラピストの多くが来談者中心療法や精神分析の技法や理論に、その専門職業としての正統性の根拠を置くことに疑問を呈している。なぜなら、その中には「フェミニズムの方向性とぶつかり、女達のニーズと衝突してしまう要素が孕まれている」ためであり、フェミニズムの考えとの間で矛盾が生じるからである。たとえば、患者の問題について母親をはじめとした、家族の誰かに原因があるとする考え方や、どのように生まれ育ったかが患者の問題に大きく影響を与えていると考える精神分析を代表とする臨床心理学が提供する枠組みは、パーソナルにみえる問題も実はポリティカルであり、社会的な力関係の中に原因があると考えるフェミニズムの枠組みと違うものだからである。

加藤は、フェミニスト・セラピストがこうした家族原因論の自明性を外さない限り、フェミニズム的洞察をクライエントにもたらすことは困難なのではないかという疑問を問うている。これは重要な問いであろう。臨床の中で、個人の問題と社会の問題の双方を私たちはどのようにしてバランスを保ちながら考え続けることができるだろうか。こうしたことこそ、フェミニズムと精神分析の積極的な対話を通して、ともに考え、学ぶことができることかもしれない。

以上、精神分析の女性論が日本でどのように紹介されてきたか、その概論を述べた。全体を通してみると、精神分析の女性論の紹介は、戦後、本格的に開始され、そこへの批判も共に紹介されてきたことが分かる。しかし、そうした批判が霞《かす》むほど母子関係理論への注目と盛り上がりがあった。この盛り上がりを次に少し違う角度から見てみることにしよう。

第3節　日本の女性論——阿闍世《あじゃせ》コンプレックスの変遷

海外から輸入された精神分析だが、やがて日本独自の精神分析理論が生まれていくこととなった。とりわけ有名なのが、阿闍世《あじゃせ》コンプレックスである。阿闍世とは仏典に登場する王子の名前である。フロイトのもっとも著名な概念、エディプス・コンプレックスになぞらえて名付けられた阿闍世コンプレックスは、古澤平作が提示し、後に小此木啓吾が発展させた概念として知られている。ここで阿闍世コンプレックスを取り上げるのは、それが母親の問題を扱った概念であり、日本独自の女性論としてとらえることができるためである。

阿闍世コンプレックスを考えるうえでは、まずその物語の出典をめぐる複雑な歴史に触れておく必要があるだろう。これは、直接的に女性をめぐる議論と関係するものではないが、日本的だとされるこの概念の信憑性に関わる問題であり、ひいては阿闍世コンプレックスにおいて展開された女性論の評価にも繋がる問題でもある。さらに言えば、この出典を巡る変遷を辿ることで、日本の精神分析において女性がどのように扱われてきたのか、その一端を見ることができることだろう。

一　小此木による阿闍世物語の修正

古澤が阿闍世コンプレックスに関して発表したものは全部で三本ある。しかしそのうち二つは内容がほぼ同じものなので、実質的には二本ということになる。まず一つ目は1931年に東北帝国大学医学部の機関紙『艮陵《ごんりょう》』にて発表された「精神分析學上より見たる宗教」である。これは、1931年の春に書かれたものであり、独訳されたものを翌年の留学時にフロイトに渡したとされている。そして、同論文は、1954年、古澤が設立した日本精神分析学会の学術雑誌である『精神分析研究』の第1巻第1号にも「罪悪感の二種」とタイトルを変更して掲載された。そしてもう一つが1953年にフロイド選集『続精神分析入門』（日本教文社）の訳者あとがきの一部として掲載された短いエッセイである。この二つの論考の文章は、断片的で分かりづらく、古澤の言わんとする阿闍世コンプレックスを適切に理解することはなかなか難しい印象を受けるものだが、それらを整理して、世間一般に知らしめたのは、小此木の功績であった。

阿闍世コンプレックスは、阿闍世物語をもとに語られるが、この阿闍世物語は一つではない。小此木が示したものを含め、実に五つもの阿闍世物語が存在する。これからその変遷を辿ることとするが、便宜上、古澤による阿闍世物語を年代順に「古澤版阿闍世物語Ⅰ」「古澤版阿闍世物語Ⅱ」とし、その後、小此木が示した阿闍世物語を年代順に「小此木版阿闍世物語Ⅰ」「小此木版阿闍世物語Ⅱ」「小此木版阿闍世物語Ⅲ」と記すこととする。小此木自身は、自身が作成したバージョンを「古澤－小此木版阿闍世物語」と称している。そこには小此木が著作の中で繰り返しているように、古澤がうまく語れなかったものを代弁しているという強い思いが表われているものと思われるが、この名称は紛らわしいため、本論では両者を区別するために別の名称を用いることとする。

まず、最初に小此木による阿闍世コンプレックスを示したい。なぜなら現代でよく知られているのはこちらのバージョンだからである。最初に小此木が初めて阿闍世コンプレックスについてまとまったものを示したのは、1973年に『精神科学』で行っていた「精神分析ノート」という連載における「阿闍世コンプレクス」という論考であった。『精神科学』は、谷口雅春《たにぐちまさはる》が創始した新宗教団体である生長の家の機関紙の一つだったが、4ページという短い論考の中で阿闍世物語は次のように紹介されている。

a　小此木版阿闍世物語Ⅰ（1973）

昔、お釈迦様の時代のインドに、頻婆娑羅《びんばしゃら》という王様がいた。その妃の韋提希《いだいけ》夫人は年とって容姿がおとろえ夫の愛が自分から去ってゆく不安から、王子が欲しいと強く願うようになった。すると、ある預言者から山に住む仙人が天寿を全うして死去した後に、夫人の子として生まれかわるという話をきかされた。ところが妃は、夫の愛のうすれるのを恐れるあまり、その年を待てないで、その仙人を殺してしまった。早くその仙人が生れかわって（原文ママ）、自分の息子のできるのを急いだからである。

やがて韋提希夫人は、身ごもったが仙人の呪いがおそろしく、その子を生むのがこわくなって、何とかおろしてしまいたいと願ったが、それもかなわず、とうとう産まねばならなくなってしまった。

このようにして人となった阿闍世の出征の由来を提婆達多《だいばだった》がやってきて、あばいてしまったが、この囁きによって、その父母に怨み心をおこした阿闍世は、父を幽閉して、飢え死させようとした。

しかし、母の韋提希夫人はこっそり夫の命を助けようとして、秘かに自分のからだに蜜をぬってそれをなめさせていた。これを知った阿闍世は、母まで殺そうとしたが、みかねた忠臣ギバ大臣が戒めたので、阿闍世は、母を殺すことを思いとどまった。しかし食を断たれていた父はとうとう死んでしまう。そして後悔の念に責められる阿闍世は、全身の皮膚病にかかってもだえ苦しむが、母親の献身的看護によって救われる。

（ルビは引用者）

小此木は、この物語が意味することを四点にまとめている。第一は、「母のエゴイズム」である。韋提希が阿闍世を生む目的が彼女自身のためにあり、また身ごもった阿闍世を殺そうとしたことから「子どもが、この母にとっては、自分のエゴイズムの道具でしかなく、自分の思うままに、産んだり殺したりできる存在でしかない」としている。そして二番目は、「母は女でもある」ことであり、母親が母親である以前に夫に対する女であるという事実が子どもに対して納得しがたいものであるとする。そして三番目は、そのような母親の姿を直視したところから生まれる「母への怨み」である。小此木は、この物語の一番の本質であるとして、「世間一般が美化している母に対するこの愛の背後に潜む、このような母への怒り、恨みへの注目」と述べている。そして四番目は、「母の愛」である。息子に殺意を向けられながらも、ひとたび息子が重病に倒れるや献身的に看病して息子を救うという「母の愛」が阿闍世を怨みから解脱させるとする。それでは、次に小此木が１９７８年に『中央公論』にて「日本人の阿闍世コンプレックス――モラトリアム人間を支える深層心理」で示し、のちに『日本人の阿闍世コンプレックス』(1982)に文庫化されて世間に広く知られるきっかけをつくった際の小此木版阿闍世物語Ⅱをご紹介しよう。

b　小此木版阿闍世物語Ⅱ（1978）

そもそも阿闍世は、仏典中に登場する古代インド、王舎城《おうしゃじょう》の王子のことであるが、この王子は、暗い出生の由来を背負っていた。つまり、阿闍世を身ごもるに先立って、その母韋提希夫人は自らの容色の衰えとともに、夫である頻婆娑羅《びんばしゃら》王《おう》の愛が薄れていく不安から、王子が欲しいと強く願うようになった。思いあまって相談した預言者に、森に住む仙人が三年後になくなりその上で、生まれ変わって夫人の胎内に宿る、と告げられる。ところが、夫人は不安のあまりその三年を待つことができず、早く子どもを得たい一念からその仙人を殺してしまう。こうして身ごもったのが阿闍世、すなわち仙人の生まれ変わりである。すでに阿闍世はその母のために一度は殺された子どもなのであった。しかもこの母は身ごもってはみたものの、お腹の中で胎児である阿闍世の恨みが恐ろしくて、産む時も高い塔から産み落とす。

何事も知らぬまま、父母の愛に満ち足りた日々を送っていた阿闍世は、長ずるに及んでこの経緯を知り、理想化していた母への幻滅のあまり、殺意に駆られて母親を殺そうとする。しかし、阿闍世は母を殺そうとした罪悪感のために五体ふるえ、流注《るちゅう》という悪病（身体の深部にできる一種の腫れ物）に苦しむ。ところが、この悪臭を放って誰も近付かなくなった阿闍世を看病したのが、ほかならぬ韋提希その人であった。つまりその母は、この無言の献身によって、自分を殺そうとした阿闍世を許したのであるが、やがて阿闍世もまた母の苦悩を察して母をゆるす。この愛と憎しみの悲劇を通して、母と子はお互いの一体感を改めて回復してゆく。

小此木版阿闍世物語Ⅰ（1973）と大きく異なるのは、父親が関わっていた部分が削除され、すっかり母子の話へと変更されているところである。阿闍世は、父を怨み、父を幽閉して、その父は死んでしまった。さらに阿闍世は、そうして父親を殺したことを後悔し、病気になったのだが、それらは削除されていることが分かる。

この阿闍世物語を引いて、日本人の阿闍世コンプレックスを扱った小此木の論考は、世間の多くの注目を集めたが、仏教関係者を中心に批判も相次いだ。小此木も後に「まず、（出典や自らの加筆、再構成についての）厳密な解明と説明を学術的に行った上で、私は中央公論誌上への『日本人の阿闍世コンプレックス』の発表を行うべきであった」とこぼすほどであった。それは、この阿闍世物語が、阿闍世という仏典を元にした物語のように謳っているものの、その出典がどの仏典にも見出すことができなかったからでもある。多くの研究者や識者から「非難に近い批判が寄せられ」た結果、小此木は、「阿闍世コンプレックス論を積極的に提起するための私なりの苦労」を強いられた。おそらく小此木は、古澤が語っていた阿闍世物語の出典がそれほど不明確なものとは露ほども疑っていなかったのであろう。そうした批判は想定外だったのである。

最終的に小此木は、世間の批判に応えるために観無量寿経《かんむりょうじゅきょう》を原典とする小此木版阿闍世物語Ⅲ（古澤―小此木版阿闍世物語）をつくった。そして、古澤による阿闍世物語は、「古澤の心の中で構成、推敲された古澤版阿闍世物語」であり、「古澤が幾つかの仏典に親しんでいる間に、各所から選び出して省略し、圧縮し、再構成して作り上げたもの、とみなすのが妥当」と結論付けた。多くの仏典における阿闍世物語は、母親と息子の話ではなく、息子が父親を殺害する筋が中心の、父親と息子の話である。つまり、仏典で見られる阿闍世物語は、エディプス神話に非常によく似たストーリーであった。小此木が原典とした観無量寿経は、そうした仏典が多くを占める中で、母親の救いをテーマにした珍しいものである。結果として、出来上がった小此木による最終版の阿闍世物語は次のようなものである。

c　小此木版阿闍世物語Ⅲ（2001）

韋提希《いだいけ》は古代インドの王舎城の王頻婆娑羅《びんばしゃら》の妃であった。そして、その息子、つまり王舎城の王子が阿闍世である。

阿闍世を身ごもるに先立って、その母韋提希夫人は自らの容色の衰えとともに、夫である頻婆娑羅王の愛が薄れていく不安を抱いた。そして、王子を欲しいと強く願うようになった。思い余って相談した預言者に、森に住む仙人が三年後になくなり、生まれ変わって夫人の胎内に宿ると告げられた。しかし、韋提希夫人は不安のあまりその三年を待つことができず、子供を得たい一念からその仙人を殺してしまった。ところが、この仙人が死ぬときに、「自分は王の子供として生まれ変わる。いつの日がその息子は王を殺すだろう」という呪いの言葉を残した。その瞬間に頻婆娑羅の妃である韋提希夫人が妊娠した。こうして身ごもったのが阿闍世であった。すでに阿闍世はその母のために一度は殺された子どもなのであった。しかもこの母は身ごもってはみたものの、お腹の中で胎児である阿闍世の恨みが恐ろしくて、産んでから高い塔から落として殺そうとした。しかし、彼は死なないで生き延びた。ただし、小指を骨折した。そこでこの少年は「指折れ太子」とあだなされた。この少年が阿闍世である。

阿闍世はその後すこやかに育った。しかし、思春期を迎えてから阿闍世はお釈迦様の仏敵である提婆達多（だいばだった）から次のような中傷を受けた。「おまえの母はお前を高い塔から突き落として殺そうとした。その証拠に、お前の折れた小指を見てみろ」と言った（サンスクリット語のAjatasatruは「折れた指」「未生怨」の両方を意味する　注：小此木による注釈）。そして阿闍世は自分の出生の由来を知った。この経緯を知って、それまで理想化していた母への幻滅のあまり、殺意に駆られて母を殺そうとする。しかし、阿闍世はその母を殺そうとした罪悪感のために流注という悪病（腫れ物）に苦しむ。そして、この悪臭を放って誰も近づかなくなった阿闍世を看病したのが、ほかならぬ韋提希その人であった。しかし、この母の看病は一向に効果が上がらない。

そこでお釈迦様にその悩みを訴えて救いを求めた。この釈迦との出会いを通して自らの心の葛藤を洞察した韋提希が阿闍世を看病すると、今度は阿闍世の病も癒えた。そして阿闍世はやがて、世に名君とうたわれるような王になる。

この物語は、それまでのものと比較すると、仏典に沿おうとする努力が見られる。「産む時も高い塔から産み落とす」は、「産んでから高い塔から突き落として殺そうとした」に変更され、「何事も知らぬまま、父母の愛に満ち足りた日々を送っていた」などの文章は削除されている。仏教関係者による批判論文をみると「仏典の引用に尊敬の念が顕著であった」古澤よりも、小此木の仏典の引用姿勢に対して批判の目が向けられたところもあったようで（田宮 1982）、そうしたこともより仏典に即したものにしようとする努力に繋がったのかもしれない。

2　古澤による阿闍世物語の修正

では元々、古澤が示した阿闍世王の話とはどのようなものだったのだろうか。まず初出の、１９３１年時の引用を示すこととしよう。

a　古澤版阿闍世物語Ⅰ（１９３１）

少年鋭意の彼阿闍世王が隣国に連戦連勝し、提婆（注：提婆達多《だいばだった》）に教唆され父を幽閉し、燃ゆる復讐心はいやが上にもつのりつつあった。王は先ず牢の門に至って門番に向い、父の王は未だ生きて居られるか如何と巧に問いかけた。門番は事情を有《あり》の侭《まま》に話した。阿闍世は聞くなり火の如く怒った。「母は是賊也。賊なる父の王と伴なればなり」又「沙門は悪人なり、数々の妖術を以て、此の悪王の命を延ばす」と罵り叫びつつ、左手を伸べて母の髪を掴み、右手に刺剣を執って母の胸に擬し、あわや一息に衝き刺さんとした。母は驚き合掌して、身を曲げ頭を垂れて我が子の手に縋い全身熱き汗を流して身心悶絶した。このとき大臣の月光なるものと耆婆（ジーヴァカ）なるものが慌てて之を遮りて云うには、大王臣等が聞くところに依れば昔より「もろもろの悪王ありて、国位を奪わんがために其の父を殺害せるものは頗《すこぶ》る多数のことである。されど無動に母を害せるものあるを聞かず。王にして若しこの如きことを為さば是殺帝利根の恥なり汚なり臣等之を聞くに忍びず是施陀羅の行いなり」と大いに苦諌した。阿闍世も此の言葉を聞きて剣を採って母を害すること丈は思い止った。が忽ち侍従者に言いつけてまた深宮に幽閉して一歩も出さなかった。斯くして彼の阿闍世太子は国王となり、飽くまで五慾の楽しみを慾しいままにしようと思う心から父を殺して王位に坐った。然るにあとに至りて心に深い後悔を為し、胸中しきりに熱し、悩みて全身に悪瘡を生じ臭気甚だしくて近づくことが出来ぬ。王自ら謂えらく、此の如くに悪事の報いがてき面であるから、只今にも地獄に堕つるであろうと大いに苦しむに至った。如何にも失望悲哀の頂点であり、かく身も心も悩乱して、現在、未来の苦痛煩悶が一時に大山の崩るるが如くに迫り来った。かかる所へ六人の臣下――この六人は印度の六派の哲学を奉ずるものである。――が御前へ出て各自の意見を述べて御慰め申上げたが、大王には一向安心の様子がなかった。然る処へ彼の有名な耆婆大臣が御伺い申して色々と慰めた。そのとき虚空の中に何者とも知れず声ばかりあって、大王に告げて云うよう。

「世尊は久しからずして涅槃に入り給うから、早々仏陀世尊の所に行って、お救いを蒙れ。仏陀世尊の外には助けて下さる方はない。我は今其方を不憫と思うゆえ勧め導くのじゃ」と、大王この語を聞いて恐ろしく感じて五体震動して芭蕉樹の如く震い上って天に向って尋ねた。

「雲の上でそう仰せあるはどなたで御座る。御姿も見えず、声ばかりであるは」と申すに「我はこれ汝の父頻婆沙羅じゃ。其方は疾くに耆婆の言葉に従え、邪晃の輩六臣の勧めに附てはならぬ」。この父の親切の言葉を聞いて阿闍世王は愈々心苦しくてたまらなくなって、気絶して倒れて仕舞った。さて王は愈々仏世尊の御許に参られた。仏の御説法は外の事はない。唯、阿闍世王の心には罪のない父を殺したので、必定地獄に堕すると思いつめて、如何に仏世尊でも我身ばかりは御救い下さることは叶うまいと疑いきって居るから、其の執心を打砕いて信仰を起させる御論しであった。「……三世を見通していますす仏陀が、大王が王位の為めに父を殺すべしということを知り乍ら、父王の供養を受けて、父王に王位に登るべき果報を得べき因縁を与えた以上は、大王が父王を殺したとてそれを大王ばかりの罪ということが出来ぬ、大王が地獄に堕つるときは諸仏も共に堕ちねばならぬ。諸仏が罪を得ぬならば、大王独り罪を得る筈がない。よって大王の地獄に堕つるをば仏陀は必ず救わねばならぬ。人の供養を受ける仏陀大王の地獄に堕つるをば黙って見て居ることはどうしても出来ぬと。是程までも罪悪のものに同情を寄せて頂いてどうして黙って居られよう。阿闍世王の結びつめた真闇な胸が一時に開けて、まるで長い長い隧道の中を辿り辿って、急に広い海辺へ出たような心地であった。「仏世尊よ、私が世間を見ますに伊蘭樹《いらんじゅ》と申すあの至極厭な樹の種子からは必ず伊蘭樹が生え出ずるは当然であるが、決して伊蘭の種子からあの結構な栴檀《せんだん》香木の生える例はありませぬ。然るに不思議ではありませんか、唯今は伊蘭の種子から栴檀が生えました。伊蘭と申したは我身であります。栴檀とは私の今得たところの信心であります。して見ればこの信心は無根心と申してよろしいと存じます……」嗚呼、阿闍世王に対して下したまいたる大慈悲の徳育は道理々窟を離れて、唯々満身同情の魂というより外はない。ここに於て枯木再び花開き、いり豆再び芽を出した所以である。実にこれ極端なる罪悪観に対して垂れたまいし救済の至極により極端なる懐悔心の生じたるものである。

（ルビは引用者）

こうして並べてみると、先に示した小此木による三つの阿闍世物語とはかなり異なっていることが分かるだろう。そもそも古澤が阿闍世物語を引用したのは、二種の罪悪感の存在を示すためのものであった。だからこそ、父親を殺した阿闍世がその罪悪感に苦しみ、それが許される場面が中心なのである。これは、父親を殺害した息子が深い慈悲を受けて許される場面である。古澤が論文で主張したのは、「罪悪感の二種」という変更した題目からも分かる通り、罪悪感にはいわゆる罪を起こしたことに対する罪悪感だけではなく、それを許されたことによって生じるもう一つの罪悪感、すなわち懺悔《ざんげ》心があるということであった。その主張のために引かれた物語として、この阿闍世物語は分かりやすい。注目したいのは、母親の登場が最初のごく限られた部分しかないということである。この阿闍世物語の引用の後に、エディプスと阿闍世における欲望の違いが説明され、そこで再び母親の問題が取り上げられることとなる。

エヂポスの欲望の中心をなすものは母に対する愛のために父王を殺害する所にある。換言すれば母と結婚せんための父王の殺戮であるが、阿闍世王の父王殺害は決して愛慾にその源を発して居るのではない。青春今や去らんとした韋提希が父王との間に子なきため、容色の衰えうると共に王の寵愛の去ることを憂いたる悲しむべき母の煩悶にその源を発して居る。
あと三年経てば、天命全うするという仙人をむりに殺害させて懐妊した韋提希は預言者の言の如く父王の右足の血が吸いたくなったりして、着々その予言の如き事実の現れに已《すで》に見心を悶した。斯くて生れた阿闍世が已に両親に生れ乍らの敵意を懐いたことは当然である。熱き血潮漲る、武勇並びなき彼阿闍世が、他目には世にも幸福なる王子であった。が日々夜々襲いかかる不思議な黒雲は拭えどもつきなかった。時は来た。仏陀教団の革命児提婆の野心は遂に彼の黒き影の正体を暴露した。彼、阿闍世は斯くして遂に父王を殺害したのである。

このように古澤は、エディプスが父親を殺害したのは母に対する愛のためだが、阿闍世の場合には、母に対する愛欲ではなく、父王との間に子どもができないことで王の寵愛を失うことを憂いた韋提希の「煩悶」[50]に父王殺害の源があるとする。大宮司は古澤の二つの論文における阿闍世コンプレックスでは、後に小此木が述べたような母子間の葛藤は明白な形では見られないとしているが、この箇所は、母子間の葛藤が描かれていると考えて良いものだろう。韋提希が夫の寵愛を失うことを恐れて妊娠を望み、そのために仙人を殺害したものの、仙人が残した予言に苦悩したことが書かれ、加えて阿闍世がそうした出生のために「生まれながらの敵意」を抱いていたと書かれている点である。けれども、ここで押さえておきたいのは、生まれながらの敵意を抱いたのは、母親ではなく両親と書かれていることである。さらにその結果、殺害されたのは、父親であった。

これに続けて、古澤はいよいよ阿闍世コンプレックスを定義することとなる。古澤による阿闍世コンプレック

50　悩み苦しむこと。

スの定義は次のようなものである。

近来分析学の教うる処によれば、最も原始的サディスムスは口愛サディスムスである。噛み砕くこと、それは何物よりも原始的な暴虐であり、怖るべき罪科である。それは生命の本源たる「母」を噛み砕くことであるからである。

彼、阿闍世の暴虐は遂に母を害せんとする最も怖るべき原始的暴虐であった。

実際分析学上、母を愛するが故に父を殺害せんとする欲望傾向なるものの外に、母を愛するが故に母を殺害せんとする欲望傾向を来す精神病者がある。前者はエヂポス錯綜と名付けて居る。余は後者を阿闍世錯綜と名づけたい。エヂポスは父を殺害した。阿闍世は母をも殺害せんとした。父は殺さるるも、尚生命の本源に残る。母を害せば如何。人生の根本問題は生命の本源に向っての返事であろうか。

定義は明確でシンプルなものである。阿闍世コンプレックスとは「母を愛するが故に母を殺害せんとする欲望」である。やや唐突にも思える定義であるが、母親が父親を助けていたことを知った阿闍世が火の如く怒り、母親の髪を掴み、剣で母親の胸を刺そうとしたという場面について述べているのだろう。ここで古澤が取り上げているのは、口愛サディズムである。嫌いだから破壊するのではない。好きだからこそ、噛み砕き、食べて、破壊するのである。これについては、後にメラニー・クラインが羨望の概念として、理論的に発展させたことがよく知られている。古澤は阿闍世物語の中にこうした攻撃欲求を見出し、阿闍世コンプレックスと名付けた。

再び、この概念が日の目を見たのは、戦争が終わってからのことであった。終戦を迎え、日本ではにわかに精神分析への関心が高まった。1952年より、日本教文社から『フロイド選集』が出版され、その第3巻『続精神分析入門』の訳者あとがきにおける短いエッセイ（1953）の中で古澤は、約20年の時を経て、再び阿闍世王の物語を語ったのである。それは次のようなものであった。

b　古澤版阿闍世物語Ⅱ（1953）

ではこの王舎城におこった阿闍世王の悲劇物語とはどんなことでしょう。釈迦の深い帰依者であった王に頻婆沙羅王という方がありました。この王の妃が韋提希夫人であります。夫人には子どもが無いうえに、年老いられる身の容色の衰退が、やがて王の愛のうすれゆく原因となることを深く憂えられたのです。ところが、夫人が相談されたある予言者の言によれば、裏山の仙人が三年の後には死んで、夫人にみごもり、立派な王子となって生まれるということでありました。しかし老いおとろえた王妃にはこの三年間が実に待ちどおしくていらいらし、ついに待ちきれずに、迷妄なる心は妃を駆ってこの仙人を殺害して自己の凡悩を達成せしめました。ところがこの仙人がこと切れようとしたときに妃に向かって「わたしがあなたの腹に宿って生れた子は将来かならず父親を殺す」といいはなちました。この予言は本当になりました。やがて妃は妊み、運命の王子を、すなわち阿闍世太子を生みおとしました。王も妃も大層彼をかわいがり育て、十六七歳頃には文武ならびなき青年王子となり、近隣諸国を平定しましたが、王子は何となく気分がすぐれず鬱々として日をすごしておりました。ときあたかも釈迦の教団は円熟の域にたち改革を要するようになっていました。日頃、釈迦に怨恨をもつ提婆達多はこのときとばかりに、教団を乗っとろうとたくらみ、王子に〝お前の前歴はこうこうだ……瓔珞《ようらく》に蜜をつめ、こっそり王にさしいれしていましたので、一週間の後に、王子が父はどうだろうと見舞ったときには、王はますます元気でありました。王子は怒り、母にたいして、賊呼ばわりし、賊の父と通じたといって剣を取り、母妃を殺そうとしましたが大臣の一人がこれを止め「もし母君を殺せば王の命はありません」とたちむかいました。王子はここで五体ふるえ、ついに流注という病気になって不安発作をおこしたのです――かくして、この後で阿闍世王が釈迦に救済されることになります。これはかの『エディプス物語』に似て、それよりも大きな問題を含んでおります。

古澤版阿闍世物語とのもっとも大きな相違は、先の論文で説明として加えられていた阿闍世の妊娠にまつわる韋提希の煩悶、すなわち子どもがいない上に年老いて容色が衰え、王の愛を失ってしまう恐れから、三年という時を待つことができず、仙人を殺害し、さらに阿闍世もそうした出生のために鬱々《うつうつ》とした気分を抱えていたというエピソードが話の中心となっていることである。さらに古澤版阿闍世物語Ⅰでは、父親の殺害理由は「提婆（注：提婆達多《だいばだった》）に教唆され父を幽閉し」「国王となり、飽くまで五欲の楽しみを欲しいままにしようと思う心から父を殺して王位に坐った」と書かれていたが、そうした理由は削除されている。また、古澤版阿闍世物語Ⅰでは、父親を殺した後悔から「胸中しきりに熱し、悩みて全身に悪瘡《あくかさ》を生じ臭気甚だしくて近づくことが出来ぬ」という状態になったと記されていたが、古澤版阿闍世物語Ⅱにおいては、「母妃を殺そうとしましたが大臣の一人がこれを止め《もし母君を殺せば王の命はありません》と立ち向かいました。王子はここで五体震え、ついに流注という病気になって不安発作を起こしたのです」と、母親を殺そうとしたこと、あるいは母親の殺害を止められたことで、流注となって不安発作を起こしたと受け取れるような文脈へと変化している。小此木が古澤から直接、聞いていたのもこの阿闍世物語であったという。確かに最初の小此木版阿闍世物語Ⅰと話がよく似ていることが分かる。

このエッセイの中で古澤は、阿闍世物語に続けて母親拘束からの脱皮について語る。古澤は、ある分裂強迫神経症患者が「わたしが電車に乗ると、周囲の人達が、わたしの身体から変な臭いがでてると思っている……」と話していたが、その症状が消滅した頃から、今度は「わたしが電車に乗ると、みんなの女性がわたしに好意を寄せているように思えて苦しい……」と訴えるようになったという例をあげ、この患者の強迫観念の背景には、「母親拘束が強くて母親が独占的に自分一人を愛してくれることを欲していたから」だと説明している。すなわち、母親にもっと愛されたいという願望が、みんなが私に好意を寄せているという訴えに、さらには変な臭いが出ていて注目されているという症状として表現されていたと考えている。そして、その強い欲求は、一歳までは満たされていたものの、成長するにつれて、不安、恐怖なしには満たされなくなったもので、そうした状況でもなおかつ欲求が強いために神経症になったのだと説明している。加えて古澤は、精神分析治療は、この欲求を「何らの不安・恐怖をともなうことなく充足できるのです」と語り、「そしてこの欲求が満たされると、彼の精神生活は成長・成熟し、母親拘束から解放され、社会に適応し、他人を愛することができるパーソナリティに到達できるのです。ここにおいて精神分析学の真の目的が達成されるのです」と結んでいる。この文章から想起されるのは、古澤の「とろかし」技法であろう。阿闍世物語Iが載っている最初の論文「罪悪感の二種――阿闍世コンプレックス」には、「宗教心理」の説明として「とろかし」が登場する。それは、宗教心理とは「あくなき子供の《殺人的傾向》が《親の自己犠牲》にとろかされて」はじめて子供に罪悪の生じたる」状態になるというものである。ここからは、古澤が母親から愛されたい欲求を充足させることで母親への執着から解放され、他者を愛することができるようになるという治療機制を考えていたことが理解できる。

この古澤の阿闍世物語について、小此木（1979）が指摘した問題点をまとめると、次のようになる。

（1）父親殺害の物語を母親殺害のテーマに読み替えている。

（2）どの仏典にも韋提希夫人《いだいけ》が夫に対する煩悶のために仙人を殺して身ごもり、そうした出生のために阿闍世が母への怨み＝未生怨《みしょうえん》を抱いたとは書いていない。

（3）「阿闍世が母を愛するが故に、母を殺害せんとした」事実は、どの仏典にも語られていない。

結果として、小此木は（2）に関連する「父親の寵愛の去ることを憂いだ悲しむべき母の煩悶」と「仙人をむりに殺害させて身ごもった」という二点については、全面的に古澤の改作ないし、独創である、と結論付けた。こうしたことから、小此木は、より古澤の主張が見えやすい形にするために韋提希が阿闍世を高殿から落とし、指を折った話を付け加え、最終版となる小此木版阿闍世物語Ⅲを完成させたのであった。

3 『懺悔録』の発見

ところがである。2009年に哲学者の岩田文昭《いわたふみあき》によって、最初の古澤の阿闍世物語、すなわち古澤版阿闍世物語Ⅰ（1931）が近角常観《ちかづみじょうかん》の『懺悔録』に強く影響を受けたものであることが明らかにされた。この発見は日本の精神分析界隈に少なからぬ衝撃を与えるもので、私も当時、知らせを聞いて驚いた覚えがある。その数年前に小此木は没していたが、もし存命であったら何を語っただろう。喜んだだろうか、それとも悔やんだだろうか。

岩田の発見によると、古澤の最初の論文における阿闍世物語の箇所は、そのほとんどが近角常観の『懺悔録』（1905）の引き写しであった。実際に確認すると、細かい表現までそっくりそのまま部分的に抜き出されていることが確認できる。この『懺悔録』は近角自身が回心に至った経緯が阿闍世王の物語と重ね合わせて書かれているもので、信州飯山附近で開いた修養會《しゅうようかい》で『歎異鈔《たんにしょう》』を講じた時の開題だったという。

著作の前半は、近角自身が抑鬱状態に陥った時の様子が克明に描かれる。それは明治30年2月20日のことであった。帰京して安心したところ「身躰が無暗に疲れて、心が何となく苦しくなつて來た」ことをきっかけに、人や社会に対する恨みがましい気持ちが沸き起こり、人が親切に慰めてくれれば、その親切に感謝の気持ちが足りないと自分を責めたり、自分が非常に冷淡になったように感じることをまた責め、見るもの聞くものすべてが「苦悶の種子」になるといった状態に陥った。そうした中で、希死念慮も高まり、家に戻って家族に会っても、黙ったままで、親が叱ってみたり慰めてみたりしてくれても一向に効果がなかった。こうした中で近角は「ルチュー」（注：流注）に罹る。その時の近角の心境は自分の浅ましさや罪深さに苦悩し、「自分は罪の塊である、實に極惡である。自分は生きて居るといふのは、名前計りで、實は此途中の石塊とあまり変わりはないと思ふて、淋しく味気なうて堪らなかつた」というものであった。しかし、病院に二週間入院して退院して二日後、病院からの帰り道に近角は、「車上ながら虚空を望み見た時、俄に氣が晴れて來た」という体験をする。「これまでは心が豆粒の如く小さであつたのが、此時胸が大に開けて、白雲の間、青空の中に、吸ひ込まれる如く思はれ」、やがて「永い間自分は眞の朋友を求めて居つたが、其理想的の朋友は佛陀であると云ふことが解つた」のである。これが近角が体験した回心であった。

後半では、無実の罪で捕まった人が苦悩の状態から信仰を得る話が描かれ、その次に登場するのが「王舎城の悲劇」、すなわち阿闍世の物語である。その阿闍世物語の中心になるのは、投獄された韋提希がどうしてあのような悪い子を産んでしまったのかと苦悩する状態から、佛陀の御慰を受け、心に歓喜を生じ、廓然として心中大に開け、偉大なる信仰を生じたという場面、そして阿闍世王が父親を殺した罪の重さに苦しみ、回心するまでの物語である。父親を殺した罪に苦しみ、地獄に落ちることを恐れる阿闍世王を、釈迦の弟子の一人であり、名医として知られた耆婆《ジーヴァカ》が言葉を尽くして慰め、「實に實に御慈悲の極点」を受けることによって、阿闍世は回心する場面が克明に描写されている。

すなわち、ここで描かれているのは、罪、あるいは罪意識を背負ったものが、慈悲に触れ、救済される物語である。先に示した通り、古澤の最初の論文もこれがテーマであった。

このように懺悔録は近角が自身の回心と韋提希や阿闍世王の回心を重ね合わせて語っているものだが、岩田は年月を経て古澤の中でそれらが混ざり合ってしまった可能性を指摘している。その証拠となるのは、古澤版阿闍世物語Ⅱの中で、阿闍世王の病気が「流注」[51]とされたことである。『懺悔録』の中では阿闍世王の病気は流注ではなく、悪瘡であった。これは他の仏典でも共通したものである。阿闍世は悪瘡に罹ったのである。古澤版阿闍世物語Ⅰでも、『懺悔録』の引用のまま、悪瘡とされている。けれども戦後に書かれた古澤版阿闍世物語Ⅱにおいては、阿闍世が罹ったのは流注となっている。これは小此木版阿闍世物語Ⅰでは「全身の皮膚病」とされていたのだが、小此木版阿闍世物語Ⅱにおいては、古澤版阿闍世物語を参考にしたのか、阿闍世が罹った病は「流注」に変更され、最新版となる小此木版阿闍世物語まで受け継がれている。これは岩田が指摘する通り、本来は阿闍世ではなく、近角が罹った病いである。さらに岩田は、「とろかす」という言葉の起源が近角にあることも指摘している。

けれどもやはり問題になるのは、この『懺悔録』にも、小此木が問題とした三点については書かれていないということである。「父親の寵愛の去ることを憂いだ悲しむべき母の煩悶」や「仙人をむりに殺害させて身ごもった」ことは、どこにも見当たらない。『懺悔録』には、韋提希が父親を殺害するという罪を犯すような子どもを産んでしまった母親としての煩悶とそこからの回心がかなりのページを割かれて書かれている。しかしながら古澤はその部分については全く取り上げていない。改めて小此木が指摘した問題点（1979）を見直してみることとしよう。

（1） 父親殺害の物語を母親殺害の物語に読み替えている。
（2） どの仏典にも韋提希夫人が夫に対する煩悶のために仙人を殺して身ごもり、そうした出生のために阿闍世が母への怨み＝未生怨を抱いたとは書いていない。
（3） 「阿闍世が母を愛するが故に、母を殺害せんとした」事実は、どの仏典にも語られていない。

ここまで示してきた阿闍世物語の変遷をふまえ、この問題点について整理してみよう。まず（1）については、古澤版阿闍世物語Ⅰにおいて父親殺しは明確に描かれている。古澤版阿闍世物語Ⅱについては父親殺害の場面が削除されているため、母親殺害の物語として読めないこともないが、それが明確に示されているわけでもない。ただ、父子関係の話からすっかり母子関係の話になっていることは間違いないだろう。すなわちこの曖昧な部分をはっきりと母親殺害の話へと読み替えたのは、むしろ小此木の方であるとも言える。

（2）についてであるが、仙人を殺す話自体は、いくつかの仏典に認められるものである。たとえば、父である頻婆娑羅《びんばしゃら》が鹿狩りに出かけた際、一匹も捕らえることができず、仙人が鹿を追い払ったのだと思い込んで仙人を殺そうしたしたところ、仙人は死ぬ間際に「生まれ変わってあなたを怨んで殺す」と言う話や、子どもが無く年老いた頻婆娑羅が占師から「裏山の仙人が三年後に死んで、夫人にみごもり王子となる」と聞いたが、三年を待ちきれずに殺したなどといったものである。しかし、いずれも殺すのは、父親の方である。これは確かに古澤の改変として認められるものである。

そして（3）である。「阿闍世が母を愛するが故に、母を殺害せんとした」というのは、阿闍世コンプレックスの定義に関わる問題である。小此木の文章からは、この事実が読み取れないことへの苦労が伝わってくる。小此木は、阿闍世が「母の献身的看病を受けて救われる」という部分も加筆した。小此木は次のように述べる。

（略）この部分の追加は私のオリジナルな追加である。幽閉された母が感無量寿経のように、まず釈迦との出会いで救われ、その悟った心＝ゆるされた心（母性愛の目ざめ）を抱いて、まだ処罰恐怖型罪悪感＝悪瘍に苦しむ息子の看病に赴き、この母の看病によって、阿闍世もまた救われる、という形になるのである（1979）。

しかし、翻って考えてみるなら、エディプス王の物語であっても母親を愛するが故に父親を殺害したとは物語

51（↗151頁）結核の病巣に生じた膿が離れた場所にたまること。

には直接的に書かれていない。フロイトはその無意識の動機をそこに読み取ったのである。そのように阿闍世物語も読むことが可能かもしれない。しかしながら、小此木はこの「母親を愛するが故に、母を殺害せんとした」という「事実」を仏典の中に、あるいは古澤が記した阿闍世物語になんとか見つけ出そうした。小此木は次のように述べている。

古澤原論文にも、今まで上げたどの仏典にも、「阿闍世が母を愛するが故に、母を殺害せんとした」事実は語られていない。阿闍世は、「母は是賊なり、賊なる父の王の伴なればなり」と言っているが、要するに父王を助けようとしたためで、「母親に自分の愛を裏切られた」という気持ちはどこにも語られていない（1979）。

そこで小此木は苦肉の策として、未生怨《みしょうおん》のエピソードを追加したのである。それはすなわち、母が妊娠中、子を殺そうとした、だから生まれる前から子は母を恨んでいたというエピソードである。小此木は未生怨の由来の話が入っていたら、阿闍世物語はもっと説得力があるものになったのではないかと述べている。もう一度、最終版である小此木版阿闍世物語Ⅲを示してみよう。傍線部分が最終の古澤による阿闍世物語、すなわち古澤版阿闍世物語Ⅱにはなかったもので、小此木が新たに加筆した部分である。

韋提希《いだいけ》は古代インドの王舎城の王頻婆娑羅《びんばしゃら》の妃であった。そして、その息子、つまり王舎城の王子が阿闍世である。

阿闍世を身ごもるに先立って、その母韋提希夫人は自らの容色の衰えとともに、夫である頻婆娑羅王の愛が薄れていく不安を抱いた。そして、王子を欲しいと強く願うようになった。思い余って相談した預言者に、森に住む仙人が三年後になくなり、生まれ変わって夫人の胎内に宿ると告げられた。しかし、韋提希夫人は不安のあまりその三年を待つことができず、子どもを得たい一念からその仙人を殺してしまった。ところが、この仙人が死ぬときに、「自分は王の子どもとして生まれ変わる。いつの日かその息子は王を殺すだろう」という呪いの言葉を残した。その瞬間に頻婆娑羅の妃である韋提希夫人が妊娠した。こうして身ごもったのが阿闍世であった。すでに阿闍世はその母のために一度は殺された子どもなのであった。しかもこの母は身ごもってはみたものの、お腹の中で胎児である阿闍世の恨みが恐ろしくて、産んでから高い塔から落として殺そうとした。しかし、彼は死なないで生き延びた。ただし、小指を骨折した。そこでこの少年は「指折れ太子」とあだなされた。この少年が阿闍世である。

阿闍世はその後すこやかに育った。しかし、思春期を迎えてから阿闍世はお釈迦様の仏敵である提婆達多（だいばだった）から次のような中傷を受けた。「おまえの母はおまえを高い塔から突き落として殺そうとした。その証拠に、おまえの折れた小指を見てみろ」と言った（サンスクリット語のAjatasatruは「折れた指」「未生怨」の両方を意味する　注：小此木による注釈）。そして阿闍世は自分の出生の由来を知った。この経緯を知って、それまで理想化していた母への幻滅のあまり、殺意に駆られて母を殺そうとする。しかし、阿闍世はその母を殺そうとした罪悪感のために流注という悪病（腫れ物）に苦しむ。そして、この悪臭を放って誰も近づかなくなった阿闍世を看病したのが、ほかならぬ韋提希その人であった。しかし、この母の看病は一向に効果が上がらない。

そこでお釈迦様にその悩みを訴えて救いを求めた。この釈迦との出会いを通して自らの心の葛藤を洞察した韋提希が阿闍世を看病すると、今度は阿闍世の病も癒えた。そして阿闍世はやがて、世に名君とうたわれるような王になる。

半分以上が小此木によって改変されていることが分かることだろう。ここで改変したことの是非について問うつもりは毛頭ない。東洋思想の研究者であるラディッチ（Radich 2011）が述べるように、阿闍世物語にはすでに多くのバージョンがあり、批判における「正統」とされるものそれ自体が「すでに同様の度重なる創造的再解釈と語りの変更とによる歴史的産物」として見なすことが可能なものである。すなわち小此木による阿闍世物語も長い歴史の中で生み出された一つのバージョンに過ぎない。本論で問いたいのは、あくまでも日本の精神分析における女性論として、阿闍世コンプレックスがどのように成立したかということにある。改変や修正には個人や社会、あるいはその時代の無意識が投影されている。それこそが本論で取り上げたいものである。小此木は女性の母親の何を阿闍世物語に見たのか。

ここでそれを端的に表わしていると思える『精神分析事典』を紹介しよう。小此木による「阿闍世コンプレックス」の項目には、古澤の文章が括弧付きで引用されている。しかし、その中で実は傍線で示した部分は古澤の原文とは一致しない。つまり、小此木による誤記あるいは加筆と考えられるものである。

阿闍世の父の殺害は、決して母に対する愛欲にその源を発しているのではない……むしろ自己の生命の本源たる母が自己を裏切ったとの阿闍世の怒りに発している。実際分析上、母を愛する故に父を殺害せんとする欲望傾向のほかに、生命の本源たる母自身の側の愛欲のゆえに裏切られ母を殺害せんとする傾向を示す精神病者がある。前者を「エディプス錯綜」と名付け、余は後者を「阿闍世錯綜」と名付けたい。

古澤の元の文章と比較してみよう。

小此木：むしろ自己の生命の本源たる母が自己を裏切ったとの阿闍世の怒りに発している。
古澤：青春今や去らんとした韋提希が父王との間に子なきため、容色の衰えうるとともに王の寵愛の去ることを憂いたる悲しむべき母の煩悶にその源を発している。

小此木：生命の本源たる母自身の側の愛欲ゆえに裏切られ
古澤：母を愛するが故に

おわかりだろうか。古澤が書いたのは「自己の本源たる母が自己を裏切ったとの阿闍世の怒り」ではなく、「王の寵愛の去ることを悲しむべき母の煩悶」であった。そして、「生命の本源たる母自身の側の愛欲のゆえに裏切られ」たのではなく、「母を愛するが故に」母を殺害しようとする欲求を阿闍世コンプレックスと名付けたのである。

もう一つ似たような例を挙げよう。注目を集めた本である『日本人の阿闍世コンプレックス』（1982 中公文庫）において、古澤の最初の論文の引用として小此木が記しているものである。

エディプスの欲望の中心をなすものは、母に対する性愛のために父を殺害するところにある。換言すれば（女としての：小此木注）母と結婚せんための（男としての：小此木注）父の殺戮が主題であるが、阿闍世の母に対する殺意は決して母に対する愛欲にその源を欲しているのではない。……むしろ自己の本源たる母が自己を裏切ったとの阿闍世の怒りから発している。

古澤による原文では「母に対する殺意」ではなく、「父親殺害」であり、その源になるのは精神分析辞典と同様、「自己の本源たる母が自己を裏切ったとの阿闍世の怒り」ではなく、「悲しむべき母の煩悶」である。この引用を元に小此木は、阿闍世コンプレックスは「子どもへの愛情から自分を産み、育て、自分の誕生を無条件的に祝福する生命の根源であるはずの母親が、実際にはそうではなかったことに対する恨み」を主題にするものであり、それが「未生怨」であると説くのである。

整理してみよう。古澤は、近角常観が示した「懺悔録」の阿闍世物語を引用し、母親への殺意に注目した。それは口愛サディズムにおける「母を愛するが故に母を殺害せんとする欲望」であった。次に小此木が、古澤による阿闍世物語の中で注目したのは、母親のエゴイズムに対する恨み、であった。これは、全くの小此木のオリジナルというわけではない。古澤も最初の論考の中で、「斯くて生れた阿闍世が已に両親に生れ乍らの敵意を懐いたことは当然である」と書いている。さらに阿闍世が父を殺害した理由は、「青春今や去らんとした韋提希が父王との間に子なきため、容色の衰えうると共に王の寵愛の去ることを憂いたる悲しむべき母の煩悶」であるとも述べている。次のエッセイにおいても「迷妄なる心は妃を駆ってこの仙人を殺害して自己の凡悩を達成せしめました」という表現を認めることができる。小此木は古澤に指導を受けていたため、古澤がそうした解釈で阿闍世コンプレックスを語っていたことは十分考えられるものである。

しかし、古澤による最初の定義に忠実に考えるなら、古澤が母親を殺害しようとする理由としてあげたのは、口愛サディズムであり、すなわち、愛するが故である。これは、阿闍世の母親への殺意を阿闍世自身の無意識的な欲求や空想に基づくものとして解釈することが可能なものである。しかし、小此木は、阿闍世が母親に抱いた殺意の現実的理由を探し求めた。小此木は阿闍世が母を愛するが故に、母を殺害せんとした事実は、どの仏典にも語られていない、と繰り返している。そのため、小此木は韋提希が夫の愛を失うのを恐れたために、仙人を殺して阿闍世を身篭ったという出生の恨みに注目し、さらに韋提希が阿闍世を高殿から落とし、指を折った話を付け加え、阿闍世が母親に殺意を抱く具体的な理由を提示し、それを話の中心へと据えたのである。小此木は、エディプス・コンプレックスとの決定的な違いを「母親側の煩悩をまずその出発点に置いている」と述べている。その通りなのである。母親のエゴイズムが殺意の原因であったことを小此木は明らかにしたのである。こうして考えてみると、元来阿闍世コンプレックスは、エディプス・コンプレックスとは異なり、「愛するがゆえに殺さんとする」という二者関係を想定したことにオリジナリティがあるとされてきたが、小此木版については、夫の愛を失うことを恐れる妻と息子という三者関係の物語として考えることができる。そして母親が自身の葛藤を洞察し看病することによって、阿闍世の病も癒え、癒えるだけではなく、名君になる、というのもまた小此木によって最終的に加筆された部分である。すべては母親次第といったところであろうか。

ここには母親がどのようにあるべきか、それによって息子がどうなってしまうのかが明確に描かれており、教育的な印象をも受けるものである。さらに、これは精神分析的心理療法の治療過程の理解に用いることが可能なものである。特に小此木版阿闍世物語Ⅱではその意図が明確である。

つまりその母は、この無言の献身によって、自分を殺そうとした阿闍世を許したのであるが、やがて阿闍世もまた母の苦悩を察して母をゆるす。この愛と憎しみの悲劇を通して、母と子はお互いの一体感を改めて回復してゆく。

小此木版阿闍世物語Ⅲではこの部分は削除されたが、背景にこうした治療機序があることは明らかであり、実際、この阿闍世コンプレックスは一つの治療論としてその後さまざまな事例論文に活用されていくこととなっていく。

ところで近角常観の阿闍世物語では、どうしてこんな悪しき子を生んでしまったのだろうと深く落ち込んだ母親の韋提希は、佛陀の慈悲を受けて救われる。そして、全身に悪瘡を生じ、昼夜となく苦しむ阿闍世を韋提希が看病するも、病は治らなかった。阿闍世は韋提希に言う。

これは私の心から起つた病気でありります、肉躰丈の尋常の病気とは違ひます、それゆえ、とても人間の手では癒えるものではありますまい。

そうして、阿闍世は耆婆《ジーヴァカ》の慈悲を受け、回心していくのである。すなわち、親子の間では問題は解消せず、他者の介入によってそれぞれが苦しみから抜け出していくというもう一つの物語をここに見ることができる。

第4節　日本の精神分析における母親

前項で取り上げた阿闍世コンプレックス論についての論考の中で、小此木（2003）は日本の母親像を次のように表現している。

食べるものがなくても、子どもたちには食べさせてお母さんだけがひもじい思いをする。子どもたちに争いごとが起これば、まあまあと言ってお母さんがなだめて、すべての困ったことをのみ込んでみんなを支える。そこには無償の愛とか、ゆるしとか、思いやりとか、やさしさとか、献身とか、自己犠牲とか、母性という言葉に含蓄されるすべて込められている。そのようにマゾヒズム的な母性の存在がいることで家庭でも職場でもうまく成り立って機能しているのだというのが日本人の阿闍世コンプレックス論の一つのテーマである。

日本は、戦後から十年ほど経ったところで、高度成長経済期に突入した。そうした中で、「市場労働を男性が、家内労働を女性が担うという性別による分業と、父親と母親と子どもという三者のあいだに成立する愛情による強い絆、この二つによって特徴付けられる」家族形態が日本社会における中心的なものとなった（大口 2014）。すなわち家庭は企業戦士の男性にとってエネルギー充電の場とされ、夫の健康管理が妻の最大の役目とされた（大日向 2000）。こうした妻のあり方は、現代でもスポーツ選手の妻などに変わらずに理想として求められているものであろう。高度成長経済期は夫を支え、子育てを一手に引き受ける専業主婦が、日本全体で求められた時代であった。やがて高度成長経済期が終わりを迎えることになるが、1970年代になっても主婦は女性の多数を占める生き方であった。この時代、「女性の幸福は結婚して妻となり子どもを産んで母となることにある」は、規範として共有されているものであった。小此木が阿闍世コンプレックスを紹介し、注目を集めたのもこの1970年代のことである。精神分析や臨床心理学も、こうした社会の流れとは決して無関係ではない。先に示した通り、心理学分野における母子関係の研究は、1970年代半ばから急速に増加するという動きを見せ（繁多 1988）、精神分析においても母子関係の理論は多くの関心を集めていく。

本項では、そうした流れにおける二つの特集記事を中心に、日本の精神分析において母親がどのように論じられてきたかを見ていきたい。一つは『現代のエスプリ』で組まれた「母親――母性の氾濫と喪失」（1977）という特集である。もう一つは、学術雑誌『精神分析研究』で特集された「母性再考」（2003）である。

1　1977年の『現代のエスプリ』「母親――母性の氾濫と喪失」

1977年に『現代のエスプリ』で特集された「母親――母性の氾濫と喪失」は、発達心理学が専門の依田《よだ》明《あきら》と臨床心理学が専門の小川捷之《おがわかつゆき》が編集したもので、当時の臨床心理学における、また社会一般における母親に対する意識を知ることができるものである。そこでは、H・W・ハーロウ「子ザルの愛情」、D・モリス「ふれあい――親密性の根底にあるもの」、H・ドイッチェ「母性のきざし――母親の心理」、J・ボウルビィ「母性的養育の喪失」、R・A・スピッツの「最初の過保護」、E・H・エリクソンの「基本的信頼対基本的不信」が紹介された。依田は、こうした論文から「子どもが幸福な一生を送りうるかどうかは、乳幼児期の母親の養育行動にかかっているといっても言いすぎではない」と述べている。その一方で、青年期を過ぎた母親が強い一体感を持ち続けていると、子どもは完全な社会人に発達することができず、そうした青年が増加していることに注意が促されている。そこへの理解としては、わが国での母子一体感の強い母子関係に加えて、医療技術の進歩によって妊娠出産の過程が親の意思によって統制できるようになったことで、子どもは親がつくり出したもの、親の自由な意思でどのようにもなる存在だとみなす傾向が結び付いた結果、過保護という養育態度が生み出されたと論じている。しかし、これは妊娠、出産のコントロールが可能になった影響よりも、幼少期の母子一体の延長線に、子どもが成長しても「子どもこそ、わがいのち、わが生きがい」という変わらない過保護的態度があるとみなす方が自然なものであろう。

ここで発達心理学の依田が批判しているものの一つは、母親のエゴイズムの問題である。依田は、人工中絶、不妊治療、分娩時間の調整といった「妊娠・出産の過程から神秘性が失われた」出来事によって子どもに対する母親の支配力が強まり、さらに育児行動においては、母乳ではなく人工栄養に頼ることやインスタント食品を利用するといった「手抜き」がみられると指摘する。「最近の若い母親は母乳を飲ませたがらないし、抱きたがらないし、おんぶしたがらない」と批判している。さらに母性行動は本能的行動ではなく、文化情報として伝達されるべきものである、としながらも、「男性は子宮を持たない。母性行動は母親だけが成しうる行動」「母親になることは女性にとっての第二の誕生」「努力を重ねて適切な養育行動をすることは、この世に生まれてきた動物としての義務を果たすことである。と同時に、女性自身を人間として成熟させ、豊かな人生を送ること」とも述べるなど、女性にとって母性的であることがいかに生物学的に規定されているかも強調されている。

そうした特集の中で目を引くのは、教育社会学を専門とする山村賢明《やまむらよしあき》の「日本の母親」、そして批評家の江藤《えとう》淳《じゅん》による「成熟と喪失」という各論考である。山村のものは、著書『日本人と母』の一部抜粋であるが、テレビ番組「おかあさん」の台本、ラジオ番組「母を語る」、そして内観法における面接、さらに戦前の小学校で使われた終身と国語の教科書における母親に関する言及を分析したという力作である。山村は「日本の母について、その母性愛は、世界に類のないほど崇高なものである、という観念が、今日なお強くみられ」るが、そうしたものが戦前から戦中を通じて、「日本の淳風美俗としての家族制度の独自性と抱き合わされて『軍国の母』の賛美によってそれが高揚されたことはたしかである」と指摘する。加えて、そうした賛美論は、敗戦を境に肯定から否定への転換がはかられ、「出版ジャーナリズムに代表されるような、社会のソフィスティケートされた表層における母性論」においては、自己を犠牲にしてまでも子や夫のために尽くす日本の伝統的な母のあり方への否定的評価の方が優勢になったとしている。それはつまり、社会のソフィスティケートされた層ではそうした現象が起きているものの、実際、社会一般ではそうではなく、表向きは、母親の自己犠牲的態度は問題だと言いつつも、母親の自己犠牲的で献身的な態度が賛美される傾向は深く日本人の意識に根をおろしていたということであろう。山村は、そうした日本における根深い母親イメージの背景にあるものの一つとして「観音信仰」を挙げている。「観音信仰」は仏教伝来とともに広がり、民衆の心をとらえてきたものであり、さらに隠れキリシタンにおいては観音像を聖母マリアとして祀る「マリア観音」の崇拝がその信仰の特徴ともされるが、それはキリスト教全体から見れば「大きな逸脱」であることが指摘されている。そして、観音菩薩としての特質は「自我を捨てて子や夫のために尽くし、苦しみにたえ、子の支えとなり、限りなく許すことによって子の最後のよりどころになる母親」のイメージと重なり合うものだとしている。

一方、江藤淳の論考は、『成熟と喪失――母の崩壊』(河出書房 1967)の抜粋である。これは安岡章太郎《やすおかしょうたろう》の『海辺の光景』という小説を批評したもので、母と息子の「肉感的」な拘束的でかつ「自由な」世界が父親の復員によって断ち切られ、母子が離れていく中、母親が精神病を発症していく様子が描かれたものである。江藤は、エリクソンを例に、アメリカでの母子関係と日本のそれは対極にあるもので、母親の「圧しつけがましさ」の元に母と子の濃密な結び付きがあることを指摘している。

そして、この特集の中には、ドイッチェの「母性のきざし」や土居健郎の「甘えの心理的原型」などいくつかの精神分析における母子論が紹介されている。その中で、木田恵子《きだけいこ》が「古澤平作〈罪悪意識の二種について〉」を寄稿している。木田は、前述したように、古澤の分析、指導を受けた一人であった。その論考は、古澤の阿闍世コンプレックスを古澤の生い立ちと重ね合わせ、古澤への感謝と敬意ともに紹介したものである。木田は韋提希のエゴイスティックなあり方は、「教育ママと言われる現代の母達の姿そのもの」と指摘し、治療経験から、我儘《わがまま》、横柄、凶暴と言った父親に子どもがこころを痛めているように見えても、分析が深くなると、どうしても母親の問題が出てくると述べ、「夫を恐れて我身をいとおしむあまり、子どもにまで心のまわらない母を、怨み憎みながら、その心を強く抑圧して母にすがって生きていた頼りない幼な子の姿」がにじみ出てくると述べる。そのうえで、対人恐怖の男性の症例を紹介している。彼の対人恐怖の原因は、どこの病院でも極度に我儘で凶暴な父親への恐怖だと言われていたが、分析の中では、そういう夫との生活のために気の抜けたようになった母が自分という存在に愛もよろこびも少しも向けてくれなかったことを、涙の中に怒りを込めて語ったことが紹介されている。さらに木田は、韋提希が看病しても阿闍世が良くならなかったのは、韋提希が「自分の罪業に対する十分な自覚がなかったからではないのか」と述べ、「母が自らの罪深い性質を自覚すれば子ども達は救われるのである」と述べている。こうした論調の一方で、興味深いのは結びの部分である。木田は「……母とは腹をいためた我子だけのものであるとつくづく感じる。その我子にさえなかなか母であり得ないのに、女に母性本能があるという俗説は、男たちの甘えか女たちのうぬぼれが、女の我執のうえに投げかけた幻影にすぎないのではないか」とこの論考を終えるのである。

　このように「母親――母性の氾濫と喪失」と題された特集から浮かび上がってくるのは、母親に投げかけられるアンビバレントな態度である。表向きは、母親の自己犠牲的なあり方に問題を呈し、母性は本能ではないとする。これはおそらく山村が述べているように、当時のリベラルな思考としての潮流であったのだろう。この主張は掲載されている論考に共通するものである。しかし、その一方で強調されるのは、子がどう育つかは母親次第という子育てを一手に担わされる母親側の責任である。そこでは子から離れること、手を抜くことが非難の対象となる一方で、子に執着することもまた非難される。いずれにしてもここで認められていないのは、母親側の感情や欲求である。これは、母親のエゴイズムや煩悩として言い換えることも可能なものであろう。そうした母親の感情や欲求が「罪業」とされてしまうならば、母親たちは感情や欲求を抑圧し、自己犠牲的に振る舞わざるを得ないことだろう。

しかし、母親たちがいつまでもこうした矛盾と抑圧に耐えられるわけはない。齋藤《さいとう》（1990）は、1989年にNHKで放映された「夫の定年・妻の定年」という番組を紹介している。その中で、ある女性は次のように話す。「もういい、もういいと思いました。今まで夫のため、子どものために生きてきて、自分のために生きたことが一度もない」

母子関係理論花盛りの裏で、こうした母親たちが生まれていたことについて私たちは想いを巡らさなければならないだろう。精神分析理論が彼女たちの苦しみに手を貸していた可能性についてである。

こうした母性中心主義は、2000年代に入ると、日本の精神分析界隈でも女性の治療者を中心に批判の声が挙がるようになる。その象徴的な存在だと思えるのが、次に紹介する特集である。

2　「母性再考」（2003）について

a　「母性再考」の背景と動因

「母性再考」は2001年に日本精神分析学会の教育セミナーで発表され、2003年に学会誌である『精神分析研究』誌上で特集として掲載されたものである。これは『精神分析研究』誌上において女性に焦点を当てた初めての特集であった。メンバーは女性が深津千賀子、平島奈津子、上別府圭子、馬場禮子、男性は牛島定信、成田善弘、小此木啓吾という構成で「母親性、児童虐待に詳しい女性精神療法家に登場してもらい、臨床経験の比較的長い男性治療者に討論をお願いする」（牛島 2003）という形であった。前述した通り、巻頭で牛島は、１９８０年にフランスで出版され、一躍ベストセラーとなり、その翌年に日本でも邦訳出版されたエリザベット・バダンテールの『プラス・ラブ』を取り上げている。これは、ルソーからフロイト、ウィニコット、ラカンに至る男根中心主義的思想を批判し、母性は本能ではなく、父権社会のイデオロギーであり、近代がつくり出した幻想であると結論付けるものである。牛島は、これが日本の精神分析に何らかの影響を残すことはなかったように思う、と述べ、むしろ逆に「母子関係花盛りの時代を迎え」たとする。『プラス・ラブ』の邦訳では、心理学者の秋山さと子が推薦文で次のように述べている。

私たちは今日、母性愛は人類に最初から備わっているものと習慣的に考えている。そして子どもたちに母性としての愛情を十分に感じない女性は、どこか欠陥人間のように非難されるし、自分自身でも罪の意識を感じるであろう。それほど、母は子どもたちに対して身を捧げて尽くすことが当然であると一般的に信じられている。……（中略）……考えてみれば、母性本能の普遍性という問題は、これまでにもっと論じられるべきであったにもかかわらず、特に女性にとって、これに触れることはタブーであった。母という言葉は、常に愛と感謝の念に包まれ、侵すべからざる聖域であった（1981）。

１９８０年代においては、一般的にはまだまだ母性神話の根強い時代が続いていたことが秋山の文章からも伝わってくる。小此木は、この特集が組まれた２００３年当時を「母性愛神話崩壊の時代の到来」と表現している。加えて、１９８０年代に子育てに困難を抱える母親たちを「母性拒否症候群」（maternal rejection syndrome）という従来の概念に当てはめてシカゴの世界乳幼児精神医学会で発表した際、主催者からこれからは少なくともアメリカで発表する時はこの概念を使わない方がよいと助言されたというエピソードも紹介している。これについて小此木は、既にその当時アメリカでは母親も父親も平等に子育ての責任があるという通念が確立していたので、あたかも母親の病理であるかのような名称は変更した方がよいという理由だったと説明している。

そこから20年ほどの年月が経ち、この特集が組まれたことは、ようやく日本でもそうした問題が壇上で議論されるようになったとも考えられるものだろう。牛島は特集のきっかけについて、児童虐待が連日のように新聞を賑わせるような状況からはこれまでの母性愛本能論を前提とした発達論でよいのかという疑問を持たざるを得なくなってきたと問題意識を述べている。これは他の論者にも共通して見られるものだが、そこには、あたかも母性があれば虐待はしないはずだ、あるいは虐待をするような母親には母性がないのではないかという考えが存在しているかのようでもある。これを明確に示したのが、成田（2003）であった。成田は、昔は過保護や過干渉と思われる母親が多かったが、現代では子どもへの愛情を持てない、十分関心を持てないと話す母親が見られるようになったという時代の変化についての個人的印象を語り、そのように現代では実際に母親から子どもが見捨てられつつあり、それが人工流産の増加や児童虐待の増加に繋がっているとの考えを表明している。

他方、小此木（2003）は別の見解を示している。小此木は昔から「育てたくない」といった子育てに困難を感じる母親たちは潜在的に存在していたに違いないが、母性愛神話によってそれらを抑圧していたところをようやく口にすることができる時代となったと述べている。こうした考えは、フェミニストや他の分野の研究者たちからも支持されるものである。フェミニストの村田（2006）は、２０００年に「健やか親子21」（別名「二十一世紀初頭における母子保健の国民運動計画」）と呼ばれる検討会が発足し、乳幼児健診や母親学級、両親学級などの場が虐待の予防ならびに早期発見のために活用されることとなったが、こうした取り組みの広がりで、子育てに関する悩みやストレスは確実に口にしやすくなっただろうと書いている。２００３年度に内閣府が実施した意識調査において「育児に自信がなくなる」「自分のやりたいことができなくてあせる」「なんとなくイライラすると感じる」などの設問に、6割以上の母親が「はい」と答えているが、こうした状況は、母性愛神話による支配が強力であった60年代、70年代には考えられもしないことであったという。

ここで問題とされた児童虐待について、振り返っておくのは意味のあることだろう。日本における児童虐待の状況は、1990年代を境に大きく変容したと言われている。1996年には、全国8都道府県政令指定都市児童相談所において児童虐待ケース・マネージメント・モデル事業が実施され、2000年には、「児童虐待の防止等に関する法律」が成立し、同年に施行されている。そこでは、児童虐待は著しい人権侵害である、と明記され、ネグレクトやドメスティック・バイオレンス（DV）を目撃することなども児童虐待に含まれることになり、虐待を受けたと思われる児童についての通告義務が拡大した。またマスコミでも児童虐待の問題を大きく取り上げるようになった。そうしたことにより、90年代半ばから2000年代にかけて児童相談所における虐待相談の件数はうなぎ上りに急増したと言われている。この急増について、それまで虐待がなかったのか、それとも虐待が問題であることが認識され、可視化されるようになったのかということについては考慮すべき点であろう。そのように「母性論の再考」という特集が組まれた時代は、社会的に児童虐待に関心が向けられ、それまで根強く日本人の意識の底に横たわっていた母性への盲信に揺さぶりがかけられた時代であった。

b　母性は本能か

この特集で議論されている中心的テーマの一つは、母性が本能であるかどうかである。まず平島奈津子《ひらしまなつこ》は、明確に母性は本能ではなく、心理的なものだと位置付け、特にそこで母親だけに養育者としての責任を担わせていることに批判を向ける。特に母性と父性を分けることにどれほどの意味があるのかと疑問を呈し、母性と父性は基本的には同一のものであるとさえ考えていると主張している。深津千賀子《ふかつちかこ》もまた、母性愛が母親を理想化しておきたい社会（男性）がつくった神話であるという認識は一般のものになっていると冒頭で述べ、実際に育児に問題がある母親たちの精神療法を行っていると母性は「本能」ではなく、母子関係の変化とともに発達するものと実感することを論じるなど、基本的には平島と同意見であり、母性が本能であるという立場は取っていない。

なかでも上別府圭子《かみべっぷきよこ》はより明確に母性は本能ではないことを示し、さらに「〈母性〉――否、母親を理想化する傾向は、一般人口においてのみならず、ことに男性の専門的リーダーの間で根強い」と手厳しく非難し、小此木の言葉である「まことの母になれぬ母のエゴイズム」や「自分中心な母から、まことの母へと心理的成長を遂げる」を挙げ、この「まことの母」というのは、男性のわがまま勝手をゆるし、自己主張や嫉妬、怨み、怒りの感情を押し殺すマゾヒズム的な母（＝妻）という意味を含むものであると批判した。すなわち、母性は本能ではなく、理想化され、押し付けられたイメージだということである。上別府はそうした文脈から、小此木が阿闍世コンプレックスに良い母親、すなわち許す母親という理想化を加え、それを「まことの母」と考えたことに疑問を呈している。小此木もセミナーの登壇者の一人であったため、この批判を聞いていたものと思われるが、紙面上では直接の応答は見付けることができない。

こうした女性登壇者の主張、特に平島と上別府による主張に反対の意を示したのは、やはり成田であった。成田は、平島と上別府が母性の理想化を男性主導の文化の産物としてとらえているが、果たしてそうだろうかと問い、母親を理想化し、現実の母親にこうあってほしいと願うのは「むしろ種としての人類の知恵ではないか」と訴えている。そして人間の赤ん坊の「生存と成長は大きく親に依存する」もので、それを失っては人類の存続の危機に瀕するため、母性はすべて心理的あるいは文化的なものではなく、ある程度本能的なものとして生物としての人間に組み込まれているのではないかと述べる。また平島の母性と父性が同一のものであるとした主張には強く反発し、「母親が我が子を体内にはらみ、お腹を痛めて出産し、自身の乳房から授乳することができるのに対し、父親はわずかに精子を提供することで子どもの誕生に寄与できるだけであることを比較すれば、母性と父性が同一であるとは言えないことはあきらか」と反論している。成田の言う、生存と成長は大きく親に依存する、の「親」がどうして母親だけに限定されてしまうのかを平島と上別府は問うているわけだが、両者の主張は噛み合っていない印象を受ける。また、ここで着目すべきは、成田は母性、父性を子どもの誕生に寄与できる生物学的特徴として考えていることである。すなわち女性側の妊娠、出産、授乳であり、男性側の精子の提供である。一方、上別府は「母性」は母親にのみ依存すべきものではなく、子どもや父親や環境全体で創りあげ担うものであることも知っていなければならないと述べている。この母性、父性を巡る定義も両者の間では相当に異なっていたことがうかがえる。

しかし、成田の見方はむしろある世代においては、ごく一般的な感覚だと言っても良いものであろう。たとえば、１９８６年に日本家族心理学会が編集した『ライフサイクルと家族の危機』に掲載されている「健康な家族システムの研究」（尾万 1986）では、「健康な家族」が次のように示されている。それは、母子三人そろっての話題には父親にまつわる楽しいものが多く、母親に、父親（夫）のことを尋ねると、嬉々として話し出し、積極的に夫の写真を見せたり、父親を褒めて、いかに自分にとってもったいないほどの素敵な夫であるかを伝えようとする、という家族である。こうしたものは明らかに現代的な感覚とは異なるものであるが、そうしたものが健康だと考えられていた時代があったことも、私たちが忘れてはならないことだろう。時代によって家族のあり方、時に母親に対する考え方は変化していくものであり、自分が生きてきた時代を通して、私たちの価値観は創造されていく。母親や子育てということを考える際、私たちはどうしても自身の母や育ちを思い浮かべてしまう。それらを排除して考えるのは、本当に難しい。特に、国の戦略もあり、過剰なまでの母性讃歌を背景に、実際に戦争で多くの父親が不在となって母子で過ごすことを余儀なくされた世代、加えて敗戦という父性の倒壊を目の当たりにしてきた世代との差は埋めようがないものがあるのかもしれない。

この特集の中で、母性を明確に定義していたのは、上別府と小此木であった。上別府は、母性を「幼い者、弱い者を育むために望まれる性格」「一般に子どもが養育者に期待する性格」と定義し、母性を初めから願望や期待によるものと定義しておけば、理想化、神話的、幻想的であることとの整合性がある、とした。上別府は、母性は人々の理想化あるいは幻想の集合としては認めるが、「母性」を現実の母親と結び付けることは誤りである、という立場を明確に取っている。一方、小此木は、母性を「個々の母親に共通した母親的な心性、ないしは心的な機能」として定義している。

馬場禮子《ばばれいこ》は、特集のまとめにおいて、母性が本能であることは否定するが、母性の存在とその重要性は否定できない、とその両者を取り持つ立場を取っている。馬場は上別府の定義に賛同するも、それは理想ではなく、現実にも存在しうるものであると述べ、さらに母性を提供するのは実の母親に限ったものではないと主張する。そのうえで、母性と実母を重ね合わさずに、母性の重要性を主張することが精神分析的な母性の再考にあたって必要という考えを示している。この馬場の意見は、精神分析における母性問題において、一つの回答を示していると言えるものだろう。精神分析は母性的養育の重要性を強調し続けてきた。実際、それらは多くの患者たちの訴えでもあった。私たちは日々、そうした声を患者たちから聞く。母親との関係がいかに人のこころに影響を与えるものか、私たちは日々の精神分析臨床の中で実感していることも事実である。しかし、母親の役割の重要性を強調することが、母親たちを縛り、母親たちを苦しめていた弊害についても、私たちは目を向ける必要があるのだろう。母親たちを不自由にすることは精神分析の目的ではないはずだからである。

第5節　日本の精神分析臨床における女性——これからの議論のために

日本の精神分析臨床における女性の問題は、山積している。たとえば、他章で再三指摘されていた女性患者の治療目標を結婚や出産に位置付けることは、日本における過去の事例においては散見され、今でも学会や事例検討会の場で耳にすることのある問題である。それらが現代女性の多様なあり方にそぐわないことは明らかであるが、こころの成長や女性性の達成という伝統的モデルの前では、現代社会を生きている個人の感覚はどうも忘れ去られてしまうようである。現実と理論との乖離がそこにはあることだろう。

一方、女性治療者が男性患者から蔑視されたり、モラル・ハラスメントやセクシュアル・ハラスメントを受けたりという事態は、壇上では滅多に議論されないが、多くの女性治療者が経験することである。具体的には、自己愛的な男性患者から支配的、高圧的な態度を受けたり、場合によっては、暴言を浴びせられたり、交際を迫られたり、身体接触を求められたりすることもある。面接室という個室で行われるこのような行為に、女性治療者は強い恐怖と苦痛を感じることになる。これらは女性治療者にとって深刻な問題であるが、このような患者の態度について、事例検討会やスーパービジョンで問題にしたとしても、指導者層に圧倒的に男性の多い精神分析の領域においては、かえってもっと患者に共感するように促されるなど、女性治療者が体験している恐怖を理解されないことも多い。そこには、潜在的にシュビングのようなすべてを受け入れる母性的な態度が治療的に働くという日本の臨床に深く根付いている信念も関係しているのかもしれない。

こうした問題を過去の事例研究から引用することは容易い。しかし、最初に述べた通り、それらを具体的、直接的にレビューすることはせず、２０１５年に『精神分析研究』で組まれた特集を元に別の視点から私たちが抱える問題について、さらにはこれからの議論のために必要な視点を考えてみたい。

Ｉ　女性治療者はなぜ出産について語るのか

２０１５年、『精神分析研究』では「治療者のセクシャリティを考える――特に女性であることについて」という特集が組まれた。日本精神分析学会で行われた女性に関する特集としては「母性再考」（2003）に続いて二番目に行われたものである。これは前年の日本精神分析学会で行われた教育研修セミナーを踏まえたもので、「精神分析においてセクシャリティは要であるにもかかわらず、治療者側のセクシャリティが取り上げられることがほとんどなかった」という問題意識に立つものであった。特集の中では、4名の論者がさまざまな視点から女性を語っているが、共通して取り上げられているのは、女性治療者の妊娠である。そのうち、2名は自身の妊娠体験とそれが患者に与えた影響について考察している。そこでは、患者のこと以上に、治療者自身の妊娠に伴う生々しい身体感覚、また治療者の妊娠を巡るプライベートな情報がインパクトを持って開示されている。こうした論調は、この特集における論文だけではなく、治療者自身の妊娠を取り上げた論文に共通して見られるものである。

緒言には「治療者のセクシャリティ、特に治療者が女性であることの特徴を考え、そうしたreal person、すなわち女性の部分がなぜ語られてこなかったのか、敢えて語り合ってこなかったのかについて文化論や言語論なども活用して考えてみたい」と述べられている。その特集の中で示された鈴木（2015）によるレビュー論文を参照すると、治療者の妊娠が含まれる研究は世界では70本ほどあり、日本では１９８８年の上別府のものを皮切りに20本もの論文が発表されているという。そこで紹介されていない論文も、すなわちキーワードやタイトルには治療者の妊娠、出産、といった単語が含まれていないものや検索には引っかからないほど昔の論文も、いくつか確認できることから、おそらく数はもう少し多いものと考えられる。加えてその特集で発表された論文がそこに加わることを考えると、さらにその数は増えることになる。この数は精神分析臨床における一つのトピックとしては、多いと言わざるを得ない。すなわち、女性治療者の妊娠というトピックは、日本では語られていないどころか、むしろ語られすぎているとも言える状況にある。そこで問題となるのは、鈴木（2015）が指摘しているように、これだけの数の論考が発表されているにもかかわらず、それらの知見が精神分析の理論や技法に組み込まれず、日本の精神分析の発展に寄与した形跡が見当たらないということだろう。

そして、語られすぎているのは数の問題だけではない。そこでは治療者自身の生々しい身体感覚、プライベートの様子が赤裸々に語られている。治療者の身体的変化ということであれば、治療者が怪我をしたり、病気に罹ったりすることもあることだろう。しかし、そうしたことが治療者の妊娠ほどに焦点化され、暴露され、考察されることはない。さらに、論文の記載からは治療者が結婚しているのか、子どもが何人いるのか、年齢、といった個人的な情報までもが丸見えである。なぜこれほどにも女性治療者たちは自らを晒すのだろうか。自らを晒さないと女性性は語れないのだろうか。

　臨床心理学の中で女性論を語ってきた代表的な論客の一人である斎藤久美子（1990）は、女性について論じるうえでは、他の何を論ずる場合にも増して、その論者の性別や、生まれた時代や場所を抜きに論ずることは、大きな誤りを生じさせる危険があるという強い認識を示している。斎藤は、調教された結果としての「女らしさ」を自らの職業的努力において剥ぎ取り、仕事をしてきたが、時代が課する制約や限界は「第二の皮膚のように私の目の届かぬ背中に」張り付いていると述べている。そうしたバイアスを語ることなしに女性について論じることはできないということである。

　確かに女性を語る時に自らを語らないと大きな誤解を生じさせる危険があるというのは一理ある。しかし、女性を語る時に自らを晒す男性はあまり見かけない。そして男性は男性についても語らない。『精神分析研究』で「男性性」については、キーワードとして挙げる論文が一本見つかるだけで、カテゴリーになったこともないばかりか、特集として組まれたこともないという現実がある。なぜ女性は自らを晒して女性について語るのか。そして男性はなぜ男性について語らないのか。この二つの疑問は、フェミニズムにおいて繰り返し指摘されてきた、もはや典型的とも思える一つの答えに行き着いてしまう。それは、男性が無視されているのではなく、むしろ男性主体の世界に生きているから語る必要がなく、非主体である女性は女性について語り続けなければならない、自らの感覚を頼りに、ということである。こうした問題は、繰り返しフェミニズムで指摘されてきた。たとえば文学におけるフェミニズム批評理論を構築する織田（1988）は、家父長制的価値観の枠組みにおいては、男であることが人間であることであり、女であることは人間の正常体からみて「逸脱」とみなされてきたことを文学の面から取り上げている。たとえば、「鶴の恩返し」や「うぐいす姫」「羽衣」に見られるように、女は「人間以上」あるいは「人間以下」の存在であると織田は指摘する。加えて、男性の体験は文化のうちに構造化されているので、女性にとっても可視化されているが、女固有の体験は支配的文化の内側で不可視化され、見えないものだという。ここで指摘されている家父長制的価値観の枠組みの一つに精神分析が含まれていることは明らかであろう。

同様の問題をアートの中にも見出すことができる。「どうしてこんなにも多くの現代女性アーティストは、これほどまでにセルフ・ポートレイトに魅せられるのか」という疑問に迫った笠原美智子《かさはらみちこ》の論考は、先の疑問に多くの示唆を与えてくれるものである。笠原（1991）は、現代女性写真家たちは日常的にだけではなく、巨匠も、写真史家も、キュレーターも、評論家も、アート・ディレクターも、メディアも、その大半が男性によって意思決定される男性中心の写真界の中で、男の眼で世界を見ることを学び、そうした中で感じる自分との違和感がセルフ・ポートレイトという自分の姿を写真に撮り続けるという手法を選択することになるのだと考えている。それは、男性のつくった枠組みにおいて制作し、評価される限りは、例外的で異端の存在なのであり、彼女たちが目指しているのは、そうしたあり方自体を問い直すことである。引用されているセルフ・ポートレイトの作品で有名な写真家シンディ・シャーマンの言葉は、そうした主張を裏付けるものである。

この時代とこの場所に生まれていなければこの表現手段を採らなかったろうし、また男だったら自分の体験を土台にするような作品をつくらなかったでしょう。

確かにこうした考えの枠組みは私たちに新しい視点をもたらしてくれる。たとえば、日本での女性治療者の妊娠の問題を扱った先駆的存在である上別府の論考（1988）のように明らかに精神分析における女性の位置を意識して書かれたものも存在している。しかし、そうしたものはごくわずかで、多くは積極的に自らを差し出しているようにも見える。

現代女性写真家たちの撮るセルフ・ポートレイトの作品のもっとも対極にあるのは、おそらく『サルペトリエール写真図像集』であろう。パリの精神病院に収容され、ヒステリーと名付けられた女性患者たちの姿がそこには写っている。ディディ＝ユベルマンが示したように、患者たちはシャルコーをはじめとしたヒステリーを求める権威ある男性医師たちの欲望に「従順に身体の演劇性を増幅」させ、サルペトリエール病院は劇場となった。彼女たちは、例外的で異端の存在として、彼らが求めるままに身体を差し出し、ポーズを取った。そしてフロイトもそれらを目撃し、それらが精神分析に多くの影響を与えたことはよく知られた事実である。笠原（1991）や織田（1988）も指摘しているように、女性自身が例外的で異端の存在として見られるあり方を問い直していかなければならないのだろう。

しかしここでさらに少し立ち止まって考えてみたいのは、女性側の矛盾である。新田は、フェミニズムには女を子産み道具とし、生殖義務を押し付けてくる社会通念に抵抗しつつも、男には真似できない妊娠や出産の経験から、女性の独自性と理想の社会像を打ち立てる意思が受け継がれてきたと述べる。「生殖や子育てに対する自負と抵抗の入り混じったアンビヴァレンス」（新田 2020）という女性側の問題は、日本の精神分析における、なぜ女性治療者の妊娠に関する論文数が多いのかという疑問に、もうひとつの答えの可能性を示してくれるものではないだろうか。妊娠、出産という経験した女性にしか分からないことに特権的な価値を置き、認めざるを得ないところにそれ以外を追い込むところには、分からないから認めざるを得ないという承認は得られたとしても、果たしてそれが互いの距離を縮めることになるだろうか。むしろそれはいつまでも例外としてあり続けることになるのかもしれない。こうした視点は心に留めておきたいことである。

2　母親以外の女性性の行方

日本の精神分析に横たわるもう一つの問題は、母親以外の女性性についてほとんど語られていないということである。日本の精神分析で語られてきた女性論の多くは母親としての側面の重視、あるいは妊娠、出産といった母になることに力点が置かれたものである。母親であること、あるいは母親になること以外にも存在している女性の豊かな側面について言及されたものを日本の精神分析の中に見付け出すことは難しい。

笠原（1991）は、1978年に写真家のジョイス・テネソンが女性のセルフ・ポートレイトを広く公募してつくった本『イン／サイツ』や、1991年の「私という未知へ向かって――現代女性セルフ・ポートレイト」展における調査を引用して、産む性としての女性性は、考えられているほど女性にとって決定的なものではないのではないかと疑問を呈している。テネソンのプロジェクトには4千点もの作品が寄せられ、その女性写真家の大半が25歳から35歳だったにもかかわらず、妊娠や子どもをテーマにした作品は6点にも満たなかったという。こうしたプロジェクトに参加する女性たちの意識の高さを考えると、この結果を一般化することは難しいが、女性が自身の感覚をより丁寧に見直し、自分の女性性というものを再考した時、母親であることや母親になることが果たしてどの程度、関わってくるのかということは一考に値する問題だろう。

さらに日本の精神分析におけるこうした状況には、やはり戦争の影響を考えないわけにはいかない。日本の精神分析は、いわゆる15年戦争にも多くの影響を受けた（西 2019）。その戦争と母性の密接な関係については、実に多くの研究が指摘していることである。母親を重視することは全体主義国家の特徴であり、日本でも戦火が激しくなる中で、母になること、母であることはさまざまな政策を通して奨励された。「産めよ育てよ国の為」で

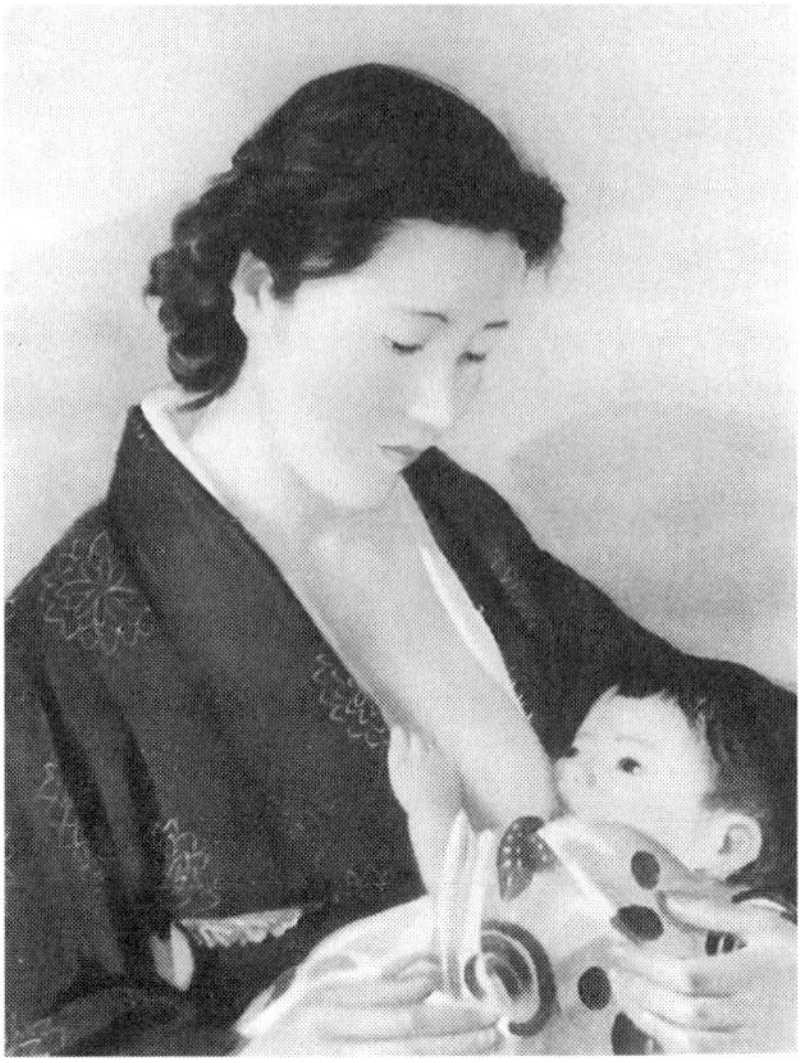
図3-1　雑誌『主婦之友』7月号口絵（1941年）

ある。この有名な標語は、1941年に国民優生連盟が結婚相談所における結婚についての指導方針「結婚十訓」の一つとして掲げられた。同年には「人口政策確立要綱」が閣議決定されている。これは、大東亜共栄圏確立、高度防衛国家維持のために人口の増加と資質の向上を目指したもので、結婚の早期化、出産奨励、家族制度の強化維持を柱としたものであった。女性たちは国から早くに結婚し、多くの子どもを産み、育てることを求められたのである。興味深いのは、その一方でパーマをかける、化粧をする、風紀を乱すといったような性的なことに関する事柄は厳しく禁止され、統制されたことである。ここには大きなスプリット（分裂）が認められる。子どもをつくるためには、性的な行為が必要なわけだが、女性の性的な側面は認められなかった。そして、女性の性的部分は敵国の女性へと投影され、非難や嫌悪の対象となった。当時、トップセールスを誇った雑誌『主婦之友』の1945年の1月号には「この本性を見よ！毒獣アメリカ女」とする記事が掲載されている。そこでは、アメリカ人女性が「男狂い」「淫乱」と罵られ「性行為において自由自在に振る舞う」と誹謗されている。そこで表現される「アメリカ女」の在りようは、同雑誌の表紙を飾る多くの母子像の清らかな姿とはまさに対照的である。婦人雑誌から日本の戦時下における女性イメージについて、詳細な分析を行った若桑（1995）によると、『主婦之友』1941年の7月号の木下孝則による母子像は、戦時における理想の女性の原型であるという（図3-1）。さらに若桑による重要な指摘は、戦時中、多くの女性たちが「戦う男たちを観客席で見守り、囃し立て、応援し、歓呼し、涙を流す」「チアリーダー」になったということである。かつては女性の権利のために運動していた発言力のある知的な女性たちが率先して国のために夫や子どもを捧げ、国家のために子どもを産み育てることを誓ったのである。こうして日本国民に深く浸透した理想的女性像が敗戦によって、そう容易く日本人のこころから消えたとは思えない。日本の精神分析の中にも、また現代の私たちにも受け継がれているところがあることだろう。

こうしたことからも私たちが女性について語る時、誰の目でものをみて、考えているのか、自分に問い続ける必要があるのだろう。私たちを珍しがるのは誰なのか。私たちを知らないというのは誰なのか。私たちはそうした欲望に乗せられているのか。それとも私たちが彼らを誘惑しているのか。そこで生成される／する物語は誰のものなのか。セルフ・ポートレートを作成した女性写真家たちのようにそうした問いを持ち続けながら、日本の精神分析における女性の問題を見ることができればと願う。

補章　ラカン派における女性論

松本卓也

第1節　はじめに

精神分析と女性性について問い直すことを目的とする本書において、フランスの精神分析家ジャック・ラカンの名前が出てくることを不思議に思う向きもあるかもしれない。というのも、ラカンと言えば、「フロイトへの回帰」をスローガンにした人物であり、それゆえフロイトのエディプス・コンプレックス論やファルス中心主義をそのまま受容し、さらには晩年には「女なるものは存在しない（*La* femme n'existe pas）」という、まるで女性の存在を否定するかのようなテーゼ（！）を掲げた人物として、つまりは守旧的なジェンダー観にとらわれた人物として考えられている可能性があるからだ。

ところが、私たちの考えでは、精神分析において女性性を問い直すためには、まさにそのラカンの思考が必要不可欠である。それも、先ほど挙げたまさに彼のファルス中心主義や「女なるものは存在しない」というテーゼにこそ、女性性について考えるための大きなヒントが隠されていると思われるのである。

そこで、この補章では、まずラカンが1950年代後半（特に1958年前後）に取り組んだ女性性とファルスを巡る議論について概説し、ついで１９７０年代のラカンが自らのファルス中心主義的な理論の隘路をすり抜けていくようにして到達した「女性の論理」について説明を試みる。また、その際に、リュス・イリガライやジュディス・バトラーのような、精神分析（特にファルス中心主義的なラカン）に対して批判を行ったフェミニズムの理論家を参照しつつ、ラカンの女性論の現代的な位置付けを検討してみたい。

第2節　ラカンの50年代の女性論――ジョーンズのフロイト批判とラカンによる応答

１９５０年代のラカンは、１９２０～１９３０年代にフロイトを巻き込みつつ勃発した女性性を巡る論争に注目し、論文「ファルスの意味作用」（1958）において次のように述べている。

今となってはファルス期についての議論は放置されていますが、もしあなたがたが１９２８年から１９３２年にかけて書かれ、現在でも生き残っているテクストを読み直してみるならば、そこでのファルス期についての議論は、教義に関する情熱の実例となっていて、私たちの気分を一新させてくれるということは間違いないのです（Lacan 1966a, p.687）。

ここで言われている「１９２８年から１９３２年にかけて書かれ、現在でも生き残っているテクスト」とは、精神分析運動の内部で女性性について活発な議論がなされていた時期のテクストのことである。具体的には、アーネスト・ジョーンズの論文「女性のセクシャリティの早期発達」（Jones 1927）や、カレン・ホーナイの「女性性からの逃走」（Horney 1926）、さらにヘレーネ・ドイッチェやオットー・フェニケルらの論文、そしてそれらに対するフロイトの応答でもある「女性の性について」（Freud 1931）を指しているものと思われる。
ラカンが「教義に関する情熱の実例」として評価するこれらの時期のテクストと論争の詳細については、本書の第一章を参照してもらうとして、ここではラカンがこれらの論争をどのように整理し、そこに介入しているのかを見ていこう。
ジョーンズは、男児をモデルとして構想されたフロイトの性的発達論——すなわち、男児は自分のペニスがなくなってしまうことを恐れる「去勢不安」によって、エディプス・コンプレックス（近親姦的欲望）を消滅させるとする考え——では、女児の性的発達をうまく説明できないと考えていた。実際、フロイトは１９２６年（ジョーンズの論文の前年）の論文「素人分析の問題」において、男児に比べて女児の性的発達についてはよく分かっておらず、女性のセクシュアリティは「暗黒大陸（dark continent）」であると述べていた（Freud 1926）。やはり本書第一章で北村が指摘するように、そのようなフロイトの立場からは、女性性を「ペニス羨望」や「受動性」や「マゾヒズム」といったキーワード——これらはいずれも、男性性を否定した裏面である——によって論じることしかできなくなってしまうであろう。そこでジョーンズは、男児におけるペニスの所有と剥奪の恐れについてのみ説明力を持つ「去勢」ではなく、男女両性に妥当しうる「アファニシス（aphanisis）」という術語を用いるべきだと主張する。彼によれば、アファニシスとは去勢不安よりも根源的な恐怖を引き起こすものであり、それは「享楽する能力と機会が完全に、永遠に失われること」、ひいては「すべての欲望を失ってしまうことへの恐れ」として定義されるのだという。さらにジョーンズは、フロイトのいう「ファルス期」——男児も女児も、ともにファルス（ペニス、およびその女性における対応物と目されるクリトリス）という唯一の身体器官にのみ興味を示し、女性器（膣）が発見されていない時期——が、女性にとっては二次的な、防衛の産物にすぎないとも主張している。[52]
このように、ジョーンズは論文「女性のセクシャリティの早期発達」において、ペニスを持つ男児をモデルとすることによって女性器の存在を過小評価した――それゆえ、ファルス中心主義的な女性論しか提出できないとみなされた――フロイトの理論、特にその「去勢」概念を相対化し、さらに性差と関係なしに機能する「アファニシス」概念によって「去勢」概念を置き換え、さらには唯一の「ファルス」を特権化するフロイトの理論に対する批判を企てようとしていたのである。

ラカンは、こういったジョーンズの批判に対して、論文「ファルスの意味作用」の中で（皮肉交じりにではあるが）真っ向から反論を行っている（Lacan 1966a, p.686）。彼は、「幼い少女が、一時的であるにせよ、ファルスを奪われたという意味で自分は去勢されたと考える」こと、すなわちフロイトのいうファルス期が明確に存在することを確認し、その時期においては「この〔自慰の〕享楽は女性の場合ではクリトリスに局在させられ、それによって〔女性にとっては〕クリトリスがファルスの機能へと昇格する」のであって、「このファルス期の終わり、つまりエディプス・コンプレックスの解消が起こるまでは男性においても女性においても膣を生殖的な挿入の場所として本能的にマッピングすることがまったく起こらない」ことを主張することによって、去勢不安やペニス羨望、ファルス期といったフロイトの諸概念を擁護してみせるのである（Lacan 1966a, p.687）。

もちろん、ここでラカンが主張していることは、「解剖学は運命である」（すなわち、外性器の在りようが個人の心的発達を決定付ける）というフロイトの生物学主義への単なる回帰ではない。ラカンにおいては、フロイトの生物学への参照の多くが構造論へと置き換えられている――例えば、フロイトが症状形成において指摘した「先史的体験（prähistorisches Erleben）」、すなわち先行する世代における経験が後の世代の症状を決定するというラマルク的獲得形質遺伝の考えは、ラカンにおいてクロード・レヴィ＝ストロースから借用された親族関係における「構造」という概念に置き換えられている――のだが、ラカンはここでも、フロイトの解剖学的な議論を構造

52 ジョーンズらによる女性性を巡る論争については、立木（2016）において詳細に紹介されている。

論へと置き換えることによってジョーンズの批判に応答しているのである。「ファルスの意味作用」の次の一節をみておこう。

> ジョーンズが何を認識できなかったかといえば、つまり、彼は〈問題の核心に〉とても近づきすぎてしまったため、まさにその欠如の結果、自分が一体何に近づきつつあるのかを認識できなかったのだと思います。そのため、彼の作品の中に〈シニフィアンとしてのファルスの代わりに〉その〈アファニシスという〉用語が現れてきているように思えるのです（Lacan 1966a, p.687）。

ラカンによれば、ジョーンズが「アファニシス」という術語を導入したことには、一定の意義がある。[53] しかしそれは、ジョーンズの言っているようなアファニシスが存在する（がゆえに、フロイト的なファルスの重要性は消失させられるべきだ）ということではない。むしろ、ファルスというものは「消失《アファニシス》」においてしか機能しない、つまり、ファルスは隠されることによって――いわば構造の中の消失点として――より強力に機能するということを、ジョーンズの「アファニシス」という術語の選択が暴露してしまっている、とラカンは指摘しているのである。

それゆえ、ラカンはファルスそれ自体が持つ「アファニシス」的な性質について、次のように結論付けることになる。

> しかし、そのような見解はすべて、以下のような事実を覆い隠すだけです。すなわち、「ファルスというシニフィアンは覆い隠されているときしかその役目を果たさない」という事実です。言い換えれば、ファルスは、ひとたびシニフィアンの機能へと高められる（aufgehoben）〈＝揚棄される〉やいなや、あらゆる「意味しうる

図１　ポンペイのフレスコ画

もの」が帰着する潜在性の記号そのものになる、ということです（Lacan 1966a, p.692)。

難解な一節にみえるが、言わんとしていることは実はそれほど難しくはない。ラカンは、この説明のためにイタリア・ポンペイにある秘儀荘（Villa dei Misteri）のフレスコ画を参照することを指示している（図1）。そのフレスコ画では、まさにペニスにかけられた覆いが取られそうになる時に、羞恥の神（アイドース）が現れ、ペニスを隠す様が描かれている。もっとも、このような芸術作品のことを思い浮かべずとも、重要なものは重要なものとして可視化されている時よりも、「重要な何かが覆いによって隠されている」時にこそ――すなわち、不可視化されている時にこそ――もっとも重要なものとして現れることは自明であろう。ラカンにとってのファルスとは、いわば代数学的な「x」であって、それ自体は隠されており不明なものではあるけれども、隠されているがゆえに主体にとって「あらゆる『意味しうるもの』が帰着する」といわれるほどの格別な重要性を持つ対象のことなのであ

53　後にラカンは、『精神分析の四基本概念』において、主体がシニフィアンに従属する際に、存在の「アファニシス」が起こると述べる（Lacan 1973, p.189)。

る。

このような構造論的な考えは、１９５０年代にラカンが行ったその他の女性論への言及とも大いに関わっている。たとえば、ラカンはオットー・フェニケルの論文「象徴的等式――少女＝ファルス」（Fenichel 1936）に比較的好意的に言及している。「少女＝ファルス」という等式は、少女がペニスに同一化するという、フェニケルが症例の中に観察した空想にみられるものである。ラカンは、これを、ひとは（特に女性は）母に欠如しているもの（覆い隠されたものとしての「母の存在欠如」）に同一化しようとするのだ、と読みとく（Lacan 1966b, p.565）。このような考えは、母に欠如しており、それゆえに母がそれを欲望していると子どもが想定する代数学的な「x」こそがファルス（より正確には、「想像的ファルス」）であるという、同時期のラカンの定義にも一貫していると考えられる。また、ラカンが女性性の理解に際して大いに参照したジョアン・リヴィエールの論文「仮装としての女性らしさ」（Riviere 1929）においては、女性はヴェール（覆い）としての女性らしさを身にまとうことによって、そのヴェールの下でファルスになることができる、という見解が述べられている。これもまた、覆いによって隠されたものとしての「x」がファルスである、という先の見解に基づくならば、ラカンがなぜリヴィエールの議論に注目したのかは理解しやすいであろう。

こうしてラカンは、解剖学的なペニスの存在／不在を中心とするフロイトの議論――そこでは、当然ながら男性はペニスを持つ（がゆえに去勢不安を抱える者として）、女性はペニスを持たない（がゆえにペニス羨望を持つ者として）描かれざるをえない――を、構造論的な「覆い隠されたものとしてのファルス」、すなわち覆いの下に隠れていると想定される代数学的な「x」を中心とした議論へと書き換えた。後者の議論においては、もはやファルスはその存在／不在が問題となるのではなく、むしろ「覆い隠されたものとしてのファルス」として性差にかかわりなく確立されるものであり、主体がファルスを所有しようとする（「ファルスを持ちたい」、これは多くの男性の場合にあてはまる）のか、あるいはファルスとして存在しようとするのか（「ファルスである」、これは多くの女性の場合にあてはまる）のかが問題とされるようになるのである。[54]

第3節　ラカンの70年代の女性論——性別化の式と男性／女性の論理

男女の性的発達を解剖学的差異（ペニスの存在／不在）によって根拠付け、「去勢」を性的発達のための原理とするフロイトの生物学的な議論は、ラカンによって「覆い隠されたものとしてのファルス」を原理とする構造論として書き直された。ラカンのこのような議論は、50年代において、女性のセクシュアリティについても、やはりフロイトとよく似た結論に行き着くことになる。実際、ラカンは論文「ファルスの意味作用」の最後の段落において、次のように女性のセクシュアリティをファルス一元論の観点からとらえている。

このことと相関的に、いままで解き明かされなかった特徴、またフロイトの直観の深遠さがもう一度はかりしられる特徴の理由が垣間見られます。すなわち、フロイトが一つのリビドーしか存在しないと言い立てたこ

54　だからといって、ファルスが解剖学的なペニスと一切関係がないとするのも極端な考え方であろう。実際ラカンは、ファルスが解剖学的器官ではなく、一つのシニフィアンであることを主張しながらも、やはりそれが器官と結び付けられやすいことを次のように説明している——「このファルスというシニフィアンは、性的交わりというリアルの中でつかむことができるもののうちでもっとも顕著なものとして選ばれたのだと言うことができるでしょう。同様に、用語の文字通りの（印刷技術上の）意味において、もっともサンボリックなものとして選ばれたのだと言うこともできます。なぜなら、そのファルスのシニフィアンは（論理的）連辞と等価であるためです。また、その膨張性によって、世代をわたって伝えられていく生命的な流れのイメージであると言うこともできます」（Lacan 1966a, p.692）。

との理由、そしてフロイトのテクストが教えるところでは、リビドーは男性的性質をはらんでいるが、そのことの理由が垣間見られるのです（Lacan 1966a, p.695）。

フロイトのいうリビドー（ラカンのいう享楽）は一つであり、享楽にはファルスと関係する男性的なものしか存在しない、というのである。しかし、このように女性のセクシュアリティをファルスに還元してしまうこと、ひいてはラカンの「覆い隠されたものとしてのファルス」の議論や「仮装としての女性らしさ」の解釈に典型的にみられたような、女性性を「いわく言い難いもの」とみなす態度は、結局のところフロイトが言った「暗黒大陸」という否定的な女性性の規定からほとんど変わらないことしか言えず、女性のセクシュアリティについて肯定的＝積極的に何かを言ったことにはならないという批判も向けられうるだろう。

また、より根本的に言えば、男性性とは異なる女性性の特殊性を論じる際に、「フロイトがエディプス・コンプレックスを重視することによって不可視化させられてきた前エディプス的なものを重視すべきである」といったクライン派の議論に親和的な主張や、「男性性によって抑圧されてきた女性性を解放するべきである」といったフェミニズム的な主張に依拠することは、いずれも男性性を前提とし、それに対する否定として女性性について論じている点において、言説の構造としては「覆い隠されたもの」や代数学的な「x」をめぐる論理の圏内から逃れることができていないのではないか、ということを一度疑われてみる必要があるだろう。

結論から述べるとすれば、１９７０年代のラカンは、このような50年代の立場からの転回を図り、女性性について否定的な論理（すなわち、男性性という肯定性をあらかじめ前提とし、それを否定することによって女性性について論じる方法）に依拠せずに語るための論理を考案しようとしたと整理することができるだろう。その際に彼が依拠したのが、セミネール（講義録）第20巻『アンコール』（1972-1973）で提示された、あの名高い「性別化の式（formules de la sexuation）」（Lacan 1975）（図２）である。

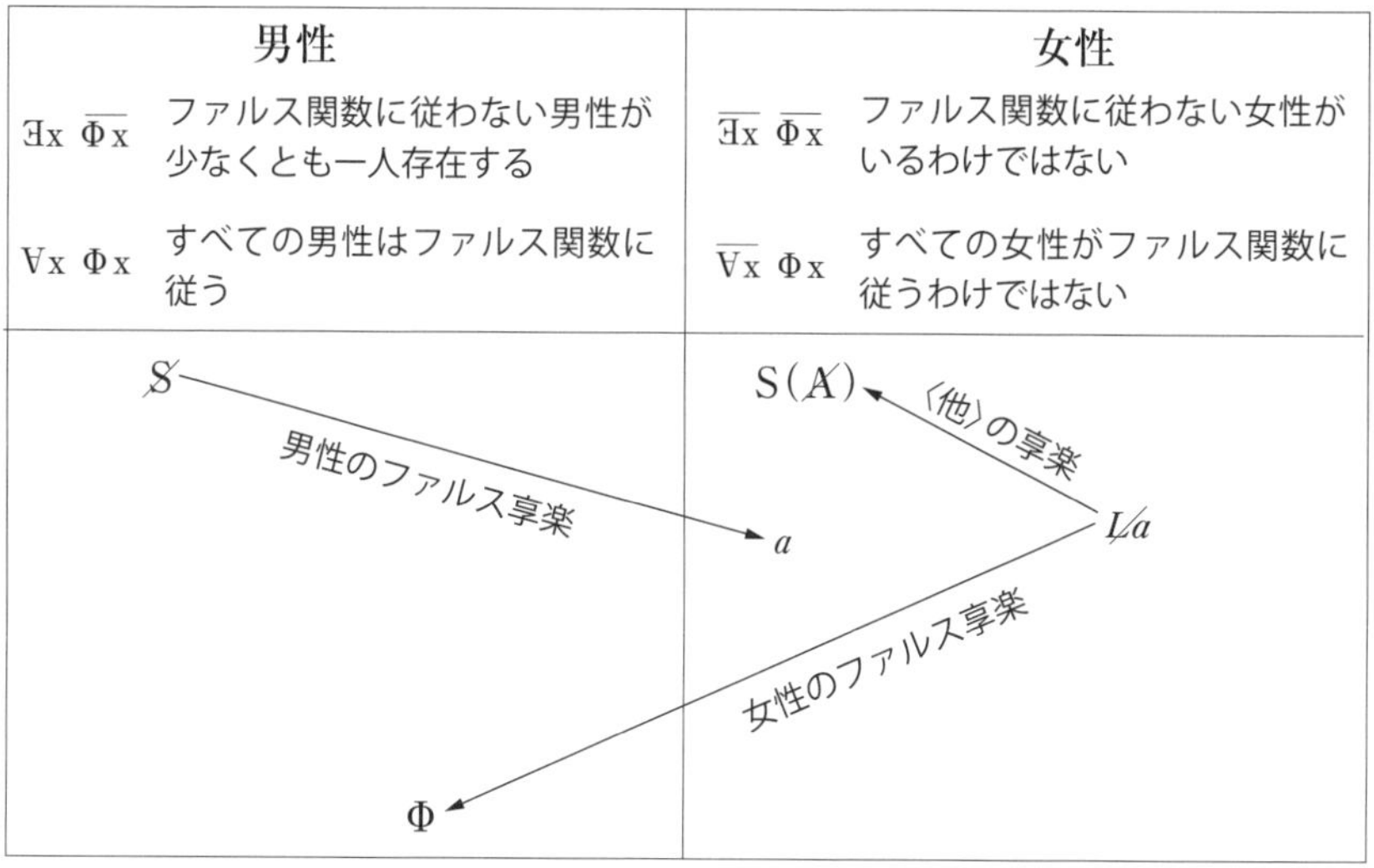
男性
$\exists x\ \overline{\Phi x}$ ファルス関数に従わない男性が少なくとも一人存在する
$\forall x\ \Phi x$ すべての男性はファルス関数に従う
女性
$\overline{\exists x}\ \overline{\Phi x}$ ファルス関数に従わない女性がいるわけではない
$\overline{\forall x}\ \Phi x$ すべての女性がファルス関数に従うわけではない
$\$$
男性のファルス享楽
a
$S(\cancel{A})$
〈他〉の享楽
$\cancel{L}a$
女性のファルス享楽
Φ

図2　性別化の式

独特な表記が用いられているため、一つ一つ丁寧にみていこう。まず、図2の上段にある男性と女性それぞれを表わす論理を構成する二つの命題に用いられている記号であるが、これは論理学における述語論理を真似たものであり、「$\forall x$〜」は「すべてのxは〜である」こと、「$\exists x$〜」は「〜であるようなあるxが存在する」こと、「Φx」は「xはファルス関数に従う（去勢されている）」こと、「‾」は否定（〜ではない）を表わしている。

すると、男性の論理に書かれている「$\forall x \Phi x$」（普遍肯定命題）という命題は、「すべての男性はファルス関数に従う（去勢されている）」と読むことができる。ここで言われているのは、「男性」としてのセクシュアリティを持つ人間は、生物学的性別にかかわらずすべて去勢されているということである。そのすぐ上に書かれている「$\exists x \overline{\Phi x}$」（個別否定命題）という命題は、「ファルス関数に従わない（去勢されていない）男性が少なくとも一人存在する」と読む。

この二つの命題は、いっけん矛盾するように思われる（というのも、すべての男性が去勢されているにもかかわらず、少なくとも一人だけは去勢を免れているというのは、普通に考

えればおかしなことだからである)。しかし、このことは「例外のない規則はない」(むしろ、例外があることによって規則が成立する)という諺や、フロイトが論文「トーテムとタブー」で述べた「原父神話」にかんがみれば、むしろ人間の心的現実をかたちづくるきわめて重要な論理であることが分かる。フロイトの原父神話において、強大な力を持つとされる原父が(すべての女性を独占し、自分以外のすべての男性を追放=去勢することによって)その例外の座を占め、一致団結した男性たちによって殺害された後にも「死んだ父」として例外の座を占めつづけることによって人間の共同体という普遍を成立させたように、普遍は、その普遍にとって例外の座を占める人物をかならず一人必要とするのである(Freud 1913)。このような議論は、「象徴システムの全体という普遍は、そのシステム内部の例外の存在によって保証ないし安定化される」とする、いわゆる「否定神学システム」を彷彿とさせることだろう。

こうして、男性のセクシュアリティはファルス関数(去勢)によって決定付けられることが分かる。そして、**図2**における下段左側が示しているように、男性の享楽は「$\mathcal{S}\rightarrow a$」と表記される「ファルス享楽(jouissance phallique)」としての特徴を持つことになる。これは、去勢をこうむった結果として、男性は女性の身体そのものを享楽することができず、その代わりにフェティッシュとしての対象aを享楽せざるをえない、ということである(Lacan 1975, p.13)。

このファルス享楽は男性にとって、多少の快を与えはするものの、多大な失望をも与えるだろう。そのため、男性の空想にはしばしば、このファルス享楽以外の享楽がどこかに存在しているのではないかという考えが現れる。『オイディプス王』に登場する盲目の預言者テイレシアスの教えから卑俗な言説に至るまで、「女性は性交の際に、男性では決して到達できないような強烈な享楽(膣の享楽)を得ている」という神話がしばしば語られるが、それは去勢されたすべての男性にとっての「例外」として女性をとらえるものである。後にラカンが述べているように、「女性なるもの(*La femme*)」とは「〈父〉(=ただ一人十全な享楽にありついていたと想定される原父」のバージョン違い（version du Père）」に相当すると言えるかもしれない（Lacan 2001, p.563）。このような男性の空想が、女性性を「暗黒大陸」ととらえたフロイトや、「覆い隠されたものとしてのファルス」を女性性のあり方の本質（少女＝ファルス）としてとらえようとしたラカンの思考を規定していると考えることは、それほど突飛なことではないだろう。だとすれば、フロイトや１９５０年代のラカンの理論は、おおむねここまでみてきた男性の論理の枠内に収まると言えるだろう。

　女性の論理は、「$\overline{\exists x}\ \overline{\Phi x}$」（個別否定命題の否定）、すなわち「ファルス関数に従わない（去勢されていない）女性がいるわけではない」という命題と、「$\overline{\forall x}\ \Phi x$」（普遍肯定命題の否定）、すなわち「すべての女性がファルス関数に従う（去勢されている）わけではない」と読むことのできる命題から構成される。最初の命題が意味しているのは、「女性であるからといって去勢を免れることはできず、女性もファルス関数に従わないわけではない」ということである。しかし、この「従わないわけではない」という二重否定は、単なる肯定（「すべての女性はファルス関数に従う」）とは異なる。それは、二番目の命題が、「すべての女性がファルス関数に従う（去勢されている）」ということを否定していることからも明らかであろう。

　ここできわめて興味深いのは、ラカンが女性の論理の命題（「$\overline{\exists x}\ \overline{\Phi x}$」と「$\overline{\forall x}\ \Phi x$」）を、通常の述語論理ではありえない仕方で記述している点である。通常、述語論理では「∀」や「∃」のような量化記号に否定の記号「—」をつけることはできない（これは、アラン・ソーカルらが『知の欺瞞』の中でラカンによる論理学の濫用を非難する際に指摘した点の一つである）。しかし、ここでラカンは、あえて述語論理を逸脱するような量化記号の使用を行い、特に「すべての〜」を意味する全称量化記号である「∀」を否定することによって、女性についてまったく新しい規定を行おうとしているのである。ラカンが言わんとしているのは、女性は「すべて」（普遍）を構成しないような論理に依拠している、ということにほかならない。言い換えれば、女性の論理の二番目の命題（「$\overline{\forall x}\ \Phi x$」）は、「すべての女性がファルス関数に従う（去勢されている）わけではない」ことを意味しているのであるが、この場合の否定（「—」）は、「ファルス関数に従う（去勢されている）」ことを否定しているというよりも、むしろ「すべての女性」というものが存在することを否定しているのである（Lacan 1975, p.68）。

このことは、原父神話からも考えることができるだろう。原父が存在していた時代には、例外的な存在である原父が「すべての女性」を所有することによって女性の集合を囲い込んでいたため、女性における「すべて」を考えることが可能であった。しかし、原父を殺してしまった今となっては、「すべての女性」なるものは存在しえない。すると、普遍を根拠付ける例外が存在しないのだから、もはや女性について普遍的な仕方で何かを語ることは不可能であり、一人一人の女性について個別的に語らなければならないということになる。ゆえにラカンは、女性について「すべてはない（pas-tout）」、あるいは「〔普遍的な「女」と言えるような〕女なるものは存在しない（*La* femme n'existe pas）」という規定を与えることになるのである。このような女性についての規定は、もはや女性を男性の論理における「例外」の位置に——ひいては、「覆い隠されたものとしてのファルス」を巡る否定的な論理に——縛り付けることを必要としないことが理解されるであろう。

さらにラカンは、ここから女性における二つのセクシュアリティのあり方を引き出している。図2における下段右側が示しているように、女性は、男性が一つの享楽しか持ちえないのに対して、二つの享楽の可能性を持っている。一つ目は、女性のファルス享楽（*La*→Φ）である。これは、女性（*La*）が子どもを自分にとってのファルス（Φ）として欲望したり、ファルス（Φ）を持っているような男性を欲望したりすることを表わしており、おおむねフロイトのいう「ペニス羨望」を説明するものであるとみてよい。ところが、女性にはもう一つの享楽の可能性がある、とラカンは言う。それこそが、「*La*→S(*A*)」と表記される「〈他〉の享楽（jouissance de l'Autre）」である。先に説明した女性の論理の二つの命題にならって言うならば、女性の享楽はファルス的でないわけではないが、しかしそれはファルス的でない享楽がありえないということではない、というわけである。

くわえて、ラカンによると、この〈他〉の享楽は次のような性質を持っている。

つまり、すべてはない（pas-tout）ということによって、女はファルス関数が享楽によって示しているものに対して、ある追加的な享楽をもっている、という点です。

わたしが追加的な（supplémentaire）と言ったことに注意してください。もし補完的な（complémentaire）と言っていたら、わたしたちはどうなっていたことか！　すべて（tout）の中に転落していたことでしょう（Lacan 1975, p.68）。

ラカンが女性の享楽についてきわめて慎重に言葉を選んでいることが分かるだろう。男性がファルス享楽しか得られないのに対して、女性は「ある追加的（supplémentaire）な享楽〔＝〈他〉の享楽〕を持っている」。ただしその享楽は、ファルス享楽に欠けているものを補完する（complémentaire）ような享楽ではない。というのも、「何かを補完する」ということは、何らかの「すべて（tout）」を想定することになってしまうが、女性の論理はそもそも「すべてはない（pas-tout）」ものだからである。この用語選択が、「覆い隠されたものとしてのファルス」や代数学的な「x」を巡る論理の圏内から逃れるような仕方で女性を論じることと関係していることは明らかであろう。言い換えるなら、ラカンの「女なるものは存在しない」や「〈他〉の享楽」といった概念は、女性性の検討を通じて、けっして全体化されえないような――そして、エディプス・コンプレックスの彼岸にあるような――性と享楽の多様なあり方を指し示そうとしているのである。[55] こうしてラカンは、精神分析の言説におけ

55　もっとも、セミネール第20巻『アンコール』（1972–1973）の時点におけるラカンは、女性が依拠する論理を男性の論理とは無関係な仕方で取り出すことが確かにできていたとしても、女性における〈他〉の享楽について十分に語ることができていなかったと言えるかもしれない。実際ラカンは、女性の神秘主義者の体験を例に取り、「それを体験しているが、それについては何も知らない」という性質を〈他〉の享楽に与えている（Lacan 1975, p.71）。

る女性についてのまったく新しい語り方を手に入れることができたのである。[56]

第4節　おわりに――フェミニズムとラカン理論

ラカンは、私たちが前節で要約してきた『アンコール』において、フランスにおける女性解放運動（ＭＬＦ）のメンバーから、「女なるものは存在しない」というテーゼに関して彼が大いに不興を買ったというエピソードを披露している（Lacan 1975, p.54）。しかし、ここまで確認してきたように、実際には、「女なるものは存在しない」というテーゼや「すべてはない」という女性についての規定こそが、否定を通じて普遍を構築する男性の論理の力の及ばぬ場所において女性をとらえるためのヒントとなる可能性がある。実際ラカンは、自分の考えが「女性解放運動に一つの他の一貫性を提供する」ことができると言ってはばからなかったのである（Lacan 1975, p.69）。

もっとも、ラカンの女性論が持つこのようなポテンシャルは、これまでフェミニズムの側から十分に理解されてきたわけではない。１９７２～73年にかけて行われたセミネール『アンコール』は、早くも１９７５年にフランスで出版され、１９８２年にはジュリエット・ミッチェルとジャクリーヌ・ローズの序文付きでその一部と関連文献が英訳出版されているが、両者の序文においてはラカンの女性の論理のもたらすインパクトについてはほぼ言及されていない（Lacan & the École Freudienne 1982）。

また、フランスにおいてラカンの１９７０年代前半のセミネールに出席していたリュス・イリガライ――女性解放運動内部に「精神分析と政治（プシケポ）」グループ[57]をつくり、男性的でないリビドーの可能性を考えたアントワネット・フークの分析を一時担当した人物としても知られる――は、ラカンの『アンコール』のいくつかのテーゼに対するフェミニズムの側からの批判として論文「コジ・ファン・トゥティ」を著している（「コジ・ファン・トゥティ」とは、イタリア語の「コジ・ファン・トゥッテ（女というのはみんなそのようなもの）」を捩《もじ》り、「男というのはみんなそのようなもの」という意味を持たせたものである）。この論文においてイリガライは、おおむね『アンコール』をファルス中心的な議論（つまり、男性の論理に基づくもの）として読んでいる。たとえば、彼女はラカンの「すべてはない」の議論を「男は、言説の中に登記された、ただし、欠如として裂け目として登記された女を求める」と要約し、それを「否定神学」的であると評する（Irigaray 1977）。しかし、ラカンの議論を追ってきた私たちにはすでに明らかなように、事実はむしろ逆であり、ラカンは「欠如や裂け目」――これは私たちの文脈では「覆い隠されたものとしてのファルス」や代数学的「x」に相当しよう――、あるいは「例外」の位置に女性を位置付ける男性の論理とは異なるロジックを、「すべてはない」女性の論理にみていたのである。

フェミニズム理論において、ラカンの「女なるものは存在しない」というテーゼや、「すべてはない」という女性の論理と比較的親和性が高いのは、意外にも、ジュディス・バトラーが『ジェンダー・トラブル』（Butler 1990）で提示した「女」のカテゴリーを巡る議論かもしれない。もちろん、『ジェンダー・トラブル』においては、私たちが第2節で検討してきた１９５０年代のラカンの女性論を代表する論文「ファルスの意味作用」や

---

56 ジャック＝アラン・ミレールをはじめとする現代ラカン派の論者たちは、この女性の享楽のあり方を男性（というよりむしろ、すべての語る存在）にまで一般化し、これを目指すことを精神分析の目標とみなす傾向にある。実際晩年のラカンは、他の誰とも異なる、それぞれの主体に固有の享楽のモードである「ひとつきりの〈一者〉」と呼ばれる孤立した享楽のあり方を重視していたと考えられている（松本 2018）。

57 フランスの68年5月以後のフェミニズムと精神分析の対話の一つの中心となった〈精神分析と政治〉グループについては、佐藤（2019）を参照せよ。

リヴィエールの論文「仮装としての女性らしさ」が批判的に検討されていることはよく知られている。しかし、「女というカテゴリーの一貫性や統一性に固執すれば、具体的な種々の「女たち」が構築される際の文化的、社会的、政治的な交錯の多様性を、結果的に無視してしまうことになる」と述べ（Butler 1990, p.14）、「女」という普遍的なアイデンティティをあらかじめ前提とする理論や運動を批判し、さらには「〔女という〕カテゴリーとは本質的に不完全なものだと仮定することによってのみ、そのカテゴリーをさまざまな意味が競合する永遠に使用可能な場として機能させることができる」（Butler 1990, p.15）と結論付ける彼女の議論は、ラカンの「すべてはない」と比較することも許されよう。ラカンの女性論は、ファルス中心主義による支配に対して、それを否定した「外部」や「裏面」や「下部」に女性性を見出すのではない。「女性」というカテゴリーがけっして全体化されえないという意味で「女なるもの（*La* femme）」に斜線を引き、「~~女なるもの~~（~~*La*~~ femme）」と記す彼の理論は、現代の精神分析のみならずフェミニズムとの対話の中でその価値を再評価されるべきであろう。

文　献

まえがき

北村紗衣（2020）「波を読む――第四波フェミニズムと大衆文化」『現代思想　臨時増刊号 フェミニズムの現在』

第一章

有賀夏紀（1988）『アメリカ・フェミニズムの社会史』勁草書房

Aron, L.（1995）The Internalized Primal Scene. *Psychoanalytic Dialogues*. 5: 195-237

Balint, E.（1973）Technical Problems Found in the Analysis of Women by a Woman Analyst: A Contribution to the Question 'What Does a Woman Want?'. *International Journal of Psycho-Analysis*. 54: 195-201

Benjamin, J.（1988）*The Bonds of Love: Psychoanalysis, Feminism and the Problem of Domination*. Pantheon Books.〔寺沢みづほ訳（1996）『愛の拘束』青土社〕

Benjamin, J.（1995）*Like Subjects, Love Objects: Essays on Recognition and Sexual Difference*. Yale University Press.

Benjamin, J.（1998）*Shadow of the Other: Intersubjectivity and Gender in Psychoanalysis*. Routledge.〔北村婦美訳（2018）『他者の影』みすず書房〕

Benjamin, J.（2004）Beyond Doer and Done to: An Intersubjective View of Thirdness. *Psychoanalytic Quarterly*. 73: 5-46

Benjamin, J.（2018）*Beyond Doer and Done to: Recognition Theory, Intersubjectivity and the Third*. Routledge.

Bion, W. R.（1959）Attacks on Linking. *International Journal of Psycho-Analysis*. 40: 308-315

Blum, H. P.（1976）Masochism, The Ego Ideal, And The Psychology of Women. *Journal of the American Psychoanalytic Association*. 24S: 157-191

Bonaparte, M.（1935）Passivity, Masochism and Femininity. *International Journal of Psycho-Analysis*. 16: 325-333

Breen, D. B.（1993）*The Gender Conundrum: Contemporary Psychoanalytic Perspectives on Femininity and Masculinity*. Routledge.

Breuer, J.. & Freud, S.（1895/1995）Studies on Hysteria. *S. E.* Vol. II. Hogarth Press.〔芝伸太郎訳（2008）「ヒステリー研究」『フロイト全集2』

岩波書店〕

Britton, R.（2003）*Sex, Death, and the Superego: Experiences in Psychoanalysis*. Karnac Books.〔豊原利樹訳（2012）『性、死、超自我――精神分析における経験』誠信書房〕

Brunswick, R. M.（1940）The Preoedipal Phase of the Libido Development. *Psychoanalytic Quarterly*. 9: 293-319

Buhle, M. J.（1998）*Feminism and Its Discontents: A Century of Struggle with Psychoanalysis*. Harvard University Press.

Burgner, B. A. & Edgcumbe, R.（1975）The Phallic-Narcissistic Phase: A Differentiation Between Preoedipal and Oedipal Aspects of Phallic Development. *Psychoanalytic Study of the Child*. 30: 161-180

Chasseguet-Smirgel, J.（1970）*Female Sexuality: New Psychoanalytic Views*. Karnac.

Chasseguet-Smirgel, J.（1976）Freud and Female Sexuality: The Consideration of Some Blind Spots in the Exploration of the 'Dark Continent'. *International Journal of Psycho-Analysis*. 57: 275-286

Chodorow, N. J.（1978）*The Reproduction of Mothering: Psychoanalysis and the Sociology of Gender*. The Regents of the University of California.〔大塚光子、大内菅子訳（1981）『母親業の再生産――性差別の心理・社会的基盤』新曜社〕

Deutsch, H.（1925）The Psychology of Women in Relation to the Functions of Reproduction. *International Journal of Psycho-Analysis*. 6: 405-418

Dimen, M.（1991）Deconstructing Difference: Gender, Splitting, and Transitional Space. *Psychoanalytic Dialogues*. 1: 335-352

Dimen, M.（1995）The Third Step: Freud, the Feminists, and Postmodernism. *American Journal of Psychoanalysis*. 55: 303-319

Dinnerstein, D.（1976）*The Mermaid and the Minotaur*. Harper & Row.〔岸田秀、寺沢みづほ訳（1984）『性幻想と不安』河出書房新社〕

Doolittle, H.（1956）*Tribute to Freud*. Pantheon.〔鈴木重吉訳（1983）『フロイトにささぐ』みすず書房〕

Erikson, E. H.（1950）*Childhood and Society*. W.W. Norton & Company.〔仁科弥生訳（1977）『幼児期と社会1』みすず書房〕

Erikson, E. H.（1968）*Identity: Youth and Crisis*. W. W. Norton & Company.〔岩瀬庸理訳（1982）『アイデンティティ』金沢文庫〕

Freud, S.（1905）Three Essays on the Theory of Sexuality. *S. E.* Vol. VII. Hogarth Press.〔渡邉俊之訳（2009）「性理論のための三篇」『フロイト全集6』岩波書店〕

Freud, S.（1909）Analysis of a Phobia in a Five-Year-Old Boy. *S. E.* Vol. X. Hogarth Press.〔総田純次、福田覚訳（2008）「ある五歳男児の恐怖症の分析［ハンス］」『フロイト全集10』岩波書店〕

Freud, S.（1917）Mourning and Melancholia. *S. E.* Vol. XIV. Hogarth Press.〔伊藤正博訳（2010）「喪とメランコリー」『フロイト全集14』岩波書店〕

Freud, S. (1924a) The Dissolution of the Oedipus Complex. *S. E.* Vol. XIX. Hogarth Press.〔太寿堂真訳（2007）「エディプス・コンプレックスの没落」『フロイト全集18』岩波書店〕

Freud, S. (1924b) The Economic Problem of Masochism. *S. E.* Vol. XIX. Hogarth Press.〔本間直樹訳（2007）「マゾヒズムの経済論的問題」『フロイト全集18』岩波書店〕

Freud, S. (1924c) Letter from Sigmund Freud to Karl Abraham, December 8, 1924. *The Complete Correspondence of Sigmund Freud and Karl Abraham 1907-1925.* 527-528

Freud, S. (1925) Some Psychical Consequences of the Anatomical Distinction between the Sexes. *S. E.* Vol. XIX. Hogarth Press.〔大宮勘一郎訳（2010）「解剖学的な性差の若干の心的帰結」『フロイト全集19』岩波書店〕

Freud, S. (1926) The Question of Lay Analysis. *S. E.* Vol. XX. Hogarth Press.〔石田雄一、加藤敏訳（2010）「素人分析の問題」『フロイト全集19』岩波書店〕

Freud, S. (1930) Civilization and its Discontents. *S. E.* Vol. XXI. Hogarth Press.〔嶺秀樹、高田珠樹訳（2011）「文化の中の居心地悪さ」『フロイト全集20』岩波書店〕

Freud, S. (1931) Female Sexuality. *S. E.* Vol. XXI. Hogarth Press.〔高田珠樹訳（2011）「女性の性について」『フロイト全集20』岩波書店〕

Freud, S. (1933) Femininity. In New Introductory Lectures on Psycho-Analysis. *S. E.* Vol. XXII. Hogarth Press.〔道籏泰三訳（2011）「続・精神分析入門講義　第33講　女性性」『フロイト全集21』岩波書店〕

Friedan, B. (1963) *The Feminine Mystique.* W. W. Norton & Company.〔三浦冨美子訳（2004）『新しい女性の創造』大和書房〕

Galenson, E., Roiphe, H. (1976) Some Suggested Revisions Concerning Early Female Development. *Journal of the American Psychoanalytic Association.* 24S: 29-57

Gibeault, A. (1988) On the Feminine and the Musculine: afterthoughts on Jaqueline Cosnier's book, Destins de la féminité. In Breen, D. B. (1993) *The Gender Conundrum: Contemporary Psychoanalytic Perspectives on Femininity and Masculinity.* Routledge.

Gillespie, W. H. (1969) Concepts of Vaginal Orgasm. *International Journal of Psycho-Analysis.* 50: 495-497

Gilligan, C. (1982) *In a Different Voice: Women's Conceptions of the Self and Morality.* Harvard University Press.〔岩男寿美子訳（1986）『もうひとつの声――男女の道徳観のちがいと女性のアイデンティティ』川島書店〕

Gilman, S. L. (1993) *Freud, Race, and Gender.* Princeton University Press.〔鈴木淑美訳（1997）『フロイト・人種・ジェンダー』青土社〕

Goldner, V. (1991) Toward a Critical Relational Theory of Gender. *Psychoanalytic Dialogues.* 1: 249-272

浜田寿美男（1998）「コールバーグ」廣松渉、子安宣邦他編（1998）『岩波　哲学・思想事典』岩波書店

Harris, A.（1991）Gender as Contradiction. *Psychoanalytic Dialogues*. 1: 197-224

平川和子（2002）「J・ミッチェル」江原由美子、金井淑子編（2002）『フェミニズムの名著50』平凡社

Horney, K.（1926）The Flight from Womanhood: The Masculinity-Complex in Women, as Viewed by Men and by Women. *International Journal of Psycho-Analysis*. 7, 324-339

Horney, K.（1935）The Problem of Feminine Masochism. *Psychoanalytic Review*. 22: 241-257

International Psychoanalytical Association（2005）“Women and Psychoanalysis Committee（COWAP）”: www.ipa.world/ipa/en/Committees/Committee_Detail.aspx?Code=COWAP（２０１９年5月15日閲覧）

Jacobson, E.（1950）Development of the Wish for a Child in Boys. *Psychoanalytic Study of the Child*. 5: 139-152

Jones, E.（1935）Early Female Sexuality. *International Journal of Psycho-Analysis*. 16: 263-273

北村婦美（2016）「フロイトの女性論再考：新しい両性性理解の可能性」『精神分析研究』60巻、１６３－１７９頁

北山修（2002）「両性素質」小此木啓吾編集代表（2002）『精神分析事典』岩崎学術出版社

Klein, M.（1928）Early Stages of the Oedipus Conflict. *International Journal of Psycho-Analysis*. 9: 167-180〔西園昌久、牛島定信責任編訳（1983）『子どもの心的発達　メラニー・クライン著作集1』誠信書房〕

Klein, M.（1932）*The Psycho-Analysis of Children. The International Psycho-Analytical Library*. 22: 1-379.〔小此木啓吾、岩崎徹也責任編訳、衣笠隆幸訳（1997）『児童の精神分析　メラニー・クライン著作集2』誠信書房〕

Klein, M.（1945）The Oedipus Complex in the Light of Early Anxieties. *The Writings of Melanie Klein*. Vol. I. 370-419. Free Press.〔西園昌久、牛島定信責任編訳、牛島定信訳（1983）『愛、罪そして償い　メラニー・クライン著作集3』誠信書房〕

Kohon, G.（1986）Reflections on Dora: The Case of Hysteria. In Kohon, G. ed. *The British School of Psychoanalysis: The Independent Tradition*. Yale University Press.〔川谷大治訳（1992）「ドラに関する考察――ヒステリーの症例」西園昌久監訳『英国独立学派の精神分析――対象関係論の展開』岩崎学術出版社〕

Lampl-De Groot, J.（1933）Problems of Femininity. *Psychoanalytic Quarterly*. 2: 489-518

Laslet, B.（1996）Reviewed Work: The Reproduction of Mothering: Psychoanalysis and the Sociology of Gender. by Nancy J. Chodorow. *Contemporary Sociology*. 25: 305-309

Laufer, M. E.（1986）The Female Oedipus Complex and the Relationship to the Body. *Psychoanalytic Study of the Child*. 41: 259-276

McDougall, J.（1989）The Dead Father: On Early Psychic Trauma and its Relation to Disturbance in Sexual Identity and in Creative Activity. *International Journal of Psycho-Analysis*. 70: 205-219

Meltzer, D.（1973）*Sexual States of Mind*. Karnac Books.〔古賀靖彦、松木邦裕監訳（2012）『こころの性愛状態』金剛出版〕

Miller, J. B.（Ed.）（1973）*Psychoanalysis and Women*. Penguin Books.

Miller, J. B.（1976）*Towards a New Psychology of Women*. Beacon Press.〔河野貴代美監訳（1989）『イエス バット（Yes, But...）――フェミニズム心理学をめざして』新宿書房〕

Millett, K.（1970）*Sexual Politics*. Doubleday, New York.〔藤枝澪子、加地永都子、滝沢海南子、横山貞子訳（1985）『性の政治学』ドメス出版〕

Mitchell, J.（1974）*Psychoanalysis and Feminism*. Allen Lane, London.〔上田昊訳（1977）『精神分析と女の解放』合同出版〕

Mitchell, S. A.（1996）Gender and Sexual Orientation in the Age of Postmodernism: The Plight of the Perplexed Clinician. *Gender and Psychoanalysis*. 1: 45-73

Mottier, V.（2008）*Sexuality: A Very Short Introduction*. Oxford University Press.

Ogden, T. H.（1987）The Transitional Oedipal Relationship in Female Development. *International Journal of Psycho-Analysis*. 68: 485-498

小此木啓吾（2002）「エディプス・コンプレックス」小此木啓吾編集代表『精神分析事典』岩崎学術出版社

Schafer, R.（1974）Problems in Freud's Psychology of Women. *Journal of the American Psychoanalytic Association*. 22: 459-485

Shapiro, S. A.（2002）The History of Feminism and Interpersonal Psychoanalysis. *Contemporary Psychoanalysis*. 38: 213-256

Silver, C. B.（2007）Womb Envy: Loss and Grief of the Maternal Body. *Psychoanalytic Review*. 94: 409-430

Slipp, S.（1993）*Freudian Mystique*. New York University Press.

Spillius, E. B., Milton, J., Garvey, P., Couve, C., & Steiner, D.（2011）: *The New Dictionary of Kleinian Thought*. Routledge, East Sussex.

Stoller, R. J.（1968）*Sex and Gender*. Science House.

Stoller, R. J.（1976）Primary Femininity. *Journal of the American Psychoanalytic Association*. 24S: 59-78

田村雲供（2004）『フロイトのアンナＯ嬢とナチズム――フェミニスト・パッペンハイムの軌跡』ミネルヴァ書房

Tous, J. M.（1996）Panel Report: Hysteria One Hundred Years On: Chaired by Edward Nersessian. *International Journal of Psycho-Analysis*. 77: 75-78

Trillat, E.（1986）*Histoire de l'hystérie*. Seghers, Paris.〔安田一郎、横倉れい訳（1998）『ヒステリーの歴史』青土社〕

Winnicott, D. W.（1971）Creativity and Its Origines. In Winnicott, D. W.（1971）*Playing and Reality*. Tavistock Publications.〔橋本雅雄訳（1979）

『遊ぶことと現実』岩崎学術出版社〕

第二章

Abram, J.（1996）*A Dictionary of Winnicott's Use of Words*. Karnac Books.〔舘直彦監訳（2006）『ウィニコット用語辞典』誠信書房〕

American Psychoanalytic Association（2019）News: APsaA Issues Overdue Apology to LGBTQ Community. Retrieved from https://apsa.org/content/news-apsaa-issues-overdue-apology-lgbtq-community（August 6, 2020）

Apfel, R. & Keylor, R.（2002）Psychoanalysis and Infertility: Myths and Realities. *International Journal of Psycho-Analysis*, 83（1）: 85-104

Atkinson, S., & Gabbard, G.（1995）Erotic Transference in the Male Adolescent-Female Analyst Dyad. *Psychoanalytic Study of the Child*, 50: 171-186

Balint, E.（1973）Technical Problems Found in the Analysis of Women by a Woman Analyst: A Contribution to the Question 'What Does a Woman Want?' *International Journal of Psycho-Analysis*, 54: 195-201

Balsam, R.（2003）Women of the Wednesday Society: The Presentations of Drs. Hilferding, Spielrein, and Hug-Hellmuth. *Amer. Imago*, 60（3）: 303-334

Balsam, R.（2012）*Women's Bodies in Psychoanalysis*. Routledge.

Balsam, R.（2015）The War on Women in Psychoanalytic Theory Building. *Psychoanal. St. Child*, 69: 83-107

Baruch, E. & Serrano, L.（1988）*Women Analyse Women: In France, England, and the United States*. New York University Press.

Basak, J.（2014）Cultural altruism and masochism in women in the East. In Pasquali, L. & Thomson-Salo, F. Eds. *Woman and Creativity. A Psychoanalytic Glimpse Through, Art, Literature, and Social Structure*. Karnac Books.

Benjamin, J.（1988）*The Bond of Love*. Pantheon Books.〔寺沢みづほ訳（1996）『愛の拘束』青土社〕

Bettelheim, B.（1977）*The Use of Enchantment: The Meaning and Importance of Fairy Tales*. Alfred A. Knopf.

Bernstein, D.（1991）Gender Specific Dangers in the Female Dyad in Treatment. *Psychoanalytic Review*, 78（1）: 37-48

Bernardez, T.（2004）Studies in Countertransference and Gender: Female Analyst/Make Patient in Two Cases of Childhood Trauma. *The Journal of the American Academy of Psychoanalysis and Dynamic Psychiatry*. 32: 231-254

Bion, W. R.（1962）A Theory of Thinking. *International Journal of Psycho-Analysis*. Vol. 43, In Second Thoughts. Hinemann.（1967）〔松木邦裕監訳（2007）『考えることに関する理論　再考――精神病の精神分析論』金剛出版〕

Bion, W. R.（1970）*Attention and Interpretation*. Tavistock Publication.

Birksted-Breen, D.（1989）Working with an Anorexic Patient. *Int. J. Psycho-Anal.*, 70: 29-40

Birksed-Breen, D.（1996）Unconscious Representation of Femininity. *American Psychoanalytic Association*. 44S: 119-132

Blank-Cereijido, F.（2019）Motherhood and new reproductive techniques: An overview of the last 25years. In Cereijido, M. Ed.（2019）*Changing Notions of the Feminine: Confronting Psychoanalyst's Prejudices*. Rouledge.

Borgos, A.（2017）Women in the History of Hungarian Psychoanalysis. *European Yearbook of the History of Psychology*. 3: 155-180

Breger, L.（2000）*Freud: Darkness in the Midst of Vision*. Wiley.〔後藤素規、弘田洋二監訳（2007）『フロイト――視野の暗点』里文出版〕

Britton, L.（2003）*Sex, Death, and the SuperEgo: Experiences in psychoanalysis*. Karnac Books.〔豊原利樹訳（2012）『性、死、超自我――精神分析における経験』誠信書房〕

Bronstein, C.（2001）What are internal objects? In Bronstein, C.（2001）*Kleinian Theory: A Contemporary Perspective*. Whurr Publishers.〔「内的対象とは何か」福本修、平井正三監訳（2005）『現代クライン派入門――基本概念の臨床的理解』岩崎学術出版社〕

Burgner, M.（2008）Analytic treatment of an adolescent with bulimia nervosa. In Raphael-Leff, J. and Perelberg, J. Ed. *Female Experience: Four Generations of British Women Psychoanalysts on Work with Women*. The Anna Freud Centre.

Cereijido, M.（2019）Introduction: changing notions of the feminine: confronting analysts' prejudices. 1-11. In Cereijido, M. Ed. *Changing Notions of the Feminine Confronting Psychoanalyst's Prejudices*. Rouledge.

Chertoff, J.（1989）Negative Oedipal transference of a male patient to his female analyst during the termination phase. *Journal of the American Psychoanalytic Association*, 37: 687-713

Chasseguest-Smirgel, J.（1984）The femininity of the analyst in professional practice. *International Journal of Psycho-Analysis*, 65: 169-178

Chasseguest-Smirgel, J.（1987）*Sexuality and Mind: The Roles of the Father and Mother in the Psyche*. New York University Press.

Chodorow, N.（1978）*The Reproduction of Mothering: Psychoanalysis and the Sociology of Gender*. The Regents of the University of California.〔大塚光子、大内菅子訳（1981）『母親業の再生産――性差別の心理・社会的基盤』新曜社〕

Chodorow, N.（2003）"Too Late": Ambivalence about Motherhood, Choice, and Time. 27-40. In Alizade, A. Ed.（2003）*Studies on Femininity*. Karnac Books.

Chodorow, N.（2004）Psychoanalysis and Women: A Personal Thirty-Five-Year Retrospect. *Annu. Psychoanal.*, 32: 101-129

Cournut-Janin, M.（2003）The first lipstick: the fear of femininity in parents of adolescent girl. In Alizade, A. Ed.（2003）*Studies on Femininity*.

Karnac Books.

Cohler, B. & Galatzer-Levy, R. (2013) The Historical Moment in the Analysis of Gay Men. *Journal of the American Psychoanalytic Association*, 61(6): 1139-1173

De Luca, J. (2014) A particular kind of sterility. In Pasquali, L. & Thomson-Salo, F. Ed. *Woman and Creativity: A Psychoanalytic Glimpse Through, Art, Literature, and Social Structure*. Karnac Books.

Dio Bleichmar, E. (2010) The psychoanalyst's implicit theories of gender. In Fiotini, L. and Abelin-Sas Rose, G. *On Freud's "Femininity"*. Karnac Books.

Downey, J. & Friedman, R. (2008) Homosexuality: Psychotherapeutic Issues. *British Journal of Psychotherapy*, 24(4): 429-468

Drescher, J. (2008). A History of Homosexuality and Organized Psychoanalysis. *J. Am. Acad. Psychoanal. Dyn. Psychiatr.*, 36(3): 443-460

Ellman, L. P. (2019) When pain takes hold of dyad. In Cereijido, M. Ed. (2019) *Changing Notions of the Feminine Confronting Psychoanalyst's Prejudices*. Routledge.

Etchegoyen, H. (1999) *Fundamentals of Psychoanalytic Technique*. Karnac Books.

Feldman, M. J. (2002) Being Gay and Becoming a Psychoanalyst. *J. Amer. Psychoanal. Assn.*, 50(3): 973-987

Freud, S. (1905) Three Essays on the Theory of Sexuality. *S. E.* 7.〔渡邉俊之訳（2009）「性理論のための三篇」『フロイト全集６』岩波書店〕

Freud, S. (1919) "A Child is Being Beaten". *S. E.* 17. Hogarth Press.〔三谷研爾訳（2010）「子どもがぶたれる」『フロイト全集16』岩波書店〕

Freud, S. (1920) The psychogenesis of a case of homosexuality in a woman. *S.E.* 18, 155-172. Hogarth Press.〔藤野寛訳（2006）「女性同性愛の一事例の心的成因について」『フロイト全集17』岩波書店〕

Freud, S. (1923) The Infantile Genital Organization, *S. E.* 19. Hogarth Press.〔本間直樹（2007）「幼児期の性器的編成」『フロイト全集18』岩波書店〕

Freud, S. (1925) Some Psychical consequences of the Anatomical Distinction between the Sexes. *S. E.* 19. Hogarth Press.〔大宮勘一郎訳（2007）「解剖学的な性差の若干の心的帰結」『フロイト全集18』岩波書店〕

Freud, S. (1931) Female Sexuality. *S. E.* 21. Hogarth Press.〔高田珠樹訳（2011）「女性の性について」『フロイト全集20』岩波書店〕

Freud, S. (1937) Analysis terminable and interminable, *S. E.* 23. Hogarth Press.〔(2014)「終わりのある分析と終わりのない分析」藤山直樹編・監訳『フロイト技法論集』岩崎学術出版社〕

Frommer, M. S. (1995) Countertransference obscurity in the psychoanalytic treatment of homosexual patients. In: Domenici, T. & Lesser, R.

C.（Eds.）, *Disorienting sexuality: Psychoanalytic reappraisals of sexual identities*. Routledge.

福本修（1996）「クライン派から見たヒステリーの対象関係」『imago』７巻、２０２－２１７頁

Goldberger, M. & Evans, D.（1985）On Transference Manifestations in Male Patients with Female Analysts. *International Journal of Psycho-Analysis*, 66: 295-309

Goldberger, M. & Holmes, D. E.（1993）Transferences in Male Patients with Female Analysts: An Update. *Psychoanal. Inq.*, 13(2): 173-191

Goodman, N.（2019）Femininity: Transforming prejudices in society and in psychoanalytic thought. In Cereijido, M. Ed.（2019）*Changing Notions of the Feminine Confronting Psychoanalyst's Prejudices*. Routledge.

Green, A.（1994）Impact of Sexual Trauma on Gender Identity and Sexual Object Choice. *Journal of American Academy of Psychoanalysis*, 22(2): 283-297

Greenacre, P.（1953）Certain Relationships Between Fetishism and Faulty Development of the Body Image. *Psychoanalytic Study of the Child*, 8: 79-98

Gornick, L.（1986）Developing a New Narrative: The woman therapist and the male patient. *Psychoanalytic Psychology*, 3(4): 299-325

Gornick, L.（1994）Woman treating men: interview data from female psychotherapists. *Journal of American Academy of Psychoanalysis*, 22(2): 231-257

Green, A.（1995）Has sexuality anything to do with psychoanalysis? *International Journal of Psychoanalysis*, 76: 871-883

Guttman, H.（1984）Sexual Issues in the Transference and Countertransference Between Female Therapist and Male Patient. *Journal of American Academy of Psychoanalysis*, 12(2): 187-197

Hinshelwood, R.（1991）*A Dictionary of Kleinian Thought*. Free Association Books.〔衣笠隆幸総監訳（2014）『クライン派用語事典』誠信書房〕

Howell, E.（1996）Dissociation in Masochism and Psychopathic Sadism. *Contemporary Psychoanalysis*, 32: 427-453

Hughes, M. I.（1997）Personal Experiences Professional Interests: Joan Riviere And Femininity. *International Journal of Psycho-Analysis*, 78: 899-911

Humphries, J. & McCann, D.（2015）Couple Psychoanalytic Psychotherapy with Violent Couples: Understanding and Working with Domestic Violence. *Couple and Family Psychoanalysis*, 5(2): 149-167

Karme, L.（1979）The Analysis of a Male Patient by a Female Analyst: The Problem of the Negative Oedipal Transference. *International Journal of Psycho-Analysis*, 60: 253-261

Kim, M. (2010) The persistence of traditional in the unconscious of modern Korean women. In Fiotini, L. and Abelin-Sas Rose, G. (2010) *On Freud's "Femininity"*. Karnac Books.
北山修（2000）「フロイトの症例「ドラ」から学ぶ」『九州大学心理学研究』第1巻1－9頁
Klein, M. (1926) The psychological principles of early analysis. Hogarth Press.〔長尾博訳（1983）「早期分析の心理学的原則」西園昌久、牛島定信責任編集『メラニー・クライン著作集1　子どもの心的発達』誠信書房〕
Klein, M. (1928) Early stages of the Oedipus conflict. Hogarth Press.〔柴山謙二訳（1983）「エディプス葛藤の早期段階」西園昌久、牛島定信責任編集『メラニー・クライン著作集1　子どもの心的発達』誠信書房〕
Klein, M. (1932) *The Writings of Melanie Klein*. Vol. 3. The Psycho-analysis of Children. Hogarth Press.〔衣笠隆幸訳（1997）小此木啓吾、岩崎徹也責任編訳『メラニー・クライン著作集2　児童の精神分析』誠信書房〕
Klein, M. (1933) *The Writings of Melanie Klein*. Vol. 1. The early development of conscience in the child. Hogarth Press.〔田嶌誠一訳（1997）「子どもにおける良心の早期発達」小此木啓吾、岩崎徹也責任編訳『メラニー・クライン著作集3　愛、罪そして償い』誠信書房〕
Klein, M. (1963) On the sense of lonliness. *The Writings of Melanie Klein*. Vol. 3. Hogarth Press.〔小此木啓吾、岩崎徹也責任編訳（1996）『メラニー・クライン著作集5　羨望と感謝』誠信書房〕
Kofman, S. (1980) *L' Énigme de la femme*. Editions Galilée.〔鈴木晶訳（2000）『女の謎――フロイトの女性論』せりか書房〕
Kristeva, J. (2000) *Le Genie Femin-Melanie Klein. FAYARD.*〔松葉祥一、井形美代子、植本雅治訳（2013）『メラニー・クライン――苦痛と創造性の母親殺し』作品社〕
Kulish, N. (1989) Gender and Transference: Conversations with Female Analysts. *Psychoanalytic Psychology*. 6(1): 59-71
Kulosh, N. & Mayman, M. (1993) Gender-linked determinants of transference and countertransference in psychoanalytic psychotherapy. *Psychoanalytic Inquiry*. 13(2): 286-305
Langer, M. (1953) *Motherhood and Sexuality*. Guilford.
Laplanche, J. & Pontalis, J. (1967) *Vocabulaire de la psychanalyse*. Presses Universitaires de France.〔村上仁監訳（1977）『精神分析用語辞典』みすず書房〕
Laufer, M. (1993) The female Oedipus complex and the relationship to the body. In Birksted-Breen, D. *The Gender Conundrum Contemporary Psychoanalytic Perspectives on Femininity and Masculinity*. Routledge.
Lawrence, M. (2001) Loving them to Death: The Anorexic and her Objects. *International Journal of Psycho-Analysis*, 82(1): 43-55

Lawrence, M. (2002) Body, Mother, Mind: Anorexia, Femininity and the Intrusive Object. *International Journal of Psycho-Analysis*, 83(4): 837-850

Lawrence, M. (2012) Response to Paul Lynch. Paper given at BPC Conference on Psychoanalysis and Homosexuality: Moving On, 21 January 2012.

Lerner, H. G. (1980) Internal prohibitions against female anger, *American Journal of Psychoanalysis*, 40(2): 137-148

Lester, E. (1985) The Female Analyst and the Erotized Transference. *International Journal of Psycho-Analysis*, 66: 283-293

Liberman, J. (2019) Be careful what you wish for. In Cereijido, M. Ed. (2019) *Changing notions of the feminine Confronting psychoanalyst's prejudices*. Routledge.

Likieman, M. (2001) *Melanie Klein: Her Work in Context*. Continuum.〔飛谷渉訳（2014）『新釈 メラニー・クライン』岩崎学術出版社〕

Limentani, A. (1977) Clinical types of homosexuality. In: Rosen, I. (ed.) (1979) *Sexual Deviation*, 216-227. Oxford: Oxford University Press.

Lisman-Pieczanski, N. (1997) Trauma and the Therapist: Countertransference and Vicarious Traumatization in Psychotherapy with Incest Survivors. *J. Amer. Psychoanal. Assn*, 45: 991-995

マホーニィ・P（1997）「ああ！ 可哀想なドラ――みんな彼女の病気を知っていたのに。Alas Poor Dora, They Knew Her Ill」鈴木ありさ、塙美由貴訳『精神分析研究』41巻2号、85－100頁

Matthis, I . (2004) Dialogues on sesxuality, gender. In Matthis, I. Ed. (2004) *Dialogues on Sesxuality, Gender and Psychoanalysis*. Karnac Books.

McDougall, J. (1989) *Theatres of the Body*. Free Association Books.〔氏原寛、李敏子訳（1996）『身体という劇場』創元社〕

McDougall, J. (1990) *Plea for a Measure of Abnormality*. London: Free Association Books.

McDougall, J. (2004) Freud and female sexualities. In Matthis, I. Ed. (2004) *Dialogues on Sesxuality, Gender and Psychoanalysis*. Karnac Books.

McWilliams, N. (1996) Therapy across the Sexual Orientation Boundary: Reflections of a Heterosexual Female Analyst on Working with Lesbian, Gay, and Bisexual Patients. *Gender and Psychoanalysis*. 1(2): 203-221

Meltzer, D. (1973) *Sexual States of Mind*. Karnac Books.〔古賀靖彦、松木邦裕監訳（2012）『こころの性愛状態』金剛出版〕

Mendell, D. (1993) Supervising Female Therapists: A Comparison of Dynamics While Treating Male and Female Patients. *Psychoanal. Inq.*, 13(2): 270-285

Meyers, H . C. (1986) Analytic Work by and with women: the complexity and the challenge, in between Analyst and Patient. New dimensions in countertransference and transference. Meyers, H. C. Hillsdale, The analytic Press.

Newbigin, J. (2013) Psychoanalysis and Homosexuality: Keeping the Discussion Moving. *British Journal of Psychotherapy*, 29 (3) : 276-291

Notman, M. & Nadelson, C. (2004) Gender in the Counseling Room. *Journal of the American Academy of Psychoanalysis and Dynamic Psychiatry*. 32: 193-200

Notman, M. (2004) Being a Woman Analyst from the 1960s into the Next Century Some Reflection. *The Annual of Psychoanalysis*. 32: 161-168.

Notman, T. (2015) Is There a War on Women in Psychoanalysis? The Disappearance of a Group of Women Leaders. *Psychoanalytic Study of the Child*. 69: 146-152

小此木啓吾（1996）「ヒステリーの歴史」『imago』7巻18－29頁

Perelberg, R. (2008) 'to be - or not to be -here' A woman's denial of time and memory. In Raphael-Leff, J. and Perelberg, J. (2008) *Female Experience: Three generations of British Women Psychoanalysts on Work with Women*.

Perelberg, R. (2017) Love and Melancholia in the Analysis of Women by Women. *International Journal of Psycho-Analysis*, 98(6): 1533-1549

Person, E. S. (1985) The erotic transference in women and in men: Differences and consequences. *Journal of American Academy of Psychoanalysis*, 13(2): 159-180

Pines, D. (1982) The Relevance of Early Psychic Development to Pregnancy and Abortion. *International Journal of Psycho-Analysis*. 63: 311-319

Pines, D. (1993) *A Woman's Unconscious Use of Her Body*. Virago Press.

Quinodoz, D. (1990) Vertigo and Object Relationship. *International Journal of Psycho-Analysis*. 71: 53-63

Quinodoz, D. (2003) A particular kind of anxiety in women- it's nothing at all, really...(and doubly so). In Alizade, A. Ed. (2003) *Studies on Femininity*. Karnac Books.

Richards, A. (1992) The influence of sphincter control and genital sensation on body image and gender identity in women. *Psychoanalytic Quarterly*. 61: 331-351

Raphael-Leff, J. (1992) The Baby Makers: An In-Depth Single-Case Study of Conscious and Unconscious Psychological Reactions to Infertility and 'Baby-Making' Technology. *British Journal of Psychotherapy*. 8(3): 278-294

Riviere, J. (1929) Womanliness as a masquerade. *International Journal of Psychoanalysis*.10(2/3): 303-313

Roughton, R. (2002) Being Gay and Becoming a Psychoanalyst: Across Three Generations. *Journal of Gay & Lesbian Psychotherapy*. 6 (1): 31-

43
Russ, H.（1993）Erotic Transference Through Countertransference: The Female Therapist and the Male Patient. *Psychoanalytic Psychology.* 10(3)：393-406
Sayers, J.（1991）*Mothering Psychoanalysis.* Peguin Books Ltd.〔大島かおり訳（1993）『20世紀の女性分析家たち』晶文社〕
Schafer, R（1974）Problems in Freud's Psychology of Women. *Journal of the American Psychoanalytic Association.* 22: 459-485
Schlesinger-Kripp, G.（2003）A "pause" for changing life: climacteric change and menopause. In Alizade, A. Ed. *Studies on Femininity.* Karnac Books.
Schrader, C.（2014）With you I can bleat my heart out-older women in psychoanalytic practice. In Pasquali, L. & Thomson-Salo, F. Eds. *Women and Creativity: A Psychoanalytic Glimpse through Art, Literature, and Social Structure.* Taylor & Francis.
Schuker, E.（1996）Toward Further Analytic Understanding of Lesbian Patients. *Journal of the American Psychoanalytic Association,* 44S (Supplement): 485-508
Segal, H.（1973）*Introduction to the Work of Melanie Klein.* Hogarth Press. London.〔岩崎徹也訳（1977）『メラニー・クライン入門』（現代精神分析双書　第Ⅰ期）岩崎学術出版社〕
Siassi, S.（2000）Male Patient/Female Analyst: Elucidation of a Controversy. *Journal of Clinical Psychoanalysis.* 9(1): 93-112
Silverman, S.（2015）The Colonized Mind: Gender, Trauma, and Mentalization. *Psychoanalytic Dialogues.* 25(1): 51-66
Solomon, B.（2004）Psychoanalysis and Feminism: A Personal Journey. *Annual of Psychoanalysis.* 32: 149-160
Sours, J.（1974）The Anorexia Nervosa Syndrome. *International Journal of Psycho-Analysis.* 55: 567-576
Stoller, R.（1976）Primary Femininity. *Journal of the American Psychoanalytic Association.* 24S: 59-78
鈴木菜実子（2015）「治療者のセクシャリティ――セクシャリティを巡る議論を概観して」『精神分析研究』59巻4号、４２２－４３３頁
Tallandini, M.（2008）Female to female. The symbolic loneliness. In Raphael-Leff, J. and Perelberg, J. *Female Experience: Three generations of British Women Psychoanalysts on Work with Women.*
Thomson-Salo, F.（2003）The woman clinician in clinical work with infants and adults. In Thomson-Salo, F. Ed. *Woman and Creativity. A Psychoanalytic Glimpse Through, Art, Literature, and Social Structure.* Karnac Books.
Tronick, E., Bruschweiler-Stern, N., Harrison, A., Lyons-Ruth, K., Morgan, A., Nahum, J., Sander, L., Stern, D.（1998）Dyadically expanded states of consciousness and the process of therapeutic change. *Infant Mental Health Journal.* 19 (3)：290-299

Turkel, A. (2000) The "Voice of Self-Respect" Women and Anger. *Journal of American Academy of Psychoanalysis*, 28(3): 527-539

Turkel, A. (2007) Sugar and Spice and Puppy Dogs' Tails: The Psychodynamics of Bullying. *Journal of American Academy of Psychoanalysis*, 35(2): 243-258

Twemlow, S. (1999) A Psychoanalytic Dialectical Model for Sexual and other Forms of Workplace Harassment. *Journal of Applied Psychoanalytic Studies*. 1(3): 249-270

Tyson, P. & Tyson, R. (1990) *Psychoanalytic Theories of Development: An Integration*. Yale University Press.〔皆川邦直、山科満監訳（2008）『精神分析的発達論の統合②』岩崎学術出版社〕

Waiess, E. (2000) The Countertransference Reaction of Protectiveness in Working With Homosexual Patients. *Psychoanalytic Psychology*. 17(2): 366-370

Wilkinson, S. (1996) Can We Be Both Women and Analysts? *J. Amer. Psychoanal. Assn.* 44S(Supplement): 529-555

Winnicott, D. W. (1971) Creativity and Its Origines. In Winnicott, D. W. *Playing and Reality*. Tavistock Publications.〔橋本雅雄訳（1979）『遊ぶことと現実』岩崎学術出版社〕

Zaretsky, E. (1999) 'One Large Secure, Solid Background': Melanie Klein and the Origins of the British Welfare State. *Psychoanal. Hist.*, 1(2): 136-154

第三章

馬場禮子（2003）「再考の焦点——まとめに代えて」『精神分析研究』47巻1号、45頁

Badinter, E. (1980) *L'amour en plus: histoire de l'amour maternel*, XVIIe-XXe siècle. Flammarion.〔鈴木晶訳（1981）『プラス・ラブ——母性本能という神話の終焉』サンリオ〕

Beauvoir, S. (1949) *Le deuxiéme sexe*. Gallimard.〔生島遼一訳（1959）『女はこうしてつくられる』『第二の性』第1巻、新潮社〕

Blos, P. (1962) *On Adolescence : A psychoanalytic Interpretation*. Free Press of Glencoe.〔野沢栄司訳（1971）『青年期の精神医学』誠信書房〕

Bonaparte, M. (1951) *De la sexualité de la femme*. Presses universitaires de France.〔佐々木孝次訳（1970）『女性と性——その精神分析的考察』弘文堂〕

近角常観（1905）『懺悔録』文光堂・森江書店

大宮司信、森口眞衣（2008）「阿闍世コンプレックスという名称に関する一考察」『精神神經學雜誌』１１０巻10号、８６９－８８６頁

Deutsch, H.（1944-1945）*The Psychology of Women: A Psychoanalytic Interpretation.* Vol. 1, Grune & Stratton.〔懸田克躬、塙英夫訳（1964）『若い女性の心理〈第１〉思春期のすべて』日本教文社〕
Deutsch, H.（1944-1945）*The Psychology of Women: A Psychoanalytic Interpretation.* Vol. 1, Grune & Stratton.〔懸田克躬、塙英夫訳（1964）『若い女性の心理〈第２〉女らしさの発生』日本教文社〕
Deutsch, H.（1944-1945）*The Psychology of Women: A Psychoanalytic Interpretation.* Vol. 1, Grune & Stratton.〔懸田克躬、塙英夫訳（1964）『若い女性の心理〈第３〉男性コンプレックス』日本教文社〕
Deutsch, H.（1944-1945）*The Psychology of Women: A Psychoanalytic Interpretation.* Vol. 2, Grune & Stratton.〔懸田克躬、原百代訳（1964）『母親の心理〈第１〉母性のきざし』日本教文社〕
Deutsch, H.（1944-1945）*The Psychology of Women: A Psychoanalytic Interpretation.* Vol. 2, Grune & Stratton.〔懸田克躬、原百代訳（1964）『母親の心理〈第２〉生命の誕生』〕
Deutsch, H.（1944-1945）*The Psychology of Women: A Psychoanalytic Interpretation.* Vol. 2, Grune & Stratton.〔懸田克躬、原百代訳（1964）『母親の心理〈第３〉問題の母子と更年期』〕
Didi-Huberman, G.（1982）*Invention de l'hystérie: Charcot et l'Iconographie photographique de la Salpêtrière,* Macula.〔谷川多佳子、和田ゆりえ訳（2014）『ヒステリーの発明――シャルコーとサルペトリエール写真図像集　上』みすず書房〕
土居健郎、小此木啓吾編集解説（1969）「精神分析」『現代のエスプリ』40巻
Friedan, B.（1963）*The feminine mystique.* Norton.〔三浦富美子訳（1965）『新しい女性の創造』大和書房〕
繁多進（1988）「母子関係研究の展望」『心理学評論』31巻1号、４－19頁
Horney, K.（1939）*New ways in psychoanalysis.* Norton.〔井村恒郎、加藤浩一訳（1952）『精神分析の新しい道』日本教文社
井篦節三（1922）『精神分析学』実業之日本社
岩田文昭（2009）「阿闍世コンプレックスと近角常観」『臨床精神医学』（特集 死生学と精神医学）38巻7号、９１５-９１９頁
児童保護研究会編（1923）『児童の性と栄養』児童保護研究会
上別府圭子（1988）「妊婦と精神療法」『心と社会』51巻、１２９-１３５頁
上別府圭子（1995）「女性治療者のライフサイクルと精神療法―― 性愛の取り扱いをめぐって」『精神分析研究』39巻4号、２９７-２９９頁
上別府圭子（1999）「治療者の性別とライフサイクルが精神療法に及ぼす影響――女性治療者と男性患者」『精神分析研究』43巻2号、１５１－１６０頁

上別府圭子（2003）「母性の再考――父親から虐待を受けた女性と母親」『精神分析研究』（特集 母性再考）47巻1号、29-38頁
笠原美智子（2018）『ジェンダー写真論 １９９１-２０１７』里山社
河野貴代美、平木典子編（1990）「フェミニストセラピィ」『現代のエスプリ』２７８頁
Klein, M. (1957) *Envy and Gratitude: A Study of Unconscious Sources*. Tavistock Publications.〔松本善男訳（1975）『羨望と感謝――無意識の源泉について』みすず書房〕
古澤平作（1931）「精神分析學上より見たる宗教」『艮陵』
古澤平作（1953）「世界観について」『フロイド選集3――続精神分析入門』日本教文社
古澤平作（1954）「罪悪感の二種」『精神分析研究』1巻1号
Mahler, S. M., Pine, F., & Bergman, A. (1975) *The Psychological Birth of the Human Infant: Symbiosis and Individuation*. Basic Books.〔高橋雅士、織田正美、浜畑紀訳（1981）『乳幼児の心理的誕生――母子共生と個体化』黎明書房〕
松木邦裕編（2004）「オールアバウト〈メラニー・クライン〉」『現代のエスプリ』別冊
Mitchell, J. (1974) *Psychoanalysis and Feminism*. Pantheon Books.〔上田昊訳（１９７７）『精神分析と女の解放』合同出版〕
妙木浩之編（2003）「ウィニコットの世界」『現代のエスプリ』別冊
成田善弘（2003）「討論 母性について――男性精神科医の連想」『精神分析研究』（特集 母性再考）47巻1号、39-41頁
西園昌久（2001）「討論 阿闍世コンプレックス」小此木啓吾、北山修編（２００１）『阿闍世コンプレックス』創元社
新田啓子（2020）「欲望」三原芳秋、渡邊英理、鵜戸聡編『文学理論 読み方を学び文学と出会いなおす』フィルムアート社
織田元子（1988）『フェミニズム批評――理論化をめざして』勁草書房
尾形兵樹（1986）「健康な家族システムの研究」日本家族心理学会編集『ライフサイクルと家族の危機』金子書房
小川捷之、齋藤久美子、鑪幹八郎編（1990）『ライフサイクル』臨床心理学大系3巻、金子書房
小此木啓吾（1970）「日本的精神分析の開拓者古沢平作先生」『精神分析研究』15巻6号、1-15頁
小此木啓吾（1973）「〈精神分析ノート〉阿闍世コンプレクス」『精神科学』27巻9号（３１３）、50-53頁
小此木啓吾（1978）「日本人の阿闍世コンプレックス――モラトリアム人間を支える深層心理」『中央公論』93巻6号、90-１２３頁
小此木啓吾（1979a）「古澤版阿闍世物語の出典とその再構成過程」『現代のエスプリ』１４８号（小此木啓吾編集解説 精神分析・フロイト以後）
小此木啓吾編（1979b）「精神分析・フロイト以後」『現代のエスプリ』１４８号
小此木啓吾（1982）『日本人の阿闍世コンプレックス』中央公論社

小此木啓吾（1999）『精神分析のおはなし』創元社
小此木啓吾、北山修編（2001）『阿闍世コンプレックス』創元社
小此木啓吾（2002）「阿闍世コンプレックス」『精神分析事典』岩崎学術出版社、4－5頁
小此木啓吾（2003）「母性再考――阿闍世の母韋提希の葛藤を辿る」『精神分析研究』47巻1号、18－28頁
大日向雅美（2000）『母性愛神話の罠』日本評論社
Radich. M.（2011）「アジャータシャトル物語が経てきた変遷及びその思想史上の意義――第二部」『人間存在論』17巻1号、16頁
齋藤久美子（1990）「青年後期と若い成人期――女性を中心に」『ライフサイクル』臨床心理学大系3巻、金子書房、163－176頁
佐藤紀子（1990）「精神分析の立場から」『現代のエスプリ　フェミニストセラピィ』278号
Schwing. G.（1940）*Ein Weg zur Seele des Geisteskranken*. Rascher Zürich.〔小川信男、船渡川佐知子訳（1966）『精神病者の魂への道』みすず書房〕
Sechehaye, M. A.（1950）*Journal d'une schizophréne: auto-observation d'une schizophréne pendant le traitement psychothérapique*. Presses Universitaire de France.〔村上仁、平野恵訳（1971）『分裂病の少女の手記』みすず書房〕
Segal, H.（1973）*Introduction to the Work of Melanie Klein*.（The international psycho-analytical library, no.91）Hogarth Press and the Institute of Psycho-Analysis, New, enlarged ed.〔岩崎徹也訳（1977）『メラニー・クライン入門』（現代精神分析双書 第2期　第1巻）岩崎学術出版社〕
鈴木菜実子（2015）「治療者のセクシャリティ――セクシャリティを巡る議論を概観して」『精神分析研究』（特集 治療者のセクシャリティを考える：特に女性であることについて）59巻4号、422－433頁
田宮仁（1982）「阿闍世コンプレックスと真宗」『真宗研究』26巻、38－49頁
上野千鶴子（1986）『女という快楽』勁草書房
上野加代子編（2006）『児童虐待のポリティクス――「こころ」の問題から「社会」の問題へ』明石書店
牛島定信（2003）「特集にあたって」『精神分析研究』47巻1号、2頁
若桑みどり（1995）『戦争がつくる女性像――第二次世界大戦下の日本女性動員の視覚的プロパガンダ』筑摩書房
山村賢明（1977）「日本の母親」『現代のエスプリ』115号
依田明、小川捷之編（1977）「母親――母性の氾濫と喪失」『現代のエスプリ』115号

Butler, J.（1990）*Gender Trouble: Feminism and the Subversion of Identity*. Routledge.〔竹村和子訳（1999）『ジェンダー・トラブル――フェミニズムとアイデンティティの攪乱』青土社〕
Fenichel, O.（1936）Die symbolische Gleichung: Mädchen=Phallus. *Internationale Zeitschrift für Psychoanalyse*, 22(3) : 299-314
Freud, S.（1913）Totem und Tabu: Einige Übereinstimmungen im Seelenleben der Wilden und der Neurotiker. In *Gesammelte Werke: XIV*, Fischer Verlag, 3-19
Freud, S.（1926）Die Frage der Laienanalyse. In *Gesammelte Werke: XIV*, Fischer Verlag, 209-286
Freud, S.（1931）Über die weibliche Sexualität. In *Gesammelte Werke: XIV*, Fischer Verlag, 517-537
Horney, K.（1926）Flucht aus der Weiblichkeit: Der Männlichkeitskomplex der Frau im Spiegel männlicher und weiblicher Betrachtung. *Internationale Zeitschrift für Psychoanalyse*, 12(3) : 360-374
Irigaray, l.（1977）Cosi fan tutti. In *Ce sexe qui n'en est pas un*. Les Editions de Minuit.〔棚沢尚子、中嶋公子、小野ゆり子訳（1987）『ひとつではない女の性』勁草書房〕
Jones, E.（1927）The Early Development of Female Sexuality. *International Journal of Psychoanalysis*, 8: 459-472
Lacan, J.（1966a）La signification du phallus. In *Écrits*, Seuil.
Lacan, J.（1966b）D'une question préliminaire à tout traitement possible de la psychose. In *Écrits*, Seuil.
Lacan, J.（1973）*Les quatre concepts fondamentaux de la psychanalyse. Le Séminaire Livre XI*（*1964*）. Seuil.
Lacan, J.（1975）*Encore. Le Séminaire Livre XX*（*1972-1973*）. Seuil,〔藤田博史、片山文保訳『アンコール』講談社〕
Lacan, J. and the Ecole Freudienne（1982）. *Feminine Sexuality*, Palgrave Macmillan.
Lacan, J.（2001）Préface à L'Éveil du printemps. In *Autres écrits*, Seuil.
松本卓也（2018）『享楽社会論』人文書院
Riviere, J.（1929）Womanliness as a Masquerade. *International Journal of Psychoanalysis*, 10: 303-313
佐藤朋子（2019）〈精神分析《プシケ》と政治《ポ》〉によるポスト68年5月『I. R. S. ――ジャック・ラカン研究』18巻26－47頁
立木康介（2016）「ラカンと女たち　第二回　序（其二）――男と女とに神は彼らを創られた」『三田文学』95巻127号、288－299頁

あとがき

学生時代にドメスティック・バイオレンス（ＤＶ）で被害者の支援問題に取り組んだのは、２０００年のことであった。当時、私はアジア女性センターというアジア女性のためのＤＶシェルターでボランティアをしていた。その時に出会ったスタッフの女性たち、そしてシェルターで暮らしていた女性たちのことは今でもよく覚えている。世間知らずだった私に世の中で起きているさまざまなことを彼女たちは教えてくれた。利用者の子どもと遊んだり、一緒に料理を手伝ったり、部屋の掃除をしたりするのが私の主な仕事だった。ある日、利用者の女性が夫と思しき相手と携帯電話を片手に激しい口論をしているのを見かけたことがあった。彼女の子どもと遊んでいた私は聞いていないふりをしながら、全身でその話に聞き耳を立てていた。しかし、彼女が話していたのは私の知らない言語で、何にそれほどに感情を乱しているのか、全く分からなかった。ほどなくして、彼女は子どもとともに、暴力を振るう夫の元にまた戻ってしまったと聞いた。大学院に進んでからは、単科の精神病院で非常勤の心理士として勤務を始めたが、偶然にも院長の遠藤佐保子先生がＤＶ被害者の専門外来を立ち上げて活動を始めた時期だったので、そこでも多くの傷ついた女性たちと出会うことになった。彼女たちのことももちろん忘れることができない。彼女たちの痛みに私は何度も圧倒された。博士課程に進んでからも心的外傷の研究を続け、心的外傷についての博士論文を提出したが、その過程で出会った傷ついた女性たちの姿はずっと私の心に焼きついていた。やがて私は精神分析にのめり込み、本格的に精神分析の訓練に取り組むようになってから、そうした領域での活動から離れたが、20年近い時を経て、再びまたこの問題に取り組むことができたことを嬉しく思う。

さて、これを読んだ人は、フロイトの女性論に批判的な気持ちを抱いたことだろう。ペニス羨望をはじめ、女性蔑視的だと感じさせる表現は確かに彼の表現の中にいくつも認められる。しかし、私は今回、繰り返しフロイトの女性論を読む中で、異なる印象も持った。たとえば、本書の中でも紹介されていたが、フロイトは、人間が両性的な存在であることを繰り返し強調している。能動的イコール男性的、受動的イコール女性的と決めてかからない方が良い、という助言までしているほどである。さらに「女性を受動的状況へと押しやる社会体制の影響を過小に評価してはならない」というように、女性が自身の欲求や気持ちを抑圧し、受身的にならざるを得ない社会状況についても明確に指摘されている。フロイトだけではなく、本書で取り上げたものの中には、現代的な感覚からは受け入れ難いものが多数あったことだろう。しかし、歴史という過去の人物やその言説を扱う研究を行う時に私はたびたび、ある詩の一節を思い出す。

わたしは　この場にあって
聴いてはいるが　ほんとうに聴いているのか
わからない　わたしは　わたしたちの世代は
その事について　言葉を　もたない
受け継がれるものは人々のてのひらの温度に
かたちを変えてすすむため
配られるのは　だいたい　本当の事ではない

〈蜂飼耳（2013）「彼女の危機」〉

詩人というのは、どうしてこうも素晴らしい表現を思いつくのだろうか。女性を巡る価値観や信念も時代によって移り変わるものである。今の私たちの考えも絶対的なものではないことは心に留めておきたい。臨床という行為は常にこうした時代の影響を受けているのである。

ところで、本書で示した考えが、臨床にどのように役立つのか。それは臨床家の態度における自由に寄与するものだと私は考える。もちろん、本書に示された事例や、その理解から、個々の担当しているケースの類似性を見て参考になるものもあることだろう。しかし何よりも、女性についての歴史的変遷を知ることは、治療者を自由にすることである。ビオンの提唱した「記憶なく、欲望なく」は現代の精神分析における治療的態度において、新たな標語となりつつあるが、それは決して知識を持たないことを説いているわけではない。むしろ新たな知識を得ることで私たちは、自分の考えや価値観を認識し、自分の意識から開放されるのである。特に女性については、私たちはあまりに当たり前に自分の価値観や考えを普遍的なものであると信じ、違和感を感じることなく、無意識に留めている。傷ついた女性たちを支援していた時、知識や情報を知ることで、彼女たちが想像以上に身軽になれるということを幾度も体験した。それは彼女たちだけではない。私たち臨床家も同じであろう。そして、そうやって臨床家が獲得した自由は、臨床家自身が観察し、理解する道具となる精神分析的臨床において、重要な意味を担うことだろう。

まえがきにも書いたようにこの本は、教育研修セミナーの企画を元にしたものである。司会の労をお取りくださった衛藤暢明先生、討論者の岡村斉恵先生には改めて感謝をお伝えしたい。また、三人の素晴らしい執筆陣に恵まれたことは幸運であった。執筆者の北村婦美先生、鈴木菜実子先生、松本卓也先生には重ねて御礼申し上げたい。精神分析における女性論の歴史的変遷をこれだけ網羅した本というのは日本で初めてのものだと自負している。そうした本に仕上がったのは、三人の優秀な執筆者のおかげに他ならない。誰ひとりとして締め切りに遅れることも一切なく、編著者として多少苦労したのは、タイトルを決めることぐらいであった。編著者と名乗るのが申し訳ないくらいである。とはいえ、もしこの本に何か問題を感じることがあるとすれば、それは編著者の私に全責任がある。読者諸賢の忌憚なきご意見を頂戴したく思う。

また、この本の企画は、編集者の松山由理子さんから声をかけていただいて始まったものである。温かな励ましと的確な提案をいただいたことに心より感謝をお伝えしたい。

そして、最後に、女性の安寧のためにこの本が役立てられることを願いたいと思う。

2020年8月8日

西　見奈子

執筆者

北村婦美（きたむら　ふみ）

1971年生まれ

1996年　京都大学医学部卒業

現　在　東洞院心理療法オフィス／太子道診療所

　　　　精神科医、心理療法士

専　攻　精神分析的精神療法

訳　書　『他者の影』みすず書房 2018 年、『母親になるということ』創元社 2012 年、『精神分析における境界侵犯』（共訳）金剛出版 2011 年、『精神分析とスピリチュアリティ』（共訳）創元社 2008 年、『臨床におけるナルシシズム』（共訳）創元社 2007 年、『分析の経験』（共訳）創元社 2006 年、『ウィニコット用語辞典』（共訳）誠信書房 2006 年、『パーソナリティ障害の診断と治療』（共訳）創元社 2005 年

鈴木菜実子（すずき　なみこ）

1982年生まれ

2004年　上智大学文学部卒業

2011年　上智大学大学院総合人間科学研究科博士課程修了

現　在　兵庫教育大学大学院学校教育研究科准教授

専　攻　臨床心理学、精神分析

著訳書　『嘘の心理学』（分担執筆）ナカニシヤ出版 2013 年、『フロイト症例論集 2』（共編訳）岩崎学術出版社 2017 年、『パニック症と不安症への精神力動的心理療法』（共訳）金剛出版 2015 年、『フロイト技法論集』（共編訳）岩崎学術出版社 2014 年

松本卓也（まつもと　たくや）

1983年生まれ

2008年　高知大学医学部卒業

2015年　自治医科大学大学院医学研究科博士課程修了

現　在　京都大学大学院人間・環境学研究科准教授

専　攻　精神病理学

著　書　『心の病気ってなんだろう?』平凡社 2019 年、『創造と狂気の歴史』講談社 2019 年、『症例でわかる精神病理学』誠信書房 2018 年、『享楽社会論』人文書院 2018 年、『人はみな妄想する』青土社 2015 年

編著者

西　見奈子（にし　みなこ）

1978年　鹿児島県生まれ
2001年　九州大学教育学部卒業
2006年　九州大学大学院人間環境学府博士後期課程単位修得退学
現　在　京都大学大学院教育学研究科准教授
専　攻　精神分析、精神分析史
編著書　『いかにして日本の精神分析は始まったか』みすず書房 2019 年、『子どもとかかわる人のためのカウンセリング入門』（編著）萌文書林 2010 年、『いのちを巡る臨床』（分担執筆）創元社 2018 年、『「臨床のこころ」を学ぶ心理アセスメントの実際』（分担執筆）金子書房 2014 年

精神分析《せいしんぶんせき》にとって女《おんな》とは何《なに》か

2020 年 10 月 25 日　初版第 1 刷発行
2021 年 2 月 5 日　第 2 刷発行

編著者　西　見奈子
発行者　宮 下 基 幸
発行所　福村出版株式会社
〒 113-0034　東京都文京区湯島 2-14-11
電話　03-5812-9702　FAX　03-5812-9705
https://www.fukumura.co.jp
印　刷　株式会社文化カラー印刷
製　本　協栄製本株式会社

　ISBN978-4-571-24085-0 C3011　Printed in Japan